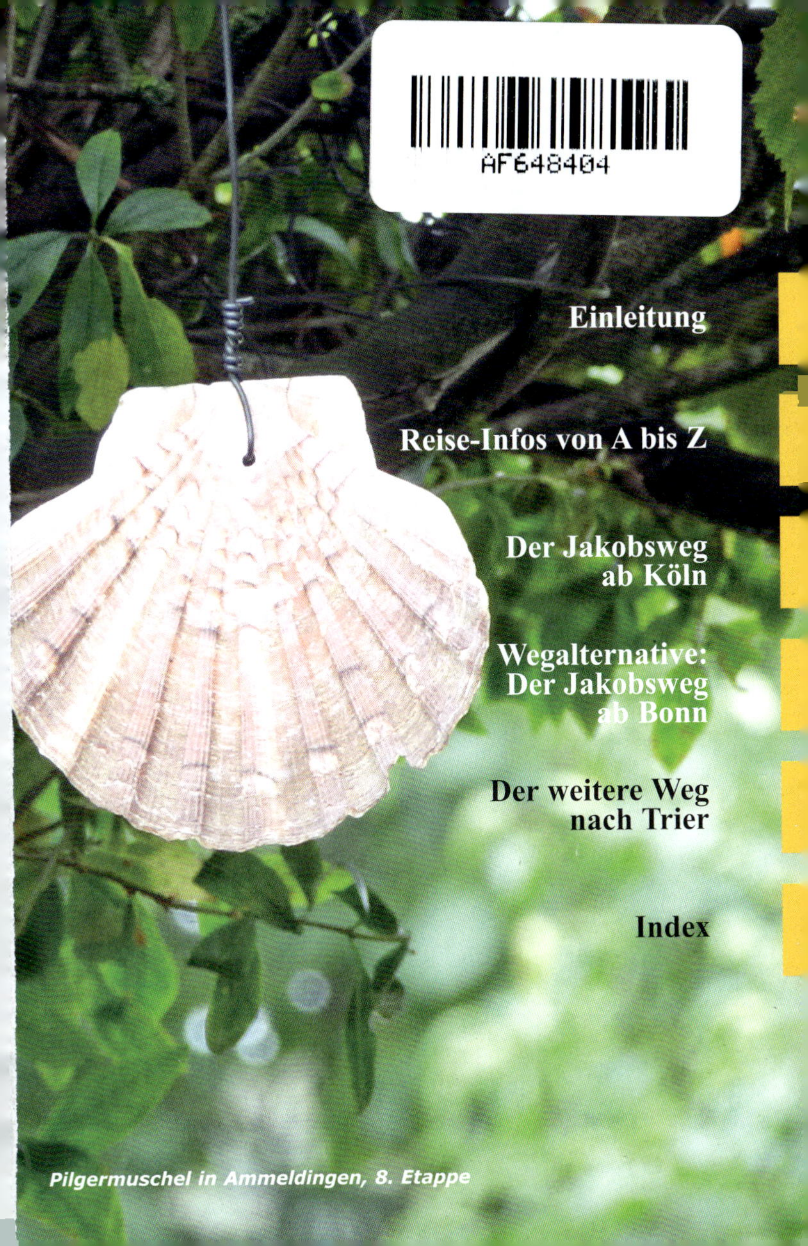

Pilgermuschel in Ammeldingen, 8. Etappe

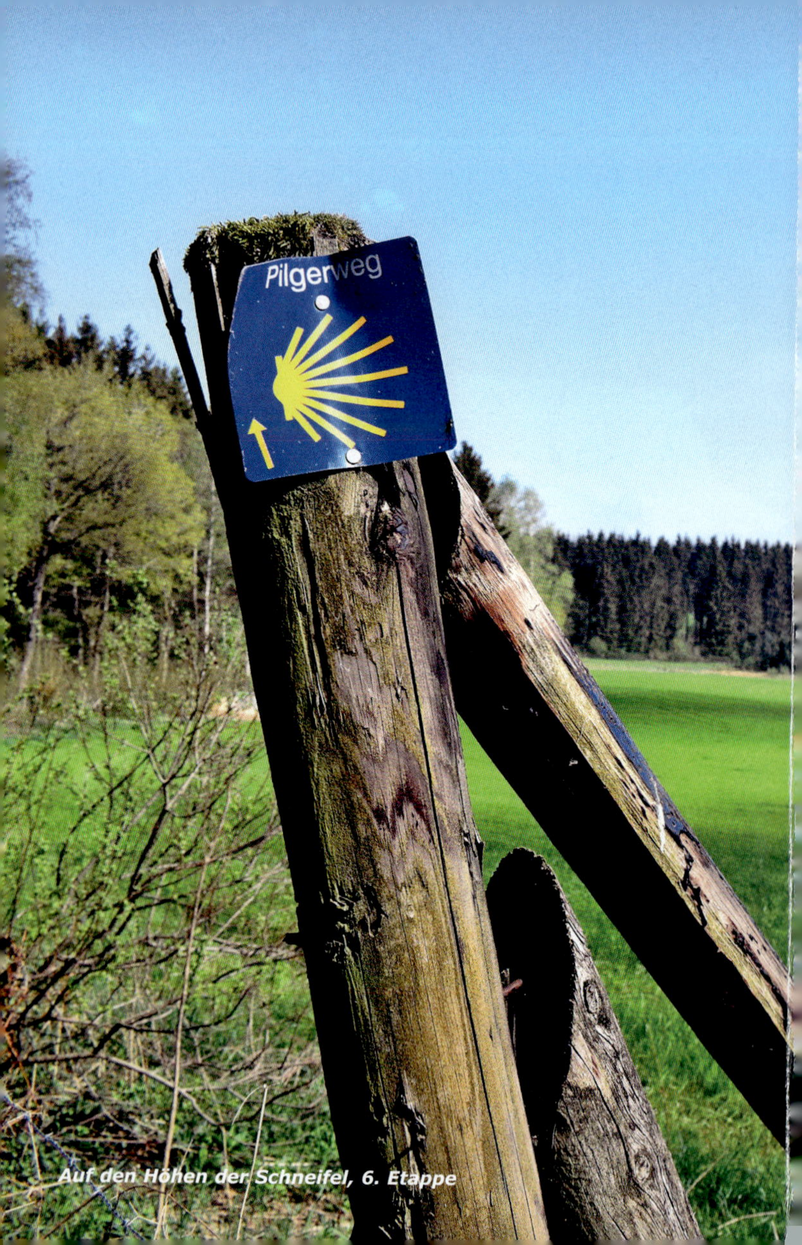

Auf den Höhen der Schneifel, 6. Etappe

Band 241

OutdoorHandbuch

Ingrid Retterath

Via Coloniensis

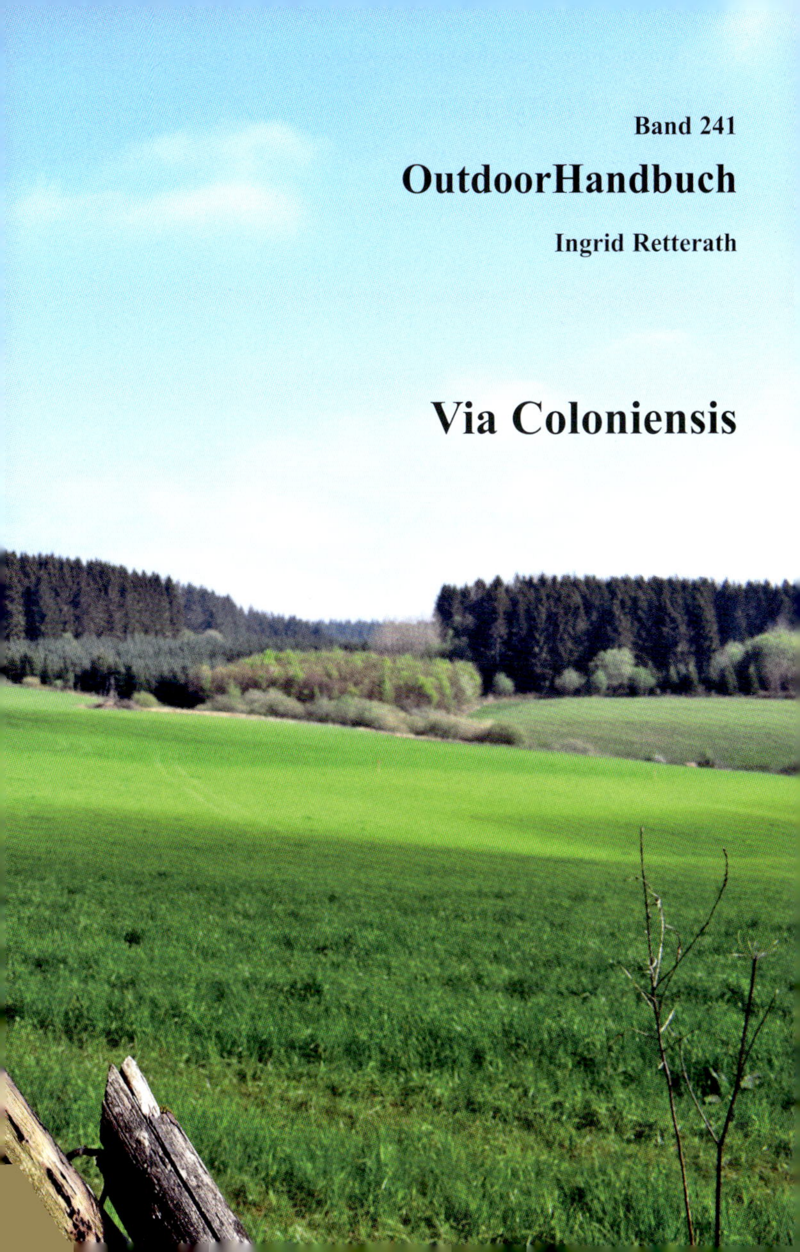

Via Coloniensis

Dieses OutdoorHandbuch wurde konzipiert und redaktionell erstellt vom:

Conrad Stein Verlag GmbH
Kiefernstr. 6, 59514 Welver
☏ 023 84/96 39 12
info@conrad-stein-verlag.de
www.conrad-stein-verlag.de
www.facebook.com/outdoorverlag
www.instagram.com/outdoorverlag

Druckprodukt mit finanziellem **Klimabeitrag**
ClimatePartner.com/53106-2401-1012

Als Outdoor-Verlag sind uns der Schutz und die Erhaltung der Natur seit jeher ein besonderes Anliegen. Auch in Sachen Klimaschutz haben wir eine Vorreiterrolle inne: Wir sind der einzige Buchverlag in Deutschland, der bereits seit 2008 seine Bücher konsequent klimaneutral in Deutschland produzieren und transportieren lässt. Dabei wird nicht nur klimaneutral, sondern auch nachhaltig, d. h. so umweltschonend wie möglich produziert, z. B. durch die Auswahl von umweltfreundlichen Materialien. Die bei der Produktion der Bücher entstandenen CO_2-Emissionen werden durch die Unterstützung von zertifizierten Klimaschutzprojekten ausgeglichen. Jedes Buch wird daher mit dem Logo „klimaneutral“ und einer Climate-Partner-Zertifikatsnummer versehen. Mithilfe dieser Nummer können Sie unter www.climatepartner.com Informationen zu der eingesparten CO_2-Menge und dem Projekt finden, das mit der Abgabe gefördert wird.

Das Engagement des Conrad Stein Verlags wurde im Rahmen des Projekts „Klimaneutraler Buchverlag“ mit dem Westenergie Klimaschutzpreis 2022 ausgezeichnet.

OutdoorHandbuch Band 241

ISBN 978-3-86686-815-1 3., überarbeitete Auflage 2024

Text und Fotos: Ingrid Retterath
Karten: Heide Schwinn
Lektorat: Amrei Risse, Anna-Lena Ebner
Layout: Alexandra Sauerland, Ulrich Clasen

Gesamtherstellung: AZ Druck und Datentechnik GmbH, Kempten

Dieses OutdoorHandbuch hat 192 Seiten mit 54 farbigen Abbildungen sowie 15 farbigen Kartenskizzen im Maßstab 1:100.000, 13 farbigen Höhenprofilen, 11 farbigen Stadtplänen und einer farbigen, ausklappbaren Übersichtskarte.

Autorin und Verlag freuen sich über Ihr Feedback. Schreiben Sie Ihre Tipps und Verbesserungen an info@conrad-stein-verlag.de oder nutzen Sie unsere Social-Media-Kanäle. Bitte nennen Sie dabei Titel, Auflage und Seitennummer.

Dieses Buch ist im Buchhandel und in Ausrüstungsläden erhältlich und kann im Internet oder direkt beim Verlag bestellt werden.

Titelfoto: Schönecken, 7. Etappe

Inhalt

Vorwort

Jakobsweg. Das ist nicht nur der allseits bekannte Weg von der französischen Grenze in den Pyrenäen nach Santiago de Compostela. Das ist auch der Weg dorthin.

Jeder Pilger, der sich nach Santiago de Compostela aufmacht, ist auf seinem ganz persönlichen Jakobsweg unterwegs. Dies kann den Grund des Pilgerns betreffen, aber auch die Streckenwahl. Und so kommt es, dass sich immer mehr Jakobspilger darauf besinnen, dass eine Pilgerfahrt in früheren Zeiten stets vor der eigenen Haustür begann.

Deutschsprachige Pilger besuchen gerne den Dreikönigenschrein in Köln und das Grab des Apostels Matthias in Trier, bevor sie über Metz und Toul einen der historischen Pilgerorte Le Puy-en-Velay oder Vézelay ansteuern. Von Köln durch die Eifel und Luxemburg nach Trier haben die Wegewarte des Eifelvereins den Jakobsweg ziemlich gut markiert.

Mit diesem Büchlein will ich dazu beitragen, dass Sie sich selbst dann nicht verlaufen, wenn an einer Stelle die Markierung fehlt. Zu den Streckenbeschreibungen erhalten Sie Ortsinfos und Übernachtungstipps, um sich mehr auf das eigentliche Pilgern als auf Organisatorisches konzentrieren zu können.

Der beschriebene Weg beginnt am Kölner Dom, dem Knotenpunkt zahlreicher Pilgerwege im Rheinland. Für die Pilger aus dem Bonner Raum wird auch der Weg vom Bonner Münster bis Bad Münstereifel beschrieben. Dort treffen beide Wegalternativen zusammen und führen durch die schönsten Eifelorte nach Trier.

Ich wünsche Ihnen die Erfüllung Ihres Pilgerwunsches, blasenfreies Laufen und viele nette Begegnungen.

Ultreia! Ingrid Retterath

☺ Eine **Übersichtskarte** des Weges, **Autorinnenprofil** sowie eine Liste aller verwendeten **Symbole** in diesem Buch finden Sie auf den vorderen und hinteren Umschlagseiten bzw. -klappen.

Danke

Bei der Entstehung dieses Buches haben mir viele Personen mit Rat und Tat geholfen. Ihnen allen sei herzlich gedankt. Dies gilt besonders für die netten Menschen am Wegesrand, die uns freundlich grüßten, die uns Wasser für den Hund anboten, die mit Werkzeug für Kinderkarre und Fahrrad aushalfen und die uns allerorts den Weg wiesen, wenn Schilder fehlten. Auch in der Dominformation Trier ging die Hilfe weit über das sonst gewohnte Maß hinaus.

Wie bei fast allen meinen Pilger- und Wanderführern hat meine Freundin Silke Sohler das Manuskript noch einmal kritisch gelesen, bevor ich es zum Verlag schickte. Dafür danke ich dir!

Bitte …

… schreiben Sie mir, welche Erfahrungen Sie mit diesem Büchlein gemacht haben. Hat es bei der Vorbereitung Ihres Jakobsweges gut geholfen? Wie sind Sie unterwegs damit klargekommen? Gibt es Änderungen, die ich in die Updates auf der Verlagswebsite aufnehmen und bei der Recherche zur nächsten Auflage beachten soll? Denn alles ändert sich: Ein ursprünglich gut gangbarer Weg ist nun dauerhaft unpassierbar, ein Hotel zieht mit seiner Website um, eine neue Pilgerunterkunft öffnet ihre Türen, ein Pilgerstempel wandert vom Pfarrbüro in den Kirchenvorraum …

Während meiner Recherchen macht der Wiederaufbau nach den verheerenden Flutschäden überall in der Eifel weiterhin Fortschritte. Die in diesem Buch enthaltenen Angaben haben sich daher bis zu Ihrem Besuch möglicherweise geändert, vielleicht sind auch neue Unterkünfte hinzugekommen. Das alles möchte ich gerne zukünftigen Pilgern mitteilen und freue daher mich über Ihre Hilfe unter coloniensis@retterath.net

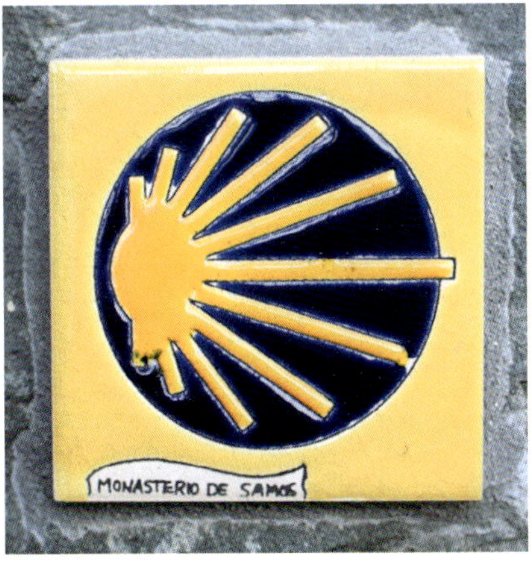

Pilgerzeichen in Kronenburg, 5.Etappe

Einleitung

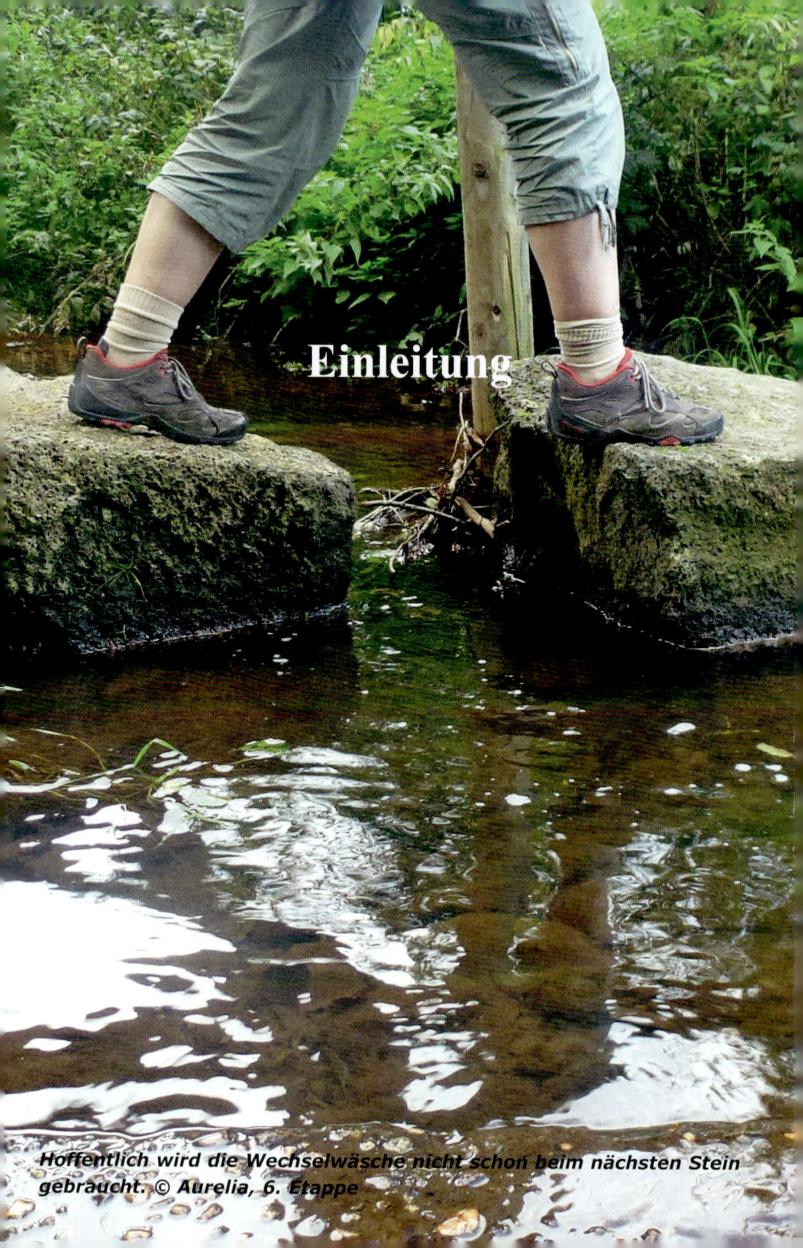

Hoffentlich wird die Wechselwäsche nicht schon beim nächsten Stein gebraucht. © Aurelia, 6. Etappe

Die Geschichte des Jakobsweges

Anfang des 9. Jahrhunderts verkündeten Engel einem Hirten (in einer anderen Legende: einem Eremiten), dass er das Grab des Apostels Jakob dort finden würde, wo die hellsten Sterne leuchten. Gemeinsam mit seinem Bischof suchte er das helle Leuchten und sie fanden mitten in der Wildnis ein Grabmal aus Marmor. Kurzerhand erklärten sie es zum Jakobusgrab und informierten ihren König, Alfons II. von Asturien, über den Fund. Dieser eilte sofort herbei und war damit der erste offizielle Jakobspilger. Er ließ eine Kapelle bauen und erklärte Jakobus zum Schutzheiligen seines Königreichs. Den Fundort nannten sie Compostela, nach dem Feld unter den Sternen.

Jakobus entwickelte sich schnell zum beliebtesten Schutzheiligen der Region. In der Zeit der Rückeroberung Iberiens von den Mauren, der spanischen Reconquista, wurde er von den christlichen Spaniern um Unterstützung gebeten und erhielt seinen Beinamen Santiago Matamoro (Jakobus der Maurentöter). Auch bei Karl dem Großen machte sich Jakobus nützlich: Er erschien ihm im Traum und offenbarte ihm, wie er sein Grab finden und gegen die Mauren siegen könnte. (Dies ist vielleicht für Sie ein guter Grund, Ihre Pilgerfahrt in Aachen am Grab Karls des Großen zu beginnen und über den Matthiasweg oder den Eifelsteig nach Trier und weiter nach Le Puy und Santiago zu laufen.) Wer heute z. B. im Internet nach Jakobus sucht, lernt einen vielseitigen Heiligen kennen, der gleichzeitig Schutzpatron gegen Rheuma und für ganz Spanien, für alle Pilger, Apotheker, Drogisten, Hutmacher, Wachszieher, Kettenschmiede, Krieger, Arbeiter, für die Äpfel und Feldfrüchte und sogar für das Wetter ist.

Seit 1.200 Jahren pilgern Christen also zum legendären Grab von Jakobus. Allerdings gab es in der Geschichte immer wieder Zeiten, in denen das Jakobusgrab fast in Vergessenheit geriet, weil z. B. Lourdes leichter zu erreichen war. Sie wurden stets von Hochphasen wie dem aktuellen Ansturm auf den Camino Francés abgelöst. Diese Wallfahrt ist momentan bekannter und beliebter als jede andere, nicht zuletzt durch die Aufnahme des spanischen Hauptweges in das UNESCO-Weltkulturerbe im Jahr 1993. Was die Zukunft bringt, ist ungewiss. Manche Pilger, die den Camino Francés bereits gelaufen sind, werden dem Ziel treu bleiben und als Nächstes einen anderen Weg nach Santiago de Compostela nehmen oder bei ihrer zweiten Pilgerfahrt direkt vor ihrer Haustür starten. Vielleicht begeben sich Gläubige, die den Jakobsweg absolviert haben, aber auch auf den Weg zu den beiden anderen großen christlichen Pilgerzielen, Rom und Jerusalem, oder entscheiden sich für einen der vielen kleineren Pilgerwege und Marienwallfahrtsorte.

Die Via Coloniensis

Es waren die Römer, die einen ersten Weg von Köln durch die Eifel nach Trier anlegten. Im Laufe der Jahrhunderte wurde dieser Weg von Soldaten und Händlern benutzt, spätestens ab dem Mittelalter auch von Pilgern. Daher stammt auch der lateinische Name „Via Coloniensis" für den Pilgerweg, der auch „Kölner Weg" genannt wird. Er verläuft inzwischen nur noch selten auf der alten Römerstraße, die in der heutigen Zeit oft nur noch das Fundament für stark befahrene, moderne Bundesstraßen und Autobahnen darstellt. Zum Schutz der Pilger haben die örtlichen Verwaltungen, Kirchengemeinden und Wandervereine nach sicheren und landschaftlich schönen Alternativen gesucht.

Nach dem Start in Köln folgt der Pilgerweg noch einige Kilometer der alten Römerstraße auf der heutigen B265, danach verlässt der Weg die Kölner Bucht über den Villerücken in Richtung Voreifel und Eifel.

Die Eifel ist ein Mittelgebirge, das sich westlich der Kölner Bucht bis zum Hohen Venn im deutschsprachigen Teil Belgiens und hinunter nach Luxemburg und an die Mosel erstreckt. Höchste Erhebung ist ein Vulkankegel mit dem Namen Hohe Acht (747 m). Die raue Landschaft mit ihrer vielfältigen Vegetation ist besonders gut im Nationalpark Eifel zu erleben.

Die Menschen in der Eifel sind zurückhaltender als die benachbarten Rheinländer. Ein umherirrender Wanderer wird eher mit freundlichem Interesse beobachtet als angesprochen. Beim Betreten einer Dorfkneipe kann es Ihnen passieren, dass kurz alle Gespräche ersterben. Nach der ersten Kontaktaufnahme mit Wirt oder Wirtin ist das Eis meist schnell gebrochen, die unterbrochenen Themen werden wieder aufgegriffen und Sie können ungestört essen, trinken oder Ihre Unterkunft festmachen.

Gründe für die Pilgerschaft

Die Beweggründe für eine Pilgerschaft sind so vielfältig wie die Pilger selbst. Im Mittelalter pilgerte man vornehmlich aus religiösen Gründen, verehrte den heiligen Jakob, wollte ihn als Fürsprecher gewinnen, vielleicht Vergebung von Sünden oder andere Dinge erbitten. Oder man glaubte, dass der heilige Jakob in einer besonderen Lebenssituation geholfen hatte, und wollte ihm Dank sagen. Die Pilgerschaft war aber auch eine sozial sehr anerkannte Methode, um der Enge des eigenen Lebens zu entfliehen oder schlicht seiner Abenteuerlust zu frönen.

Neben denen, die sich aktiv für das Pilgern entschieden, gab es aber auch etliche Pilger, denen die Pilgerschaft als Strafe auferlegt war. Die Pilgerschaft wurde vom Richter verhängt, wenn er, u. U. ermuntert durch erfreulich großzügige Argumente, die Todesstrafe vermeiden wollte, das Vergehen aber größer war, als dass er es mit einer Geldstrafe hätte ahnden können, und er den Delinquenten zur Glättung der Wogen vorübergehend aus dem eigenen Umfeld entfernen musste. Das klappte allerdings nur bedingt, denn natürlich brauchten sich Verbrecher mit ausreichend Geld und guten Kontakten nicht selbst auf den gefahrvollen Weg zu machen. Sie konnten Berufspilger anheuern, die gegen Bezahlung für sie auf Pilgerfahrt gingen. Hatte man selbst oder der Vertreter die Pilgerfahrt erfolgreich absolviert, war man wieder rehabilitiert.

Die im 15. Jahrhundert eingeführten heiligen Jahre waren ein weiterer Grund für die Pilgerschaft: Man konnte in diesen Jahren einen vollkommenen Ablass erhalten und dadurch die Zeit der Läuterung im Fegefeuer auf null setzen.

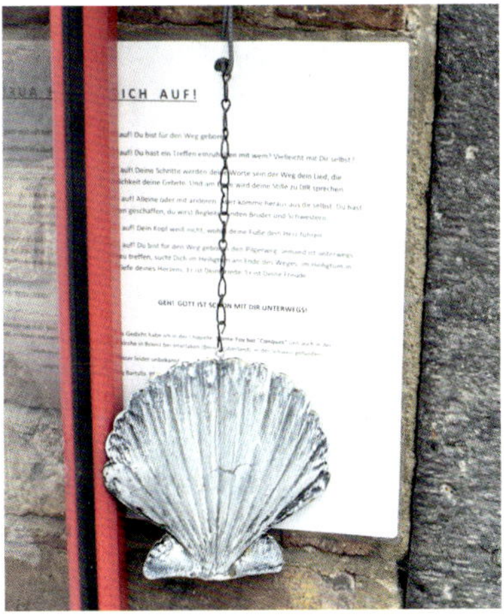

Viele Pilger sind auf der Suche nach Spiritualität

Heute ist es neben den vorgenannten Gründen oft auch die Sehnsucht nach Spiritualität und Orientierung, die Menschen dazu bewegt, zu einer Pilgerreise aufzubrechen. Besonders oft machten sich die Einzelpilger, die ich traf, nach einem Bruch im Lebenslauf auf den Weg, hatten also gerade eine Kündigung des Arbeitsplatzes, die Pensionierung/Verrentung, den Tod eines geliebten Menschen oder eine Scheidung hinter sich. Auch sportlich motivierte Menschen, die in der schieren Länge des Weges eine Herausforderung sehen, sind unterwegs anzutreffen. In einer Erhebung des Pilgerbüros in Santiago de Compostela unter Jakobspilgern im Jahr 2023 gaben 43 % rein religiöse Motive an, 35 % religiös-kulturelle und 23 % andere. (Weitere Ergebnisse der Auswertung: 47 % Männer, 53 % Frauen; 8 % unter 18 Jahren, 40 % 18-45 Jahre, 41 % 46-65 Jahre und 11 % über 65 Jahre; 93 % Fußpilger, 5 % Radpilger.)

Stets aber verlässt der Pilger für eine lange Zeit seine Familie und wird zum Fremden im anderen Land. Der gewohnte soziale Status und die hierarchischen Beziehungen gehen verloren oder werden doch zumindest sehr unwichtig. Alle Pilger, mit denen ich unterwegs sprach, berichteten davon, dass sie sich selbst und ihre Grenzen kennenlernten.

Die Jakobsmuschel

Die Jakobsmuschel ist ein Erkennungszeichen der Pilger, wie der breitkrempige Hut, die Kalebasse und der Pilgerstab. Muscheln gehören trotz ihrer harten Schale zu den Weichtieren (*Mollusca*). Im Falle der Jakobsmuschel bilden zwei bis zu 14 cm große Schalenhälften, die das Tier mithilfe eines Schließmuskels zusammenpressen kann, das Außenskelett.

Jakobsmuschel nennt man gleich zwei Arten: die Mittelmeer-Pilgermuschel (*Pecten jacobaeus*) und die Große Pilgermuschel (*Pecten maximus*), die im Atlantik vorkommt.

Von alters her ist die Pilgermuschel das Symbol für die Pilgerschaft. Seit Jahrhunderten bringen Pilger die Jakobsmuschel als Souvenir mit nach Hause und weisen sich durch das Tragen der Muschel als Jakobspilger aus – auch heute noch lebt diese Tradition fort.

Unter Pilgern gibt es häufiger Diskussionen, ob man die Muschel denn überhaupt auf dem Weg nach Santiago als Erkennungszeichen verwenden sollte, weil sie ja von den ursprünglichen Pilgern erst auf dem Rückweg am Kap Finisterre selbst gesammelt und in die Heimat mitgebracht wurde.

Der Pilgerausweis

Eine ebenso lange Geschichte wie die Pilgerschaft selbst hat der Pilgerausweis, denn in früheren Zeiten durfte man nicht so einfach seinen Wohnort verlassen. Dafür brauchte man unbedingt die Erlaubnis der Obrigkeit und auf der Reise den Nachweis, dass man diese Erlaubnis erhalten hatte. Zusätzlich mussten vor allem diejenigen, die zur Verbüßung ihrer kriminellen Taten auf Pilgerschaft geschickt worden waren, nachweisen, dass sie selbst bzw. ihr Vertreter die Pilgerfahrt auch wirklich durchgeführt hatten. Dazu ließ man sich die Durchreise in verschiedenen Orten schriftlich bestätigen. In Santiago bekam man schließlich die offizielle Pilgerurkunde, die Compostela.

Auch heute noch ist der offizielle Pilgerausweis (span. *credencial*) ein sehr wichtiges Dokument. Er macht Sie offiziell zum Jakobspilger und ist in vielerlei Hinsicht nützlich: Er berechtigt zur Übernachtung in Pilgerherbergen (in Spanien: *refugios*) und manchmal erhält man in Hotels, Gasthöfen oder Museen einen Rabatt, wenn man sich als Pilger ausweisen kann – sogar die spanische Fluggesellschaft Iberia gewährt vergünstigte Rückflugtarife für Jakobspilger mit Ausweis.

Außerdem benötigt man ihn zur Dokumentation, wenn man die Compostela bekommen möchte: Durch Stempel im Pilgerausweis, die man in Unterkünften, Touristeninformationen und Kirchen erhält, muss man nachweisen, dass man mindestens die letzten 100 km zu Fuß oder die letzten 200 km mit dem Fahrrad zurückgelegt hat. Auf diesen letzten Kilometern vor dem Ziel sind sogar zwei Stempel pro Tag erforderlich. Dafür ist es wichtig, das Datum neben den Stempelabdruck zu notieren. Außerdem ist der Pilgerausweis mit seinen vielen Stempeln ein schönes Andenken an die Pilgerzeit. Es gibt keine Vorschriften, wer den Stempel in den Ausweis drückt, es muss also kein Stempel aus einer Kirche oder mit einer Jakobsmuschel sein. Immer, wenn Sie das Gefühl haben, es sei ein weiterer Stempel fällig, fragen Sie unterwegs in Gasthäusern, Apotheken, Tankstellen, Buchhandlungen usw. danach. Wenn man dann noch ein Ort und/oder eine Postleitzahl ablesen kann, ist es perfekt.

☺ Seit Mitte 2020 stellt die Dominformation Trier eine eigene Pilgerurkunde aus. Nachgewiesen werden müssen die letzten 100 km vor Trier, das ist bei einem Start in Köln oder Bonn in jedem Fall sichergestellt. Wer erst im Verlauf der Via Coloniensis startet, sollte dies vor oder in Prüm tun.

Mit dem Symbol 🚶🚶 kennzeichne ich im Text spezielle Tipps für Pilger, das Symbol ⊙ steht für eine Stelle, an der Sie sich einen Stempel in Ihren Pilgerpass drücken lassen können. Sie erhalten einen Pilgerpass zum Beispiel hier:

- **Deutsche Jakobusgesellschaft e. V.**, Tempelhofer Straße 21, 52058 Aachen, ☏ 02 41/47 90-127, ✉ info@deutsche-jakobus-gesellschaft.de, 💻 www.deutsche-jakobus-gesellschaft.de (mit Online-Formular)
- **Jakobusfreunde Euskirchen**, c/o Jürgen Sauer, Wißkirchener Straße 45, 53881 Euskirchen, ☏ 022 51/42 08, ✉ hans-juergen.j.sauer@t-online.de
- **Frënn vum Camino de Santiago de Compostela asbl**, 4, Rue de Luxemburg, L-6750 Grevenmacher, ✉ meca@pt.lu
- **Dominformation Trier**, Liebfrauenstraße 1/Ecke Domfreihof, 54290 Trier, ☏ 06 51/97 90 79-0, ✉ info@dominformation.de, 💻 www.trierer-dom.de

☺ Hier wird Ihnen auch unmittelbar ein Pilgerausweis ausgestellt, wenn Ihr bisheriger Ausweis keine freien Stempelfelder mehr vorweist und Sie für Ihren weiteren Weg ab Trier ein neues Exemplar benötigen.

- **St. Jakobus-Bruderschaft Düsseldorf e. V.**, Lützowstraße 245, 42653 Solingen, sankt-jakobusbruderschaft@t-online.de, www.jakobusbruderschaft.de, mit speziellen Pilgerpässen für die Strecke von Köln nach Trier

Der Pilgerstab

Der klassische Jakobsstab ist ein selbst gesuchter und geschnitzter, etwa körperhoher Stab. Er sieht zwar sehr zünftig aus, ist aber auf dem größten Teil des Weges eher Ballast als Hilfe und wird heute vielfach durch zwei Wanderstöcke ersetzt. Diese geben manch einem Pilger objektive Sicherheit als Stützen in unwegsamem Gelände und eher subjektiven Schutz bei der Abwehr heranstürmender Tiere – genauso wie damals der Jakobsstab.

Weitere traditionelle Pilgerausrüstung

Die Kalebasse als Trinkgefäß ist nicht mehr üblich und wird allenfalls durch die eigene Thermosflasche und/oder eine Trinkblase ersetzt. Den breitkrempigen Hut wiederum wissen viele Pilger sowohl bei großer Sonneneinstrahlung als auch bei Regen zu schätzen. Wer über Trier hinaus pilgert, wird vor der Rehlinger Kapelle das klassische Dreierset Stab, Kalebasse und Hut als Metallskulptur finden.

Der Jakobustag

Der Gedenktag für Jakobus d. Ä. am 25. Juli wird in Deutschland Jakobi, Sankt Jakob oder Jakobustag genannt. In Luxemburg und Frankreich heißt er Jour de Saint Jacques. Fällt er auf einen Sonntag, sprechen Jakobspilger vom heiligen Jahr. Dies war letztmalig 2021 der Fall und hält sich wegen der Schaltjahre an kein regelmäßiges Intervall. Das nächste heilige Jahr ist 2027, danach 2032.

Gehen Sie bei Ihrer Planung davon aus, dass rund um den Jakobustag viele Pilgerunterkünfte belegt sind und dass im heiligen Jahr noch viel mehr Pilger als sonst auf dem Jakobsweg unterwegs sein werden. Immerhin werden einem Pilger, der daran glaubt und der im heiligen Jahr den Jakobsweg absolviert, nicht nur einfach die Sünden erlassen, sondern sogar der gesamte unangenehme Aufenthalt im Fegefeuer erspart.

Reise-Infos von A bis Z

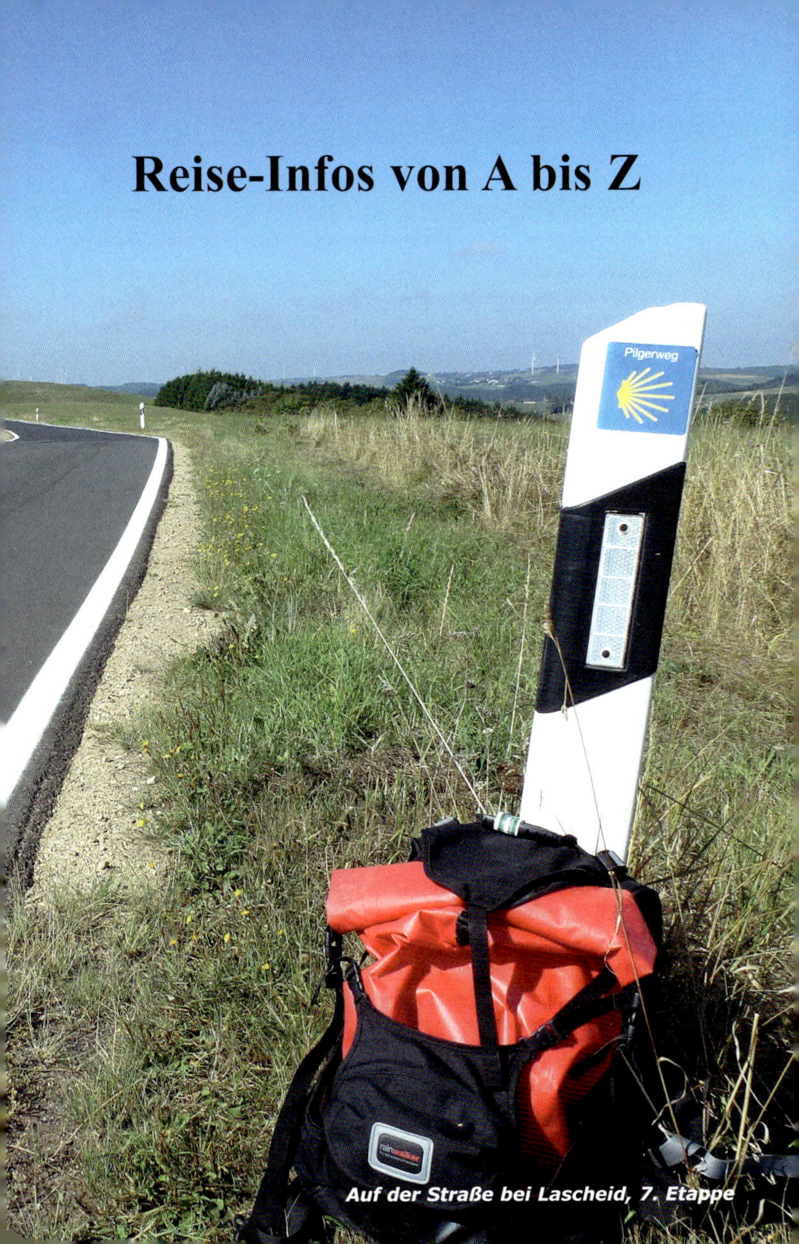

Auf der Straße bei Lascheid, 7. Etappe

An- und Abreise

Anreise

Wer nicht in Köln wohnt und seinen Jakobsweg schon zu Hause beginnt, kommt vermutlich auf einem der Jakobs- oder Fernwanderwege nach Köln gewandert.

Von Norden kommen die Pilger über Zons auf dem Rhein-Camino nach Köln. Pilger aus Norddeutschland, von Nord- und Ostsee, nehmen die Via Baltica von der polnischen Grenze über Rostock, Lübeck, Hamburg, Bremen und Osnabrück sowie die Verlängerung der Via Baltica über Dortmund und Wuppertal. Aus dem Osten kommend ist es die Via Regia, die in Eisenach verlassen wird, um dem Elisabethpfad über Marburg nach Köln zu folgen.

- **Jakobsweg Via Baltica – von Usedom nach Bremen**, Martin Simon, OutdoorHandbuch Band 262, Conrad Stein Verlag, ISBN 978-3-86686-759-8, € 17,90
- **Jakobsweg Bremen – Köln**, Martin Simon und Klaus Engel, OutdoorHandbuch Band 301, Conrad Stein Verlag, ISBN 978-3-86686-669-0, € 16,90
- **Via Regia – Pilgerweg von Görlitz nach Vacha**, Thorsten Hoyer, OutdoorHandbuch Band 288, Conrad Stein Verlag, ISBN 978-3-86686-792-5, € 15,90
- **Elisabethpfad – von Eisenach nach Marburg**, Thorsten Hoyer, OutdoorHandbuch Band 255, Conrad Stein Verlag, ISBN 978-3-86686-560-0, € 9,90

Köln als Ausgangspunkt der Reise können Sie gut per Bahn erreichen. Die Verbindungen von Ihrem Heimatort nach Köln können Sie unter www.bahn.de recherchieren. FlixTrain (www.flixtrain.de) bietet Zugfahrten von Berlin (ab € 20) und Hamburg (ab € 14) an.

Vom Flughafen Köln/Bonn (www.koeln-bonn-airport.de) ist der Kölner Hauptbahnhof (direkt neben dem Dom) mit der S-Bahn ohne Umsteigen erreichbar.

Bei der Anreise mit dem Auto/Motorrad gebe ich zu bedenken, dass es in der Kölner Innenstadt keine Parkplätze gibt, auf denen Sie kostengünstig für die gesamte Dauer Ihrer Wanderung parken können. Sie müssten einen P&R-Parkplatz im Umland ansteuern und von dort mit der Bahn zum Dom fahren.

Eine Fernbusreise nach Köln dauert wahrscheinlich länger und ist meist günstiger als die Bahnverbindung. So bieten z. B. FlixBus (www.flixbus.de) und BlaBlaCar (www.blablacar.de) Fahrten von Hamburg nach Köln ab etwa € 19 an.

Abreise

Von Trier aus gibt es gute Bahn- und Fernbusverbindungen nach ganz Deutschland, sodass Sie nach Ihrer Wanderung auf der Via Coloniensis problemlos zurück nach Köln oder in Ihren Heimatort reisen können, wenn Sie nicht direkt weiter nach Santiago pilgern wollen.

Ausrüstung

Vorab mein Herzensanliegen: Sparen Sie am Gewicht Ihres Gepäcks, nicht an der Qualität der Ausrüstung. An einem billigen Rucksack oder schlecht sitzenden Schuhen kann die gesamte Tour scheitern. Ich spreche aus Erfahrung, denn es gab mehr als eine Recherchewanderung, bei der aus diesem Grund ein motivierter, aber schlecht ausgerüsteter Mitwanderer die Tour früher als geplant abbrechen musste oder ich verzweifelte Pilger traf, die vor Schmerzen einfach nicht mehr weiterlaufen/-tragen konnten.

In der Eifel ist stets mit Regen zu rechnen. Imprägnieren Sie Rucksack, Schuhe und Jacke. Vielleicht nehmen Sie auch zusätzlich eine Regenschutzhülle für den Rucksack mit, wenn Sie keinen Regenponcho haben, der auch Schutz für den Rucksack bietet. Sachen, die nicht nass werden dürfen, sind gut in einem kleinen Plastikbeutel aufgehoben.

Versuchen Sie, den Rucksack möglichst leicht zu halten. Das gilt besonders für diejenigen, die zelten wollen. Achten Sie beim Packen darauf, schwere Sachen nah am Körper zu verstauen. Ihr Rücken wird es Ihnen danken. Sachen, die häufig gebraucht werden, passen in die Außentaschen oder direkt unter die Deckelklappe. Zu Hause sollten Sie unbedingt Probe packen, auswiegen (sogar bei Unterwäsche gibt es verblüffende Gewichtsunterschiede), den Rucksack auf eine Trainingswanderung mitnehmen und gnadenlos ausmisten. 10 kg sollte die Obergrenze für den Rucksack sein, die Tagesration Essen und mindestens 2 l Getränke eingeschlossen. Alles andere ist Schinderei.

Dies kann natürlich nur als Empfehlung für Einsteiger gelten. Pilger mit Kind und echte Profis, die regelmäßig mit kompletter Campingausstattung unterwegs sind, werden sich ohnehin von meinen Empfehlungen nicht beirren lassen.

Hier ein paar Vorschläge (!) für den Inhalt Ihres Rucksacks (mit Innengestell und gut gepolsterten, verstellbaren Gurten für Schultern, Hüfte und Rücken):

Kleidung:

- ☐ Wanderschuhe (Sohle mit kräftigem Profil, die Knöchel müssen fest umschlossen sein)
- ☐ Socken (die Kombination aus dünner Wandersocke und ganz dünner Unterziehsocke erzeugt weniger Blasen als eine dicke Socke)
- ☐ Wanderhose (mit mindestens einer großen Tasche für Wanderkarte und/oder dieses Buch)
- ☐ Fleecepullover oder Fleecejacke
- ☐ Anorak/Regenjacke (sollte nicht nur kurze Schauer, sondern auch einen halbtägigen Landregen aushalten!)
- ☐ besser noch: Anorak plus Kraxenponcho (schützt den Rucksack gleich mit) oder Trekkingschirm (darunter schwitzt man nicht so)
- ☐ Weste (für Geldbörse, Wanderführer, Wanderausweis, Mobiltelefon, Lippenpflegestift, MP3-Player oder was immer Sie nicht mehrfach täglich aus dem Rucksack hervorkramen wollen)
- ☐ Unterhosen
- ☐ Sport-BH
- ☐ T-Shirts
- ☐ Schlafanzug (für Gemeinschaftsunterkünfte)
- ☐ Wandersandalen (für ebene Streckenabschnitte und abends)
- ☐ Regenüberhose/Beinlinge
- ☐ Bluse/Hemd
- ☐ Badeanzug/Badehose
- ☐ Sonnenhut (im Winter eher Mütze, Schal, Handschuhe)
- ☺ Je 3 x Unterhose, T-Shirt, Socken haben sich bewährt: 1 x am Körper, 1 x vom Waschen letzte Nacht noch nicht ganz trocken, 1 x Reserve. Zur Wanderhose eine Reservehose bzw. Rock/Kleid für abends, wenn man nicht unangenehm riechend ins Restaurant gehen will. Alles möglichst leicht, knitterfrei und farblich zueinander passend aussuchen, Sie wollen sich darin ja auch wohlfühlen.

Körperpflege u. Ä.:

- ☐ Kulturbeutel inkl. Lippenpflege
- ☐ Feuchttücher (für saubere Hände)

- ☐ Handtuch
- ☐ Sonnenbrille
- ☐ Kontaktlinsenzubehör
- ☐ Reservebrille

Erste Hilfe:

- ☐ Blasenpflaster
- ☐ Hirschtalg (Stift, nicht Creme) oder Silikongel zur Blasenvorbeugung
- ☐ Schmerztabletten
- ☐ Sonnenschutzmittel
- ☐ Insektenschutz (Allergiker: Calcium nicht vergessen!)
- ☐ Pflasterstreifen
- ☐ Wundschnellverband
- ☐ Rettungsdecke
- ☐ elastische Binde
- ☐ Verbandpäckchen
- ☐ Schutzhandschuhe
- ☐ Dreiecktücher
- ☐ Wundsalbe
- ☐ Sportsalbe (Mobilat, Voltaren, Kytta und Co.)
- ☐ Zinksalbe/Babycreme/Silikonsalbe (für Menschen, die sich schnell einen Wolf laufen)
- ☐ persönliche Medikamente

„Büro“:

- ☐ Geldbörse (für Köln, Trier, An- und Abreise besser Brustbeutel oder Geldkatze)
- ☐ Papiere (Pilgerpass, Personalausweis, Studentenausweis, Jugendherbergsausweis etc.)
- ☐ Reiseunterlagen, Tickets
- ☐ Girocard, Kreditkarte
- ☐ Bestimmungsbücher für Pflanzen, Pilze, Vögel, Tierspuren ...
- ☐ Tagebuch

Weitere Ausrüstung (je nach persönlichem Interesse/Bedarf):

- ☐ Taschenmesser
- ☐ Kompass

- ☐ GPS + Ladegerät + Ersatzbatterien
- ☐ Mobiltelefon + Ladegerät
- ☐ Fotoapparat + Filme/Speicherkarten + Ladegerät
- ☐ Trillerpfeife (für Notsignale)
- ☐ Taschenlampe oder Stirnleuchte
- ☐ Campingausstattung (Leichtgewichtszelt, Schlafsack, Isomatte, Hängematte, ...)
- ☐ Kocher, Geschirr, Besteck, Schwamm
- ☐ Streichhölzer
- ☐ Thermosflasche + Tasse (besonders in den kalten Jahreszeiten)
- ☐ Trinkblase (Wasserbeutel mit Schlauch, aus dem Sie trinken können, ohne den Rucksack abzunehmen, sehr praktisch!)
- ☐ Thermometer (z. B. als kleiner Rucksackanhänger)
- ☐ Fernglas
- ☐ Teleskopwanderstöcke (bei schwachen Kniegelenken)
- ☐ Nähzeug
- ☐ große Sicherheitsnadeln (damit werden z. B. Handtücher und Kleidung am Rucksack zum Trocknen aufgehängt)

Einkaufen

Die Palette der Einkaufsmöglichkeiten in der Eifel reicht von der kleinen Bäckerei über einfache Minimärkte bis hin zu großen Supermärkten. In den Städten entlang der Strecke finden Sie alles, was Sie für die Reise brauchen. In den kleinen Dörfern dagegen gibt es selten Geschäfte, da jeder mit seinem Auto zum nächstgrößeren Fachmarktzentrum fährt. Die Restversorgung übernehmen hier und da Lieferwagen als rollende Märkte, aber einem solchen werden Sie höchstens einmal durch Zufall begegnen.

Essen und Trinken

Im Rheinland, in der Eifel und an der Mosel lässt es sich gut essen, wenn man rustikale und bodenständige Küche mag. Regionale Spezialitäten mit verwirrenden Namen sollten Sie nicht vom Probieren abhalten: Im Kölner Raum können sogar Ovo-Lacto-Vegetarier einen „Halve Hahn" bestellen. Es handelt sich dabei nämlich nicht um ein halbes Brathähnchen, sondern um ein Roggenbrötchen mit Butter und einer dicken Scheibe Holländerkäse!

Weitere Futtervokabeln für diesen Streckenabschnitt:

Ääpele (Nordeifel) bzw. Äppel (Südeifel):	Äpfel
Ädääpele (Nordeifel):	Kartoffeln/Erdäpfel
Appeltaat:	Apfelkuchen
Ätzetzupp:	Erbsensuppe
Blootwoosch:	Blutwurst
Botteramm (Nordeifel):	Butterbrot, belegtes Brot
Bottermilschbunnetzupp:	Buttermilchbohnensuppe (Achtung, nicht jedermanns Sache)
Bunnetzupp:	Bohnensuppe
Döppekooche:	Kartoffelauflauf aus geriebenen Kartoffeln, manchmal mit Mettwurst oder Speck
Flieten (Südeifel):	Hähnchenflügel
Frikadell:	Fleischklops, Frikadelle, Bulette
Gromperekichelcher (Luxemburg):	Reibekuchen, meist mit Petersilie
Halve Hahn:	Roggenbrötchen mit mittelaltem Holländer käse
Hämmchen:	Eisbein (meist mit Sauerkraut und Kartoffelbrei)
Himmel und Ääd:	Kartoffelbrei mit Apfelmus, manchmal auch mit Blutwurst
Judd mat Gaardebounen:	gepökelter Schweinehals mit Kartoffeln (Grompere) und Saubohnen (Gaardebounen)
Kachkéis (Luxemburg):	Kochkäse
Kappes:	Weißkohl
Klappschmeer (Südeifel):	zusammengeklapptes Butterbrot
Kromberen (Südeifel):	Kartoffeln
Kromberenschiedscher (Südeifel):	Reibekuchen
Murre:	Möhren
Murre ungerei:	Möhren untereinander, also Möhren, Kartoffeln und Butter nach dem Kochen untereinander gestampft (auch als Bunne ungerei oder Suure Kappes ungerei zu finden)
Quallmänner:	Pellkartoffeln
Quetschen (Südeifel):	Pflaumen
Prummetaat:	Pflaumenkuchen

Rievkooche (Nordeifel):	Reibekuchen
Schmeer (Südeifel):	Butterbrot mit Belag, z. B. Schinkeschmeer
Stubbi:	kleine, dickbauchige Bitburgerflasche
Suurbrode:	Sauerbraten
Teerdich (Südeifel):	Sauerkraut untereinander
Suure Kappes:	Sauerkraut
Tzupp:	Suppe, Eintopf
Viez (Südeifel):	Apfelwein

Pilgern als Berufsbezeichnung

Schon im Mittelalter führte einer der Hauptwege der Pilger über Köln. Nicht alle Pilger waren so wohlhabend, dass sie die Reisekosten für den gesamten weiten Weg aus dem Ersparten aufbringen konnten. Ging das Geld aus, blieben sie in Köln und suchten sich Arbeit, um die Reisekasse wieder aufzufüllen. Viele arbeiteten als Kellner in einer kölschen Kneipe. Die Kneipiers und Gäste konnten oder wollten sich aber die Namen der ständig wechselnden Bedienungen nicht merken und nannten daher kurzerhand alle nach dem Apostel, dessen Grab sie aufsuchen wollten: Jakob. Gab jemand nur vor, Jakobspilger zu sein, um die Stelle zu bekommen, und kam man ihm dahinter, hieß es „Das ist aber nicht der wahre Jakob!" In Kölner Kneipen und Brauhäusern heißen auch heute noch alle Kellner Köbes. Das ist der rheinische Spitzname für Jakob.

Etappen

Der insgesamt knapp 240 km lange Weg von Köln nach Trier ist in diesem Buch in elf Tagesetappen unterteilt, hinzu kommen zwei Etappen zwischen Bonn und der Via Coloniensis. Die Etappenziele liegen immer in Orten mit Hotels, Pensionen oder Privatzimmern. In der Wegbeschreibung sind weitere Unterkünfte enthalten. Auf diese Weise können Sie selbst Ihre Tagesetappen zusammenstellen, je nachdem, wie eilig Sie es haben, wie belastbar Sie sind und ob Sie unterwegs Zeit für Gebet, Meditation, Besichtigungen, Weinproben, Fotos, Mittagsruhe ... benötigen.

Die Mehrzahl der Pilger wird ca. 20-25 km pro Tag einplanen und ist dann etwa 10-11 Tage unterwegs. Sportlich durchtrainierte Menschen, die es eilig haben und auch vor Etappen über 30 km nicht zurückschrecken, schaffen die Strecke natürlich in kürzerer Zeit.

Teiletappe	Kilometer	Gesamtkilometer
Köln – Efferen	7,3	7,3
Efferen – Hermülheim	2,6	9,9
Hermülheim – Fischenich	3,1	13,0
Fischenich – Brühl	4,8	17,8
Brühl – Walberberg	5,2	23,0
Walberberg – Weilerswist	7,7	30,7
Weilerswist – Euskirchen	13,3	44,0
Euskirchen – Stotzheim	5,2	49,2
Stotzheim – Arloff	5,0	54,2
Arloff – Bad Münstereifel	6,0	60,2
Bad Münstereifel – Engelgau	11,8	72,0
Engelgau – Blankenheim	9,2	81,2
Blankenheim – Nonnenbach	4,7	85,9
Nonnenbach – Baasem	17,5	103,4
Baasem – Kronenburg	1,8	105,2
Kronenburg – Ormont	7,2	112,4
Ormont – Prüm	18,4	130,8
Prüm – Rommersheim	3,6	134,4
Rommersheim – Schönecken	7,7	142,1
Schönecken – Waxweiler	15,7	157,8
Waxweiler – Krautscheid	4,9	162,7
Krautscheid – Ammeldingen	6,7	169,4
Ammeldingen – Neuerburg	5,9	175,3

Teiletappe	Kilometer	Gesamtkilometer
Neuerburg – Sinspelt	6,4	181,7
Sinspelt – Mettendorf	3,3	185,0
Mettendorf – Nusbaum	5,2	190,2
Nusbaum – Bollendorf	12,8	203,0
Bollendorf – Echternach	6,5	209,5
Echternach – Echternacherbrück	0,7	210,2
Echternacherbrück – Minden	3,8	214,0
Minden – Welschbillig	9,4	223,4
Welschbillig – Lorich	12,1	235,5
Lorich – Trier	9,3	244,8

Etappenvorschlag für den Weg ab Köln

Tag	Etappe	Länge der Etappe
1	Köln – Brühl	18,0 km
2	Brühl – Euskirchen	25,9 km
3	Euskirchen – Bad Münstereifel	16,4 km
4	Bad Münstereifel – Blankenheim	20,9 km
5	Blankenheim – Kronenburg	23,8 km
6	Kronenburg – Prüm	25,2 km
7	Prüm – Waxweiler	26,9 km
8	Waxweiler – Sinspelt	23,8 km
9	Sinspelt – Bollendorf	21,0 km
10	Bollendorf – Welschbillig	19,6 km
11	Welschbillig – Trier	21,9 km

Etappenvorschlag für den Weg ab Bonn

Tag	Etappe	Länge der Etappe
1	Bonn – Rheinbach	29,0 km
2	Rheinbach – Bad Münstereifel	21,8 km

3	Bad Münstereifel – Blankenheim	20,9 km
4	Blankenheim – Kronenburg	23,8 km
5	Kronenburg – Prüm	25,2 km
6	Prüm – Waxweiler	26,9 km
7	Waxweiler – Sinspelt	23,8 km
8	Sinspelt – Bollendorf	21,0 km
9	Bollendorf – Welschbillig	19,6 km
10	Welschbillig – Trier	21,9 km

Feiertage

Auf der Gesamtstrecke werden einheitlich gefeiert: Neujahr (1. Jan), Ostermontag, Maifeiertag (1. Mai), Christi Himmelfahrt (Do 10 Tage vor Pfingsten), Pfingstmontag (7 Wochen nach Ostern), Allerheiligen (1. Nov) und 1./2. Weihnachtstag.

In Nordrhein-Westfalen und Rheinland-Pfalz werden auch Karfreitag, Fronleichnam (Do 10 Tage nach Pfingsten) und der Tag der deutschen Einheit (3. Okt) gefeiert. Zu Heiligabend, Silvester und Karneval (11.11. und Weiberfastnacht bis Aschermittwoch) sind viele Geschäfte und öffentliche Institutionen geschlossen oder im „Notbetrieb".

Luxemburg feiert außerdem den 23. Juni (Nationalfeiertag) und Maria Himmelfahrt (15. Aug). Bis zu zwei Feiertage, die auf einen Sonntag fallen, können auf den darauffolgenden Montag gelegt werden.

Geld

Seit 2002 ist der Euro auch die luxemburgische Währung. Giro- und Kreditkarte können wie gewohnt eingesetzt werden. Bei den Unterkünften können Sie allerdings nicht überall mit Karte zahlen und in ländlichen Gebieten sind Geldautomaten selten. Eine nicht allzu große Summe an Bargeld sollten Sie daher immer bei sich haben.

Die Girocard, die nach ihrem Vorgänger oft noch EC-Karte genannt wird, ist ein problemloser und sicherer Begleiter. Die Kosten für die Bargeldabhebungen erfragen Sie am besten bei Ihrer Hausbank. Bei Verlust oder Diebstahl können Sie die Karte schnell sperren lassen (☏ +49/116 116).

Denken Sie daran, Kontonummer, PIN und Kartenfolgenummer mitzunehmen und unabhängig von der Karte zu verstauen!

Genauso sicher ist auch die Kreditkarte. Mit ihr können Sie meist gebührenfrei bezahlen. Wenn Sie Bargeld an Geldautomaten abheben, können die Gebühren recht hoch sein, bitte informieren Sie sich hierzu vor der Reise. Auch die Spar-Card verschiedener Banken ist eine Alternative.

Einige Gastgeber nehmen kein Bargeld, andere nur Bargeld, auch die Kartenakzeptanz ist nicht einheitlich. Daher – und aus Gründen der Sicherheit – ist es empfehlenswert, unterwegs mehrere Möglichkeiten zur Bargeldversorgung zu nutzen. Karten und Bargeld sollten Sie getrennt aufbewahren, denn so kann nicht alles gleichzeitig verloren gehen.

Hunde

Manch ein Pilger nimmt seinen Hund mit auf den Weg. Man ist nicht ganz so allein, muss sich aber trotzdem nicht mit Gesprächsthemen und Lauftempo an einen anderen Pilger anpassen. Die lange Strecke sollte nur mit gesunden und gut leinengängigen Hunden gelaufen werden, denn es sind einige Ortschaften und Naturschutzgebiete zu durchwandern und Schnellstraßen zu überqueren. Der Teeranteil ist relativ niedrig, nur in den größeren Orten werden dem Vierbeiner vielleicht die Pfoten qualmen.

Wasser gibt es unterwegs fast überall und dann gleich mehr als genug. Meine Hunde haben bei den Recherchen kein einziges Mal Wasser aus unserem Vorrat benötigt, denn überall gab es Bächlein, Flüsse, Seen, Tümpel, Pfützen, Brunnen ... Wenn Ihr Hund Wasser liebt, sollten Sie für ihn ein Handtuch extra mitnehmen. Das erhöht die Chancen, am Ende des Tages im Quartier aufgenommen zu werden.

Viele Vermieter heißen auch mitwandernde Hunde willkommen, allerdings stets nur nach vorheriger Vereinbarung und meist gegen Aufpreis für die umfangreichere Reinigung. Jugendherbergen, Pfarrer und Privatleute nehmen üblicherweise keine Hunde auf. Unterkünfte, in denen Hunde willkommen sind, habe ich mit dem Symbol 🐕 gekennzeichnet.

Frei laufende einheimische Hunde, vor denen sich der klassische Pilger mit seinem Pilgerstab zur Wehr setzen musste, sind mir auf der gesamten Strecke nicht begegnet. Die Hunde, die entlang der Strecke in Höfen und Vorgärten lagen, machten uns zwar gelegentlich bellend auf die Grenzen ihres Territoriums aufmerksam. Sie blieben aber an der Grundstücksgrenze oder ließen sich nur mit dem Versprechen von Streicheleinheiten auf den Weg locken. Ich gehe daher davon aus, dass auch Pilger ohne Hund an keiner Stelle des Weges von einem frei laufenden einheimischen Hund angegriffen werden.

Informationen

Fremdenverkehrsämter

Vor Ihrer Reise können Sie viele Informationen bei den Fremdenverkehrsämtern einholen.

Die Domstadt Köln wird von sehr hilfsbereiten Mitarbeitern der KölnTourismus GmbH touristisch betreut.

- **KölnTourismus GmbH**, Kardinal-Höffner-Platz 1, 50667 Köln, ☏ 02 21/34 64 30, 💻 www.koelntourismus.de, ✍ info@koelntourismus.de

Nur wenige Schritte entfernt können Sie sich im Domforum zu pilgerspezifischen Fragen informieren.

- **Domforum**, Domkloster 3, 50667 Köln, ☏ 02 21/92 58 47 20, 💻 www.domforum.de

Die Eifel Tourismus GmbH ist Ansprechpartner für alle touristischen Fragen, die die Eifel betreffen.

- **Eifel Tourismus GmbH**, Kalvarienbergstraße 1, 54595 Prüm, ☏ 065 51/96 56-0, 💻 www.eifel.info, ✍ info@eifel.info

Ganz im Süden dieser Strecke gibt es eine grenzüberschreitend tätige Touristeninformation:

- **Deutsch-Luxemburgische Touristinformation**, Moselstraße 1, 54308 Langsur-Wasserbilligerbrück, ☏ 065 01/60 26 66, 💻 www.lux-trier.info, ✍ info@lux-trier.de

Jakobusvereine

Die Jakobusvereine kümmern sich um alle Belange des Jakobspilgerns. Sie können dort allgemeine Informationen bekommen und den Pilgerausweis beantragen. Das ist in der Regel mit einer kleinen Bearbeitungsgebühr und etwas Wartezeit verbunden, besonders im Frühjahr, wenn viele Pilger starten. Bitte denken Sie also bereits einige Wochen vor Ihrer Abreise daran.

Auf 💻 www.jakobus-info.de finden Sie alle Jakobusgesellschaften, bestimmt auch eine in Ihrer Nähe. Außerdem gibt es in Aachen den Dachverband und am Etappenziel in Trier eine besonders gut organisierte Hilfe für Jakobuspilger.

- **Deutsche St. Jakobus-Gesellschaft Aachen e. V.**, Tempelhofer Straße 21, 52068 Aachen, ☏ 02 41/ 510 00 62, 💻 www.deutsche-jakobus-gesellschaft.de, ✍ info@deutsche-jakobus-gesellschaft.de

♦ **St. Jakobusbruderschaft Trier**, Krahnenufer 19, 54290 Trier, 💻 www.sjb-trier.de, ✉ frage@sjb-trier.de. ☺ Die Jakobusbruderschaft hilft Pilgern auch bei der Suche nach Privatquartieren im Trierer Umland.

Infrastruktur für Pilger

Von anderen, viel begangenen Pilgerwegen wie dem Camino Francés in Spanien sind Sie es vielleicht gewöhnt, am Weg eine hervorragende Pilgerinfrastruktur mit perfekter Ausschilderung, Pilgerherbergen in jedem Ort und besonderen Angeboten für Pilger (z. B. Pilgermenüs) vorzufinden.

Das ist auf diesem Weg leider (noch) nicht der Fall. Auf der Via Coloniensis gibt es zum Beispiel keine Pilgerherbergen und nicht überall günstige Unterkünfte. Zudem werden Sie kaum andere Pilger treffen, die den Weg mit Ihnen teilen. Lassen Sie sich davon aber nicht abschrecken: Mithilfe der Wegbeschreibungen und Infos in diesem Buch, ein wenig Orientierungssinn und eventuell mal mit Unterstützung der ansässigen Bevölkerung sollten Sie trotzdem ohne größere Umwege ans Ziel kommen und abends immer eine Unterkunft finden können.

Kinder

Wandern und Pilgern mit Kind kann sehr schön sein – oder auch schön anstrengend! Wie bei jeder anderen Fernwanderung will auch die Pilgerstrecke durch die Eifel gut vorbereitet sein, wenn ein Kind mit dabei ist. In keinem Fall dürfen Spielzeug, Lesestoff und ähnliches Beschäftigungsmaterial vergessen werden.

Ist Ihr Kind schon so groß, dass es selbst läuft, sollte es schon häufiger auf Tageswanderungen trainiert haben. Es muss auch wirklich Freude am Wandern und Lust auf diese Pilgertour haben. Nichts ist anstrengender als das Laufen mit einem schlecht gelaunten Kind. Keine der Etappen sollte länger als eine Ihrer üblichen Halbtageswanderungen sein, denn das tägliche Wandern ist für den kleinen Körper sehr anstrengend.

Die Ausrüstung muss genau auf das Kind abgestimmt sein, besonders die Schuhe. Und wenn es einen eigenen Rucksack trägt, achten Sie bitte darauf, dass er nicht zu schwer wird.

☺ Das Stempeln der Pilgerpässe ist eine Aufgabe, die Kinder gerne übernehmen. Sie werden sich wundern, wie zuverlässig Sie auf jede noch so kleine Kapelle aufmerksam gemacht werden und wie gewissenhaft der Stempel gesetzt wird.

Bei jüngeren Kindern stellt sich die Frage, ob sie durchgängig getragen oder in einem robusten Buggy geschoben werden oder Sie beides kombinieren. Bei allen drei Varianten müssen Sie ausreichend Bewegungspausen für das Kind einplanen. Bei den Recherchetouren zur ersten Auflage war meine ältere Tochter knapp zwei Jahre alt. Sie wollte stets mit den Großen mithalten und so viel wie möglich selbst laufen. Das kann dauern, wenn es überall so viele spannende Schmetterlinge, Käfer, Pfützen, Steine und Blumen gibt, die alle einzeln begutachtet und benannt werden müssen ...

Ich war mit meinen Kindern in der Bauch- und Rückentrage, im Buggy, im Fahrradanhänger und selbständig wandernd auf der Via Coloniensis unterwegs. Wenn Sie konkrete Fragen zu kleinen Pilgern auf dieser Strecke haben, schreiben Sie mir: ✉ coloniensis@retterath.net.

Klima und Reisezeit

Die zu durchwandernde Region ist im Nordteil durch ein warmgemäßigtes Klima wie im Rest Deutschlands und Mitteleuropas ohne ausgeprägte Trockenzeiten mit warmen Sommern und milden Wintern gekennzeichnet. In der Eifel wird es kühler und es ist mit relativ hohen Niederschlagsmengen zu rechnen. Die Winter sind im Rheinland grau und nass, in der Eifel mäßig kalt, aber schneereich. Die Monatsmitteltemperaturen schwanken je nach Region zwischen ca. -1,5 und +2 °C im Januar und um die 15 °C im Juli und August.

Damit unterscheidet sich die Region nicht wesentlich vom allgemeinen deutschen Klima. In den Monaten November bis April ist die Witterung eher unangenehm für Wander- und Radtouren, nämlich kühl, feucht und unbeständig, wobei mir eine Leserbriefschreiberin von einer unvergesslich schönen Pilgerwanderung im Januar durch so tiefen Schnee berichtete, dass sie unterwegs Schneeschuhe kaufte. Besonders angenehm zum Pilgern sind Frühsommer und Herbst. Im Hochsommer hat man manchmal mit recht hohen Temperaturen zu kämpfen, besonders im Rheinland, bevor man die ersten Hügel der Voreifel erreicht.

Landkarten und GPS

Für jede Wanderung und Fahrradtour braucht man unbedingt gute Karten, wobei normalerweise topografische Karten im Maßstab 1:50.000 die optimale Lösung darstellen.

Da der Weg in diesem Führer genau beschrieben ist, sind topografische Karten im Maßstab 1:25.000 für manchen eher Ballast als Hilfe, den meisten Fußpilgern reicht der Maßstab 1:50.000 aus. Radpilger mögen auch mit 1:100.000 zurechtkommen.

Folgende Karten helfen unterwegs weiter:

Eifelverein-Wanderkarten 1:25:000

(im Buchhandel und über 💻 www.eifelverein.de zu beziehen)

- ▷ Euskirchen, Weilerswist, Zülpich, Nr. 4, ISBN 978-3-944620-34-3
- ▷ Mechernich – Nettersheim, Nr. 5, ISBN 978-3-944620-36-7
- ▷ Rheinbach – Südliche Ville, Nr. 6, ISBN 978-3-944-620-07-7
- ▷ Bad Münstereifel, Nr. 7, ISBN 978-3-944620-37-4
- ▷ Blankenheim, Oberes Ahrtal, Nr. 12, ISBN 978-3-944620-39-8
- ▷ Dahlem, Oberes Kylltal, Nr. 15, ISBN 978-3-944620-38-1
- ▷ Prümer Land, Nr. 17, ISBN 978-3-944-620-00-8
- ▷ Naturpark Südeifel, Nr. 27, ISBN 978-3-86636-932-0
- ▷ Bollendorf, Irrel, Echternach, Nr. 28, ISBN 978-3-944620-23-7
- ▷ Trierer Land, Nr. 29, ISBN 978-3-944620-15-2

Zur Strecke zwischen Köln und Euskirchen-Stotzheim gibt es keine aktuellen topografischen Karten im Maßstab 1:25.000 im Handel. Das Landesvermessungsamt verkauft aktuelle Karten nur als Plots. Vielleicht finden Sie eine der topografischen Karten irgendwo als Restbestand.

☺ Hilfreich ist auch die vom Naturpark Rheinland herausgegebene Karte „Brühl und die Ville-Seen“ im Maßstab 1:27.500, ISBN 978-3-938624-09-8, 4. Aufl. 2023.

GeoMap Wander- und Freizeitkarten 1:50.000

- ▷ Freizeitregion Köln-Bonn und Umgebung, ISBN 978-3-95965-026-7
- ▷ Nationalpark Eifel – Rureifel, Hohes Venn, ISBN 978-3-933671-11-0
- ▷ Vulkaneifel – Schneifel, ISBN 978-3-95965-010-6

Kompass Wander- und Freizeitkarten 1:50.000

- ▷ Köln, Brühl, Bonn, Ahrtal, Blatt 758, ISBN 978-3-99121-231-7
- ▷ Eifel, Blatt 833, 4 Karten, ISBN 978-3-99044-848-9

☺ Die Kartenempfehlungen wurden von der Geobuchhandlung Kiel überprüft.

www.geobuchhandlung.de

Die GPS-Tracks zum beschriebenen Weg können Sie von der Internetseite des Verlags herunterladen.

www.conrad-stein-verlag.de

GPS: *Grundlagen • Tourenplanung • Navigation* Michael Hennemann, Basiswissen für draußen, OutdoorHandbuch Band 375, Conrad Stein Verlag, ISBN 978-3-86686-769-7, € 12,90

Literaturtipps

Für den weiteren Weg Richtung Santiago de Compostela

- **Jakobsweg Trier – Le Puy-en-Velay**, Martin Simon und Ingrid Retterath, OutdoorHandbuch Band 211, Conrad Stein Verlag, ISBN 978-3-86686-662-1, € 16,90
- **Jakobsweg Trier – Vézelay**, Martin Simon und Ingrid Retterath, OutdoorHandbuch Band 194, Conrad Stein Verlag, ISBN 978-3-86686-688-1, € 16,90

Für die allgemeine Vorbereitung und Planung Ihrer Pilgerreise

- **Pilgern auf den Jakobswegen**, Raimund Joos, OutdoorHandbuch Band 197, Conrad Stein Verlag, ISBN 978-3-86686-394-1, € 12,90
- **Ausrüstung I von Kopf bis Fuß**, Markus Gründel und Johann Schinabeck, OutdoorHandbuch Band 100, Conrad Stein Verlag, ISBN 978-3-86686-417-7, € 10,90
- **Trekking ultraleicht**, Stefan Dapprich und Stefan Kuhn, OutdoorHandbuch Band 184, Conrad Stein Verlag, ISBN 978-3-86686-770-3, € 12,90

Medizinische Versorgung

In der eher ländlichen Eifel sind nicht in jedem Ort niedergelassene Ärzte zu finden, dann aber meist schon im Nachbarort. Die Versorgung mit Krankenhäusern ist aber zufriedenstellend, auf und am Weg finden Sie Akutkliniken in Köln, Hürth, Brühl, Euskirchen, Prüm, Neuerburg und Trier.

Notruf

Feuerwehr: ☏ 112
Notarzt: ☏ 112
Polizei: ☏ 110 (Deutschland) bzw. ☏ 113 (Luxemburg)

Wenn Sie in einem großen Waldgebiet unterwegs sind, halten Sie bitte Ausschau nach Anfahrpunkten für den Rettungsdienst. Wenn Sie bei einem Notruf die Nummer dieses Rettungspunktes angeben, kann die Rettungswagenbesatzung Sie schnell finden. Alternativ sind auch Koordinaten für die Rettungskräfte von Nutzen, wenn Sie mit GPS-Empfänger oder Mobiltelefon mit GPS unterwegs sind.

Post

Postämter sind in der Eifel vom Aussterben bedroht. Für Postdienstleistungen werden Sie selbst in den größeren Orten meist nur Postagenturen finden, die in Lebensmittelgeschäften, Reisebüros oder Zeitschriftenläden eingerichtet sind. Briefmarken bekommen Sie auch in vielen Läden, die Andenken und Postkarten verkaufen.

In Luxemburg beträgt das Porto für Briefe ins Inland € 1,00, nach Europa € 1,40, außereuropäisch € 1,75 (Stand 2024).

Radfahrer

Den Jakobsweg zwischen Köln und Trier können Sie gut mit einem Tourenrad befahren, ich habe die gesamte für Radpilger vorgeschlagene Strecke mit Fahrrad nebst zweisitzigem Kinderanhänger recherchiert.

Graswege, zu enge Fußpfade, Wegabschnitte mit grobem Schotter oder steile Anstiege, die das Fahren besonders erschweren, werden im Text zu den einzelnen Etappen genannt, sodass Sie diese Stellen umfahren können. Gleiches gilt für Einbahnstraßen und Wirtschaftswege, auf denen der gesamte Fahrzeugverkehr (also auch Fahrräder) untersagt ist. Alternativstrecken für Radpilger habe ich mit dem Symbol 🚲 gekennzeichnet, damit die 🚶 Fußpilger sie nicht versehentlich mit ihrer Route verwechseln.

Sie sollten aber trotzdem eine Vorliebe für kleine, nicht asphaltierte Schotter-, Feld- und Waldwege haben, denn große Teile des Jakobsweges verlaufen abseits geteerter Straßen. Bitte prüfen Sie vor dem Start und unterwegs regelmäßig die

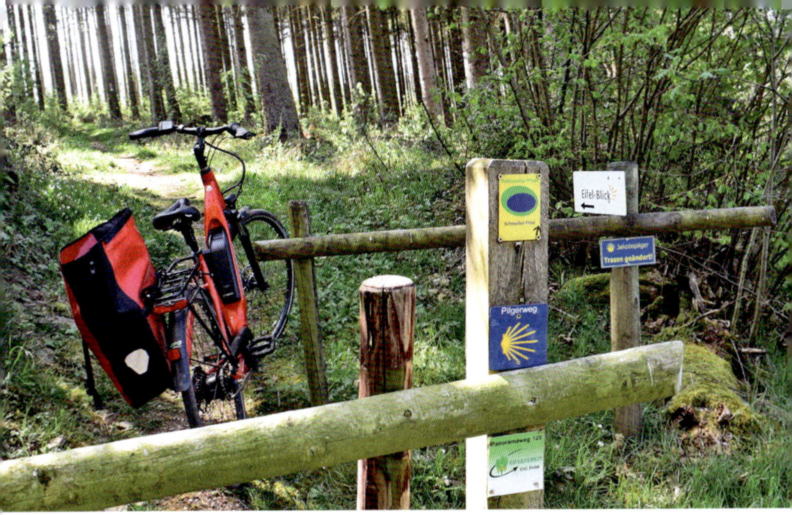

Auch mit dem Fahrrad geht es hinauf zum Eifelblick Katzenkopf, 6. Etappe

Funktion Ihrer Fahrradbremsen, insbesondere wenn Sie mit großem Gepäck und/oder Anhänger unterwegs sind. Gute Bremsen sind in zweierlei Hinsicht nötig: erstens bergab – wegen des irren Tempos, das manche steile Gefällestücke mit sich bringen – und zweitens bergauf – beim Schieben, um Verschnaufpausen machen zu können, ohne vom Gewicht des schwer bepackten Fahrrads wieder den Berg hinabgezogen zu werden ...

Radwerkstätten sind in den größeren Orten zu finden, ansonsten helfen oft auch andere örtliche Handwerksbetriebe, wenn es Probleme mit dem Fahrrad oder dem Anhänger gibt. Wir haben nur einmal eine Fahrradwerkstatt bemühen müssen, ansonsten fanden wir Hilfe in einem Autoteileladen, bei einem Bauern, in einer Motorradwerkstatt und bei einem Klempner!

Sprache

Im Rheinland und in der Eifel wird „Hochdeutsch mit Knaubeln" gesprochen. Sie werden bei Einheimischen den rheinischen Singsang heraushören, selbst wenn diese meinen, reinstes Hochdeutsch zu sprechen. Ähnlich verhält es sich beim Moselfränkischen ganz im Süden der Route. Je kleiner und ländlicher der Ort, desto mehr mundartliche Ausdrücke mischen sich in die Sprache. Es bleibt aber stets gut verständlich für andere Deutsche und für Ausländer mit deutschen Sprachkenntnissen.

Eine kleine Besonderheit ist die durch Luxemburg führende Etappe. Landessprache ist Lëtzebuergisch, aber in Grenznähe wird durchweg Deutsch gesprochen. Dennoch freuen sich die Luxemburger, wenn man sie als eigene Nation mit eigener Sprache wahrnimmt. Ein *merci villmools* (= vielen Dank) bringt jeden hilfsbereiten Luxemburger zum Strahlen.

Ein paar Begriffe zum Sattwerden finden Sie im Abschnitt ☞ Essen und Trinken.

Telefon und Internet

Die meisten Pilger, die ich unterwegs traf, sind mit Mobiltelefon unterwegs. Das gibt Ihnen Sicherheit in Notfällen, ermöglicht unkompliziert die Reservierung von Unterkünften und erhält die Verbindung nach Hause. Bitte beachten Sie, dass in sehr ländlichen und sehr hügeligen Streckenabschnitten je nach Netz kein Empfang besteht bzw. nur Notrufe in ein anderes Mobilnetz möglich sind. Im Südteil der Via Coloniensis überlagert das luxemburgische Netz in Grenznähe auch in den deutschen Orten oft das deutsche Netz.

Pilger sind willkommen in Nusbaumerhöhe, 9. Etappe

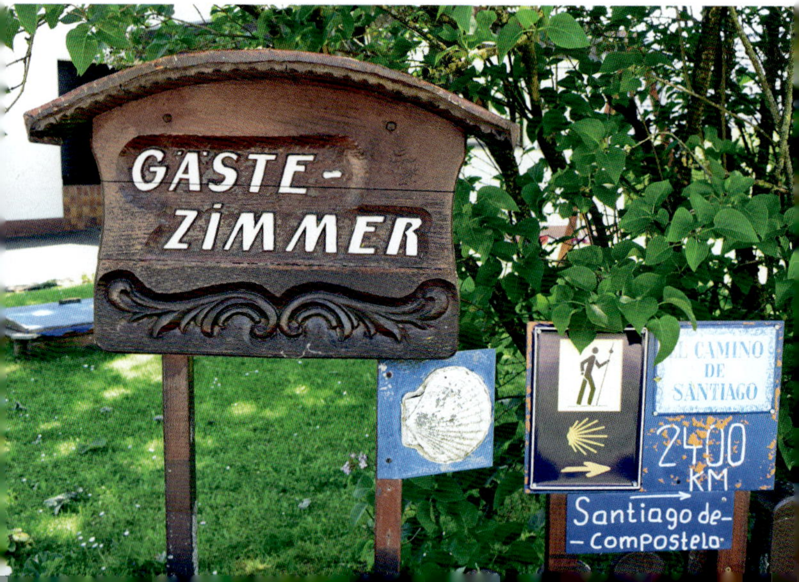

Die Vorwahl von Luxemburg ist die 00 352. Für Gespräche aus Luxemburg wählen Sie die 00 49 für Deutschland, 00 43 für Österreich und 00 41 für die Schweiz anstelle der ersten Null der Vorwahl. Vielfach schickt der Provider beim Wechsel des nationalen Netzes eine entsprechende Info-SMS. Achten Sie im Grenzgebiet darauf, in welchem Netz Sie sich befinden – z. B. ist in Echternacherbrück das luxemburgische Netz oft stärker als das deutsche. Denken Sie daran, die heimischen Rufnummern mit der Landesvorwahl abzuspeichern, z. B. +49.

Wenn Sie ein Mobiltelefon mitnehmen, dann dürfen Sie natürlich auch das Ladegerät nicht vergessen!

Stationären Internetzugang bekommt man in Poststellen, Internetcafés, Hotels und anderen Unterkünften.

Unterkünfte

Pilgerherbergen, wie es sie weiter im Süden in regelmäßigen Abständen gibt, sind auf diesem Teilstück des Jakobsweges nur vereinzelt vorhanden. Gleiches gilt für Jugendherbergen und andere günstige Unterkünfte. Wer nicht mit dem Zelt unterwegs ist, sollte daher beim Pilgerbudget für einen Großteil der Übernachtungen vorsorglich Hotelkosten einkalkulieren. Um in den Jugendherbergen übernachten zu können, benötigen Sie einen Jugendherbergsausweis. Bei der Suche nach Privatunterkünften bei Pilgerfreunden helfen manche örtliche Touristenbüros. Auch auf 💻 www.jakobus-info.de/ultreia/colonensis.htm lassen sich Privatleute finden, die für andere Pilger ein Bett zur Verfügung stellen.

In einigen einsamen Gegenden gibt es nur wenige Übernachtungsmöglichkeiten. Auch wenn der Weg zwischen Köln und Trier nicht stark von Pilgern frequentiert wird, möchte ich Ihnen doch ausdrücklich ans Herz legen, am Vorabend oder Morgen bei den zukünftigen Gastgebern anzurufen und anzufragen, ob noch Betten frei sind. Auch der örtliche Pfarrer – sofern er nicht schon lange wegrationalisiert wurde – hilft mitunter weiter.

Campingplätze sind auf diesem Teil des Jakobsweges nicht durchgängig zu finden. Laufstarke Pilger werden aber trotzdem zelten können. Wildcampen ist in der Eifel nicht erlaubt.

☺ Zwischen Euskirchen und Prüm können Sie neuerdings auf Naturlagerplätzen Ihr Zelt aufschlagen. Der Naturpark Nordeifel hat bereits 18 solcher Trekkingplätze im Naturpark Hohes Venn-Eifel angelegt, weitere sollen folgen.

Vier liegen in der Nähe des Jakobsweges: „Basislager", „In die Wildnis", „Birkenrausch" und „Abgetaucht". Sie sind nur zu Fuß erreichbar und bieten eine Zeltplattform für bis zu zwei Zelte, einen Picknicktisch und eine Komposttoilette. Gebucht wird online (💻 www.trekking-eifel.de/de/die-trekkingplaetze/basislager), Sie erhalten die genauen GPS-Koordinaten mit der Buchungsbestätigung.

Sollten Sie trotz aller Vorplanung am Ende des Tages keine Übernachtungsmöglichkeit finden und auch keine Hilfe aus der Bevölkerung erhalten, dann sollten Sie gerüstet sein und einen Schlafsack und eine leichte Luftmatratze oder Isomatte dabeihaben, sodass Sie sich zumindest ein Notquartier suchen können. Je nach Witterung freut man sich auch über einen Biwaksack, der den Schlafsack vor Nässe schützt.

Updates

Es gibt immer wieder Änderungen auf dem Jakobsweg. Der Conrad Stein Verlag veröffentlicht deshalb Updates zu diesem Pilgerführer, die direkt von der Autorin oder von Leserinnen und Lesern dieses Buches stammen.
Sie finden sie auf der Internetseite des Verlags (💻 www.conrad-stein-verlag.de), wenn Sie dort diesen Buchtitel aufrufen. Der links abgebildete QR-Code führt Sie direkt zur richtigen Seite.

Verkehrsmittel unterwegs

Wenn Sie unterwegs eine kleine Teilstrecke mit öffentlichen Verkehrsmitteln überbrücken möchten, z. B. um eine Unterkunft zu erreichen, müssen Sie darauf vorbereitet sein, dass die sehr ländliche Eifel nur unzureichend mit Bus und Bahn erschlossen ist. Allerorts werden Bahn- und Buslinien wegen mangelnder Auslastung stillgelegt, oft verkehren nur noch die Schulbusse zwischen den Orten. Informationen zu den Verbindungen mit Bus und Bahn erhalten Sie bei folgenden Anbietern:

- **VRS (Verkehrsverbund Rhein-Sieg)**, ☏ 018 03/50 40 30 (Schlaue Nummer), ☏ 080 03/50 40 30 (Sprechender Fahrplan), 💻 www.vrsinfo.de (mit Online-Fahrplanauskunft), für die Strecke von Köln bis Blankenheim/Dahlem

- **VRT (Verkehrsverbund Region Trier GmbH)**, ☏ 018 05/13 16 19, 💻 www.vrt-info.de (mit Online-Fahrplanauskunft), für die Strecke von Ormont bis Trier

🚗 Sofern vorhanden, finden Sie in den Infoblöcken zu den einzelnen Orten auch die Telefonnummern von örtlichen Taxiunternehmen. Via 📱 224 56 lässt sich aus allen deutschen Mobilfunknetzen ein Taxi bestellen. Der Service verbindet den Anrufer von jedem Handy oder Smartphone mit der für ihn zuständigen Taxizentrale vor Ort.

Wegmarkierungen

Der Jakobsweg ist auf der beschriebenen Strecke relativ gut markiert. Meist sind es blaue Aufkleber mit der stilisierten gelben Muschel, manchmal auch andere Schilder oder Malereien. An einigen Stellen hat das künstlerische Geschick des Markierers aber nur zu einer Kennzeichnung gereicht, bei der ein gelber und ein blauer Strich übereinander gemalt wurden.

✋ Wer schon in Spanien und Frankreich gepilgert ist, wird sich über die Ausrichtung der Markierungen wundern. Im deutschen Teil der Strecke lässt sich anhand der Drehung der stilisierten Muschel nicht sagen, wo der Weg weiterführt. Es gibt dazu einen separaten erklärenden Pfeil.

Zeit

Luxemburg gehört wie Deutschland, Österreich und die Schweiz zur Mitteleuropäischen Zeitzone (MEZ). Die Umstellungen zwischen Sommer- und Winterzeit erfolgen (noch) am jeweils letzten Sonntag im März und im Oktober.

✋ Eine Abschaffung der Sommerzeit ist im Gespräch!

Zoll

Luxemburg gehört ebenso wie Deutschland zur EU. Alles, was zum Eigenbedarf bestimmt ist, darf man ungehindert über die Grenze transportieren.

Der Jakobsweg ab Köln

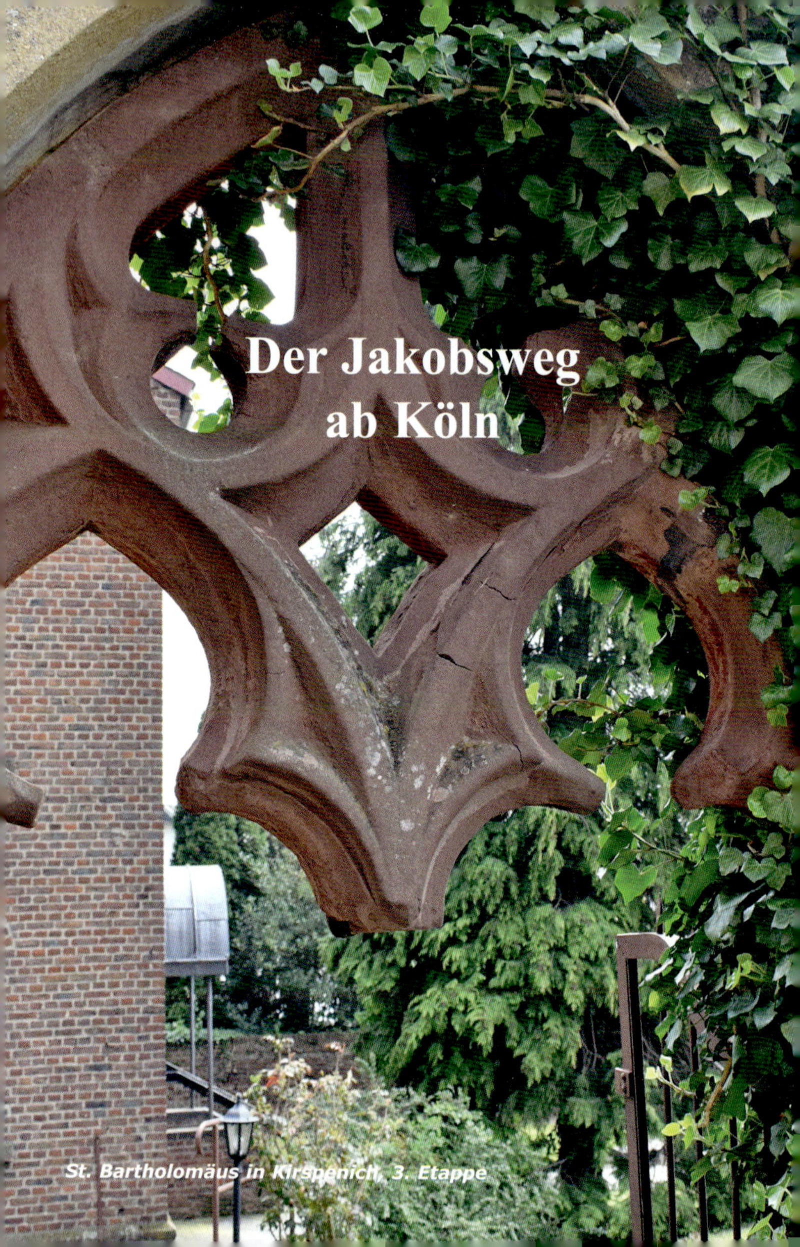

St. Bartholomäus in Kirspenich, 3. Etappe

Köln

KölnTourismus GmbH, Kardinal-Höffner-Platz 1, 50667 Köln, ☏ 02 21/34 64 30, www.koelntourismus.de, info@koelntourismus.de, am Startpunkt, Mo bis Sa 11:00 bis 17:00, So 10:00 bis 14:00

Domforum, Domkloster 3, 50667 Köln, ☏ 02 21/92 58 47 20, www.domforum.de, am Startpunkt, Mo bis Sa 9:30 bis 17:00, So 13:00 bis 17:00. Ein Ruhepunkt für Pilger mitten in der trubeligen Großstadt. Hier werden Pilgerausweise, Pilgerstempel, Gespräche, Beratung, Information und Domführungen angeboten.

Es gibt unzählige Hotels und Pensionen in Domnähe und am Weg, zum Teil bei EZ und DZ sogar günstiger als die Herbergen. Gute Beratung zu den Hotels erhalten Sie in der Touristeninformation.

Station Hostel, Marzellenstraße 44-56, 50668 Köln, ☏ 02 21/912 53 01, www.hostel-cologne.de, station@hostel-cologne.de, 150 m, 200 Betten, Ü EZ ab € 35, DZ ab € 59, ZBZ ab € 52, DBZ ab € 69, Bett im MBZ ab € 19, F € 5, Selbstkocherküche, Biergarten, 24-h-Rezeption, @

Jugendherberge Köln-Deutz, Siegesstraße 5, 50679 Köln-Deutz, ☏ 02 21/81 47 11, www.koeln-deutz.jugendherberge.de, koeln-deutz@jugendherberge.de, 1 km vom Dom (direkt am Bahnhof Köln-Deutz), 506 Betten, Preise variieren stark, insbesondere bei Veranstaltungen, Messen, Advent ..., bitte tagesaktuell auf der Webseite nachsehen oder telefonisch erfragen, (auch anstelle des Frühstücks möglich) @, JH-Mitgliedschaft erforderlich

♦ **Jugendherberge Pathpoint Cologne**, Allerheiligenstraße 15, 50668 Köln, ☏ 02 21/13 05 68 60, www.pathpoint-cologne.de, info@pathpoint-cologne.de, 300 m, 150 Betten, Ü je nach Saison im MBZ ab € 26,40, F für Gruppen ab 10 Pers. möglich, Selbstversorgerküche, 24-h-Rezeption, @, JH-Mitgliedschaft erforderlich, in den Ferien und zu Karneval lange im Voraus ausgebucht

♦ **Tagungs- und Gästehaus St. Georg**, Rolandstraße 61, 50677 Köln, ☏ 02 21/937 02 00, gaestehaus@dpsg-koeln.de, 1,5 km über Moselstraße/Volksgartenstraße (ab Hbf oder Barbarossaplatz Linie 16 bis Haltestelle „Chlodwigplatz“), 80 Betten, ÜF EZ ab € 59, DZ ab € 99, (nach Absprache), @

♦ **Jugendherberge Köln-Riehl**, City-Hostel, An der Schanz 14, 50735 Köln, ☏ 02 21/976 51 30, www.koeln-riehl.jugendherberge.de, koeln-riehl@jugendherberge.de, 3 km (ab Hbf Linie 18 bis „Boltensternstraße"), 520 Betten, ÜF EZ ab € 67,40, im DZ ab € 49,40, ÜF im MBZ ab € 40,40, deutlich höhere Preise bei Messen, Karneval und anderen großen Events, ☕, 🍎 € 6, @ (im EG), 🚲, ✋ JH-Mitgliedschaft erforderlich

⛺ ✕ **Camping Berger**, Uferstraße 71, 50996 Köln-Rodenkirchen, ☎ 02 21/935 52 40, 💻 www.camping-berger-koeln.de, ✉ anfrage@camping-berger.koeln, ➲ 7 km (🚋 🚌 Linie 16 bis Rodenkirchen Bf., von dort mit Bus 135 bis zur Haltestelle „Uferstraße"), 🚪 ganzjährig, 125 Stellplätze, Ü € 9,50, Zelt € 4,50, 🐕 € 2, 🍷 Biergarten,

♦ **Campingplatz am Waldbad**, Peter-Baum-Weg 20, 51069 Köln-Dünnwald, ☎ 02 21/600 15 88, 💻 www.waldbad-camping.de, ✉ info@waldbad-camping.de, ➲ 10 km vom Startpunkt (🚋 🚌 vom Hbf mit S11 bis Köln-Dellbrück, von dort weiter mit Bus 154, Haltestelle „Dünnwald Waldbad"), 🚪 ganzjährig, 2 Gästezimmer, 2 Mietwohnwagen, direkt neben dem Freibad und dem Wildpark, Ü € 8,50-9,50, Zelt € 7, 🐕 € 2,50, Preise für Zimmer und Mietwohnwagen auf Anfrage,

⛺ **Campingplatz Stadt Köln**, Weidenweg 35, 51105 Köln-Poll, ☎ 02 21/83 19 66, 💻 www.camping-koeln.de, ✉ info@camping-koeln.de, ➲ 6,5 km (🚋 S13 bis „Trimbornstraße", 🚌 Linie 159 bis „Schüttewerk", dann 20 Min. Fußweg), 🚪 Ende März bis Ende Okt, 140 Stellplätze, Ü € 9,50, Zelt € 6, 🔌 € 4, Kultursteuer 5 %, keine Hunde im Zelt!, (Kochgelegenheit in der Aufenthaltsküche) @

⊙ Pilgerstempel: **Dom**, **Domforum**, **Kloster der Franziskaner-Minoriten** (Tunisstraße), **St. Maria im Kapitol**

⛴ **Linienschiffe der KD Köln-Düsseldorfer** von Mainz, Koblenz und Bonn nach Köln, 💻 www.k-d.com, 🚪 April bis Okt

🚕 **Taxi Ruf Köln**, ☎ 02 21/28 82

✝ **Kölner Dom** (☞ Seite 46)

✝ Es gibt Menschen, die allein wegen der romanischen Kirchen nach Köln reisen. Informationen und Führungen bieten KölnTourismus und das Domforum an, außerdem finden Sie Infos auf 💻 www.romanische-kirchen-koeln.de.

✝ **St. Maria im Kapitol**, Kasinostraße 6 (hinter Kaufhof links): Die größte romanische Kirche Kölns wurde der Geburtskirche in Bethlehem nachempfunden und 1065 geweiht. Den Beinamen „im Kapitol" trägt sie, weil hier in der Römerzeit ein Tempel für die Kapitolgötter Jupiter und Juno stand. Warum sie im Volksmund „Zint Märjensrepp" (Sankt Marienrippe) genannt wird, fragen Sie? Über dem Beichtstuhl hängt eine große Walrippe unbekannter Herkunft.

⌘ **Römisch-Germanisches Museum**: Selbst Pilger, die zu wenig Zeit für Museumsbesuche in Köln haben, können sich unmittelbar nach dem Start am Dom ganz unkompliziert auf die vielen, vielen Spuren der Römer entlang der Via Coloniensis vorbereiten: Das große Panoramafenster des Museums erlaubt einen Blick auf das berühmte Dionysos-Mosaik und auf ein prächtiges römisches Grabmal. Im Außenbereich sind ferner römische Grabsteine zu sehen.

♦ Roncalliplatz 4, 💻 www.roemisch-germanisches-museum.de

⌘ **Kolumba**: 1853 wurde das Diözesanmuseum vom Christlichen Kunstverein für das Erzbistum Köln gegründet, es ist seit 1989 in Trägerschaft des Erzbistums selbst, heißt seit 2004 Kolumba und zeigt Kunst aller Sparten. Es versteht sich als „Museum der Nachdenklichkeit".

♦ Kolumbastraße 4, 💻 www.kolumba.de

⌘ **Museum Schnütgen**: Das Museum befindet sich zum Teil in einem Neubau, zum Teil aber auch in einer der ältesten Kirchen Kölns, St. Cäcilien, einer romanischen Kirche aus dem 12. Jahrhundert. Wie passend! Immerhin zeigt das Museum Schnütgen die mittelalterliche christliche Kunst des Rheinlandes, die meisten Exponate stammen aus dem 11. bis 16. Jahrhundert. Die zum Teil sehr kostbaren Goldschmiedearbeiten und filigranen Schnitzereien stehen in einem eindrucksvollen Kontrast zur schlichten Cäcilienkirche.

♦ Cäcilienstraße 29-33, 💻 www.museum-schnuetgen.de

⌘ **Stadtführungen** werden z. B. über die ℹ Touristeninformation, das Domforum, stattreisen Köln e.V. (💻 www.stattreisen-koeln.de) oder die Tour-Agentur (💻 www.koeln-erlebnistouren.de) angeboten.

Die Ubiersiedlung Oppidum Ubiorum erhielt bereits 50 n. Chr. Stadtrechte. Zu Ehren Agrippinas, der Gemahlin von Kaiser Claudius, wurde sie zur Colonia erhoben und nannte sich fortan Colonia Claudia Ara Agrippinensium (CCAA = Claudische Kolonie und Opferstätte der Agrippinenser). Der Namensbestandteil Colonia findet sich noch in vielen ausländischen Namen für das heutige Köln. Später siedelten hier die Franken.

Im Hochmittelalter war Köln die größte Stadt Deutschlands, sie musste mehrfach die Stadtmauer erweitern, bis diese 1250 auf 7,5 km mit 12 Torburgen, 22 Pforten und 52 Wehrtürmen angewachsen war.

Die 2.000-jährige Geschichte, die eindrucksvollen Bauwerke, das milde Klima der Kölner Bucht und die schiere Größe der heutigen Millionenstadt mach(t)en Köln früher wie heute zu einem Anziehungspunkt für die Menschen von nah und fern. In allen Jahrhunderten blieben Zuwanderer als Neukölner zurück und machten die Bevölkerung zu der bunten kulturellen Mischung, die heute dort lebt. Der Stadt fehlt in den Augen vieler Außenstehender die Eleganz der benachbarten Schlossstädte Düsseldorf und Bonn, doch gelten die Kölner selbst unter den Rheinländern als besonders tolerant und lebensfroh.

1. Etappe: Köln – Brühl

17,8 km, 6 Std., ↑ 304 m, ↓ 294 m, ⇧ 40-109 m

0,0 km	⇧	53 m	Köln, Dom
2,4 km	⇧	56 m	Barbarossaplatz
5,1 km	⇧	55 m	Klettenbergpark/Beethovenpark
7,3 km	⇧	59 m	Hürth-Efferen
8,6 km	⇧	58 m	Römerkanal ⌘
9,9 km	⇧	58 m	Hürth-Hermülheim
11,9 km	⇧	89 m	Hürth-Kendenich
13,0 km	⇧	85 m	Hürth-Fischenich
13,9 km	⇧	109 m	Weilerhof ⌘
14,5 km	⇧	85 m	Brühl-Vochem
15,6km	⇧	88 m	Brühl-Kierberg
17,8 km	⇧	72 m	Brühl

An einigen wichtigen Kölner Sehenswürdigkeiten entlang führt die erste Etappe auf kürzestem Weg aus der Millionenstadt hinaus. Durch Parks geht es am Stadtrand hinüber in den Hürther Ortsteil Efferen. Auf dem kurzen Abschnitt von Efferen nach Hermülheim pilgern Sie fast am Haus der Autorin vorbei, die immer eine offene Tür für Pilger hat. Die erste kleine Steigungsstrecke führt von Hermülheim am Ostrand des Villerückens hinauf nach Kendenich und von dort mit Ausblicken ins Rheintal nach Fischenich und hinüber zur Stadt Brühl mit ihren weltberühmten Schlössern.

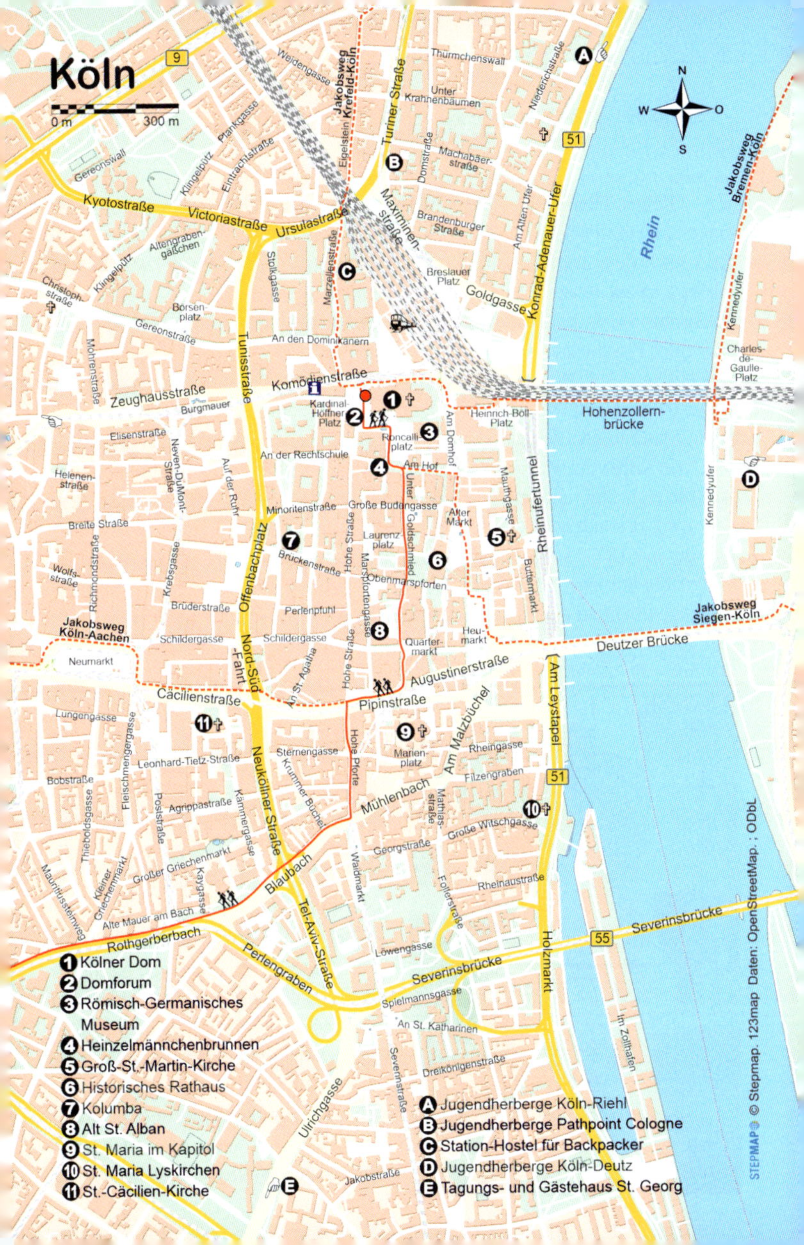

Köln
0 m
300 m
N
W
O
S
Rhein
Hohenzollernbrücke
Deutzer Brücke
Severinsbrücke
Jakobsweg Krefeld-Köln
Jakobsweg Bremen-Köln
Jakobsweg Köln-Aachen
Jakobsweg Siegen-Köln
Neumarkt
Kyotostraße
Victoriastraße
Ursulastraße
Turiner Straße
Maximinenstraße
Konrad-Adenauer-Ufer
Komödienstraße
Kardinal-Höffner-Platz
Roncalliplatz
Am Hof
Heinrich-Böll-Platz
Tunisstraße
Offenbachplatz
Nord-Süd-Fahrt
Cäcilienstraße
Pipinstraße
Augustinerstraße
Hohe Pforte
Am Leystapel
Holzmarkt
Neuköllner Straße
Blaubach
Tel-Aviv-Straße
Rothgerberbach
Perlengraben
Ulrichgasse
Severinstraße
Kennedyufer
Charles-de-Gaulle-Platz
Rheinufertunnel
1 Kölner Dom
2 Domforum
3 Römisch-Germanisches Museum
4 Heinzelmännchenbrunnen
5 Groß-St.-Martin-Kirche
6 Historisches Rathaus
7 Kolumba
8 Alt St. Alban
9 St. Maria im Kapitol
10 St. Maria Lyskirchen
11 St.-Cäcilien-Kirche
A Jugendherberge Köln-Riehl
B Jugendherberge Pathpoint Cologne
C Station-Hostel für Backpacker
D Jugendherberge Köln-Deutz
E Tagungs- und Gästehaus St. Georg
STEPMAP © Stepmap. 123map Daten: OpenStreetMap ; ODbL

Startpunkt einer Pilgerreise auf der Via Coloniensis kann nur der Kölner Dom sein:

✝ **Kölner Dom**: Hier ist der heilige Jakobus mehrfach zu finden, stets mit einem anderen Pilgerutensil: Die Figuren der Chorpfeiler stellen die Apostel dar, ganz nach dem alten Gedanken, dass die Apostel die Stützen der Kirche sind. Jakobus ist an seinem Pilgerstab zu erkennen. Am Petersportal ist er mit der Jakobsmuschel in der Hand dargestellt. Am Clarenaltar hält er eine Kalebasse, also einen Flaschenkürbis, wie ihn früher die Pilger zum Transport ihres Trinkwassers nutzten. Am Dreikönigenschrein hält er gar eine Miniatur der Kathedrale von Santiago de Compostela in der Hand. In der ehemaligen Jakobuskapelle, die heute Maternuskapelle heißt, ist er mit Pilgerstab und Muschel zu entdecken.

Doch selbst der sturste Jakobspilger besucht die **Hohe Domkirche St. Petrus zu Köln** nicht nur, um dem Apostel Jakobus nachzuspüren. Der Kölner Dom ist eine ganz besondere Kirche: Seit 1996 zählt der Dom zum UNESCO-Weltkulturerbe, mit 157,38 m Höhe ist er die zweithöchste Kirche Deutschlands und die drittgrößte Europas, 1880-1884 war er sogar das höchste Gebäude der Welt. Er zählt außerdem zu den meistbesuchten Sehenswürdigkeiten Deutschlands.

Denkmal für Josef Kardinal Frings

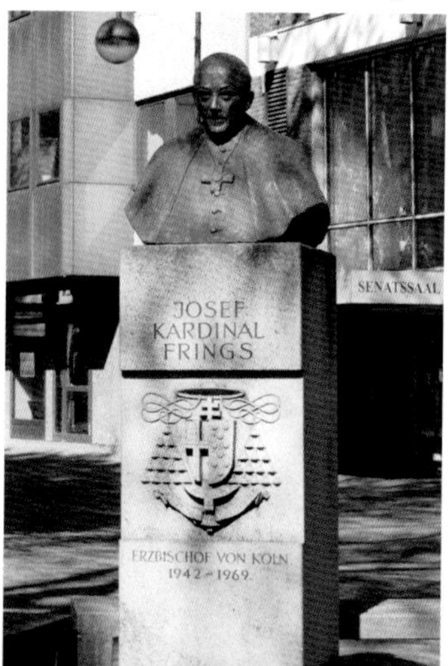

Genau hier beginnt allerdings auch eines der größten Probleme des Doms: Jährlich über 6 Mio. Besucher besichtigen den Dom. Nicht alle wissen, wie man sich in einer Kirche zu kleiden und zu verhalten hat. Wenn Sie einen Ort der Stille am Start Ihrer Pilgerfahrt suchen, sollten Sie daher eine andere Kirche auswählen oder die Andachtskapelle im Dom aufsuchen.

Der Kölner Dom wurde in zwei großen Bauperioden errichtet. Nachdem Erzbischof Rainald von Dassel 1164 die Reliquien der Heiligen Drei Könige nach Köln gebracht hatte, fasste die alte Kölner Kathedrale die Pilgerströme nicht mehr und 1248 wurde mit dem Bau einer gotischen Kathedrale nach dem Vorbild der Kathedrale von Amiens begonnen. Das Baumaterial holte man sich in der Trachytgrube des Drachenfelsens im Siebengebirge bei Bonn. Bis ins 15. Jahrhundert wurde fleißig weitergebaut, doch nach 1528 gab es wegen sinkender Pilgerzahlen und damit verbundener geringerer Einnahmen keinen Baufortschritt mehr. Jahrhundertelang schauten die Kölner nun auf den unfertigen Bau und witzelten, dass die Welt unterginge, wenn der Dom fertig werden würde.

Eine andere Legende besagte, dass der Teufel seine Arbeitskraft eingebracht habe, sich aber als Gegenleistung die erste Seele habe versprechen lassen, die den Dom nach der Fertigstellung betrete. Von 1814 bis 1880 kam es zu einer zweiten Bauperiode, bei der die Domspitzen und zahlreiche Bauteile im Inneren ergänzt wurden, aber bis heute wird stetig weitergebaut. Bauteile aus Trachyt und Sandstein verwittern und müssen ersetzt werden, Holzbauteile werden morsch – es gibt immer etwas zu tun für die Mitarbeiter der Dombauhütte. Und so kann der Teufel noch lange auf seine versprochene Seele warten.

Die Reliquien der Heiligen Drei Könige wurden der Überlieferung nach im 4. Jahrhundert von Konstantinopel nach Mailand gebracht, 1164 kamen sie als Kriegsbeute nach Köln. Schon 1191 war ein prächtiger Reliquienschrein aus Gold, Silber, Emaille, Perlen und Edelsteinen weitgehend fertiggestellt. Bis heute ist der **Dreikönigenschrein** einer der größten Anziehungspunkte im Kölner Dom. Er ist 220 cm lang, 110 cm breit und 153 cm hoch und damit die größte Goldschmiedearbeit Europas. Die Form ist einer dreischiffigen Basilika nachempfunden und soll auf die Dreieinigkeit Gottes hinweisen.

Die Gebeine der Heiligen Drei Könige

Bei der letzten Öffnung des Schreins im Jahr 1864 bettete man die Gebeine in eine neue Reliquienlade um. Dabei wurde ein ausführliches Protokoll angefertigt, das von Schädeln eines etwa 25-30 Jahre alten Mannes, eines zehn bis zwölf Jahre alten Jungen und eines etwa 50-jährigen Mannes berichtet. Das passt zur Überlieferung, nach der die drei Könige die drei Altersstufen eines Mannes repräsentierten. In Köln kursierte allerdings auch das Gerücht, man habe im Schrein die Gebeine von drei Kleinkindern gefunden. Darauf soll ein Geistlicher ganz entspannt gesagt haben: „Dann sind das eben die Gebeine von den Heiligen Drei Königen, als sie noch klein waren!"

Der Dreikönigenschrein ist nur ein Teil des unermesslichen Domschatzes, wovon ein Teil im Dom, ein Teil in der Domschatzkammer zu besichtigen ist. An klaren Tagen empfehle ich Ihnen außerdem eine allererste Bergetappe auf der

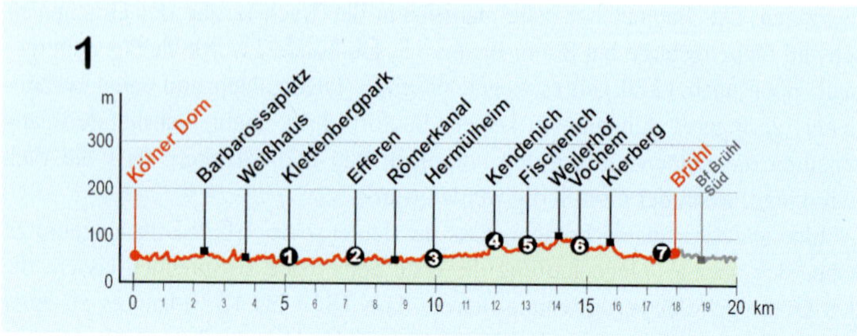

Treppe im Südturm. Etwa auf halber Strecke kommen Sie zur Glockenkammer, wo mit der St.-Peters-Glocke (auf Kölsch: dä dicke Pitter) die größte frei schwingende Glocke hängt. Ganz oben angekommen haben Sie einen guten Rundumblick über Köln, das Rheintal, das Bergische Land und hinüber zur Eifel. Der Aufstieg hat Ihre Muskeln nun auch schon geschmeidig gemacht für die Steigungen, die Sie dort in der Eifel erwarten.

♦ www.koelner-dom.de, Dom tägl. 6:00 bis 20:00 für Pilger. Außerhalb der liturgischen Zeiten ist es für touristische Besucher möglich, den Dom als Welterbestätte zu besichtigen: In der Regel werktags zwischen 10:00 und 17:00, sonntags zwischen 13:00 und 16:00, in der Turmhalle nach der Abendmesse bis 20:00. Turmbesteigung Nov bis Feb 9:00 bis 16:00, März, April, Okt 9:00 bis 17:00, Mai bis Sep 9:00 bis 18:00, Domschatzkammer tägl. 10:00 bis 18:00, Domseelsorge Mo bis Fr 9:00 bis 12:00, 14:00 bis 17:00

Vom **Dom** gehen Sie über den Roncalliplatz (bitte schieben) an der Kolping-Stele entlang zum Heinzelmännchenbrunnen.

Im Kölner Stadtgebiet ist der Jakobsweg ziemlich lückenhaft markiert. Selbst vorhandene Markierungen (das übliche Muschelsymbol und blau-gelbe Striche auf Laternenmasten) sind oft von Aufklebern und Graffiti überdeckt.

Die Heinzelmännchen von Köln

Schade, dass es die Heinzelmännchen nicht mehr gibt. Der Sage und dem bekannten Gedicht von August Kopisch lässt sich entnehmen, dass die kleinen Männlein die ganze Nacht gearbeitet haben, um das Tagwerk der Menschen zu erledigen. Wie und warum sie von dieser angenehmen Angewohnheit Abstand genommen haben, wissen Sie vielleicht noch aus Ihrer Kindheit, ansonsten reicht es, sich einige Minuten an den Heinzelmännchenbrunnen zu stellen. Bestimmt wird bald ein Einheimischer oder Stadtführer mit Gästen am Brunnen auftauchen und die Geschichte erzählen, mit etwas Glück sogar das ganze lange Gedicht auswendig aufsagen. Die Kölner lieben ihre Heinzelmännchen, es ist ihnen dabei vollkommen gleichgültig, dass (der preußische) Kopisch eigentlich die Sage in Gedichtform fasste, um Kritik an den in den Tag hineinlebenden Rheinländern zu üben.

Am Brunnen biegen Sie links in die Straße Am Hof ab und nehmen die erste Straße nach rechts (Unter Goldschmied). Nun folgen weitere Sehenswürdigkeiten dicht an dicht: Auf Kopfsteinpflaster gehen Sie an der römischen Abwasserleitung vor dem Praetorium vorbei und passieren das Denkmal für Josef Kardinal Frings auf dem Laurenzplatz, den Gürzenich, das Alte Rathaus, die Archäologische Zone und St. Alban.

✞ **Alt St. Alban**: Die romanische Kirche wurde 1080 gebaut und im Zweiten Weltkrieg ausgebombt. Sie wurde weder wiederaufgebaut noch abgerissen, sondern erinnert seither eindrucksvoll an die Not und die Toten der Weltkriege. Im Innenhof ist als Mahnmal ein trauerndes Elternpaar zu sehen.

Sie setzen Ihren Weg weiter geradeaus auf dem Quartermarkt bis zur U-Bahnstation „Heumarkt" fort, hier biegen Sie rechts ab. Am Kaufhof überqueren Sie die Pipinstraße nach links (☝ der Jakobsweg Köln – Aachen führt hier geradeaus) und gehen auf der Hohen Straße bis zur Stephanstraße und dort auf der Straße Hohe Pforte geradeaus bis zur Straße Blaubach. Dieser folgen Sie nach rechts (☝ der Linksrheinische Jakobsweg führt hier geradeaus). Nun geht es für 4 km quasi geradeaus, Sie müssen also nur der Straße folgen. Sie heißt im weiteren Verlauf nicht mehr Blaubach, sondern zunächst Rothgerberbach, dann Neue Weyerstraße und schließlich hinter dem Barbarossaplatz (hier ✕ ☕ 🍷 🛒 ⚕ BANK 🚋) **Luxemburger Straße**.

Immer geradeaus

Wenn es nicht so eine viel befahrene Bundesstraße wäre, könnte man als Pilger auf der Luxemburger Straße bis nach Luxemburg gelangen. Sie endet zwar als Bundesstraße 265 bei Prüm, führt von dort aber über die B51, die A60 und die B410 bis in den Norden Luxemburgs, trägt ihren Namen also mit voller Berechtigung.

Wo heute die Luxemburger Straße verläuft, verlief vor zwei Jahrtausenden eine Agrippastraße, d. h. eine unter dem römischen Feldherrn Marcus Vipsanius Agrippa entstandene Heerstraße. Sie begann in Köln und führte über Hürth, Zülpich, Kall, Nettersheim, Gerolstein-Oos und Bitburg nach Trier. Die Streckenführung entspricht weitgehend den heutigen Bundesstraßen 265 und B51, sie war stets streng gradlinig, soweit es das Gelände im Hügelland der Eifel zuließ. Diese Römerstraße und ihre späteren Überbauungen wurden insbesondere im Mittelalter stark von Pilgern frequentiert.

Der Weg führt auf dieser Ausfallstraße (stets auf Gehwegen) an einem Stück römischer Stadtmauer, am Studentenviertel Quartier Latäng, am Bahnhof Köln Süd, am Amts- und Landgericht und am **Weißhaus** vorbei.

⌘ Das hübsche Herrenhaus (privat, kein Zutritt) mit dem Wassergraben wurde schon im 12. Jahrhundert urkundlich erwähnt, der Turm wurde im 17. Jahrhundert ergänzt. Die Weißhauskapelle ist neugotisch, entstand also wohl im 19. Jahrhundert.

An der Bahnhaltestelle **Klettenbergpark** ❶ wandern Sie rechts durch den Beethovenpark bis zur Berrenrather Straße, dieser folgen Sie nach links und überqueren die Militärringstraße. Kurz hinter der Kreuzung Berrenrather Straße/Militärringstraße führt rechts ein Sträßchen zum **Geißbockheim**, dem Clubhaus des Fußballvereins 1. FC Köln. Genau gegenüber führt der Weg zusammen mit dem Römerkanal-Wanderweg links in den Wald und nach wenigen Schritten rechts an einem Absetzbecken und einem Teilstück der römischen Wasserleitung vorbei parallel zum kanalisierten Duffesbach und führt zur Straße – wieder die Berrenrather Straße – weiter. Sie unterqueren die A4 und gehen dahinter geradeaus auf der Bachstraße nach **Efferen**. Linker Hand liegt zunächst die Kirche ❷, dann die Burg Efferen.

Hürth-Efferen

Haus Schütze, Ritterstraße 25, 50354 Hürth, ☏ 022 33/675 22, 01 77/675 22 00, www.haus-schuetze.de, info@haus-schuetze.de, ➲ 150 m, Ü EZ ab € 50, DZ ab € 78, DBZ ab € 85, F € 7,50, ☺ Frühstück ab 6:00 möglich, @

Boardinghouse Burgpark, Bachstraße 12-14, 50354 Hürth, ☏ 022 33/713 09 00, www.burgpark.eu, info@boardinghouse-burgpark.de, ➲ am Weg, 23 Zimmer, Ü EZ ab € 64, DZ ab € 85, @

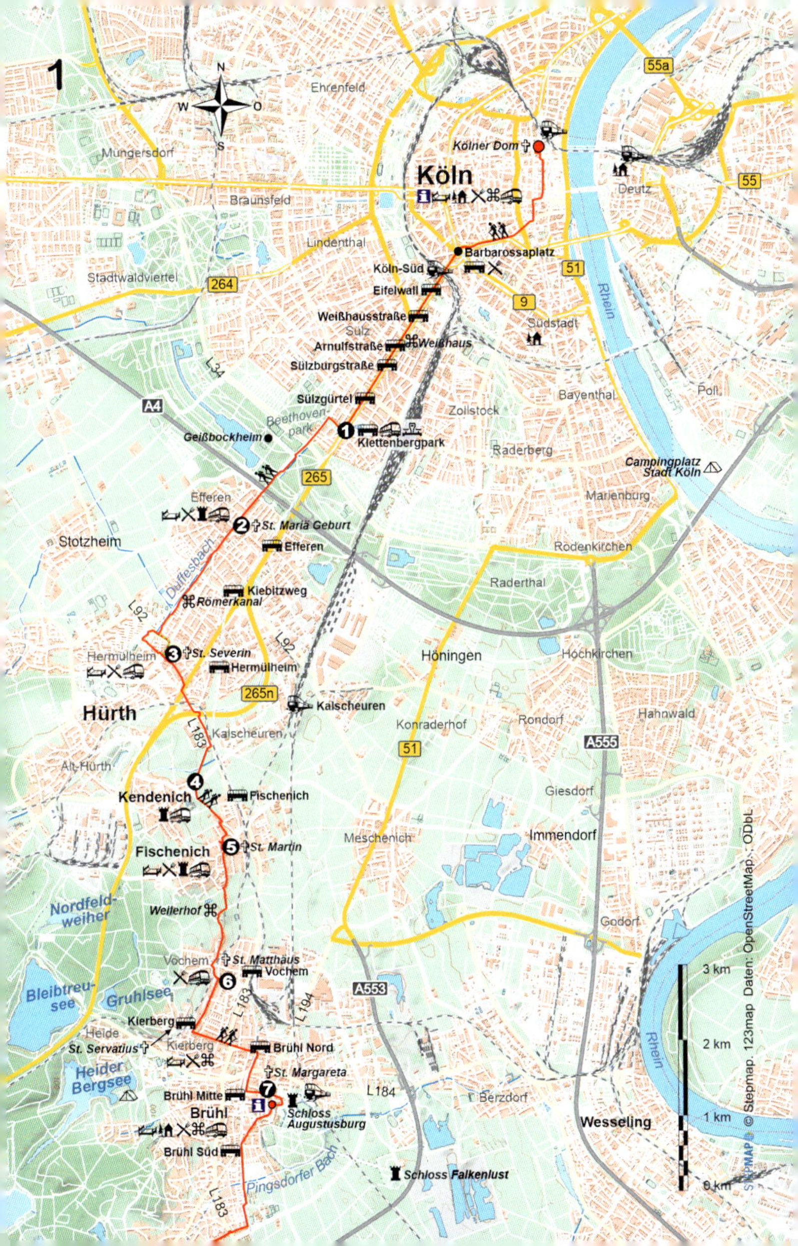
1
N
W
O
S
Ehrenfeld
Müngersdorf
Kölner Dom
Köln
Deutz
55a
55
Braunsfeld
Lindenthal
Barbarossaplatz
Köln-Süd
Stadtwaldviertel
264
51
Eifelwall
9
Weißhausstraße
Sülz
Südstadt
Arnulfstraße
Weißhaus
Rhein
Sülzburgstraße
L34
Sülzgürtel
Bayenthal
Poll
A4
Zollstock
Beethovenpark
1
Klettenbergpark
Geißbockheim
Raderberg
Campingplatz Stadt Köln
265
Efferen
Marienburg
2
St. Maria Geburt
Stotzheim
Efferen
Rodenkirchen
Duffesbach
Raderthal
Kiebitzweg
Römerkanal
L92
L92
3
St. Severin
Höningen
Hochkirchen
Hermülheim
Hermülheim
265n
Kalscheuren
Hürth
Konraderhof
Rondorf
Hahnwald
L183
Kalscheuren
A555
Alt-Hürth
51
4
Kendenich
Fischenich
Giesdorf
5
St. Martin
Fischenich
Meschenich
Immendorf
Nordfeldweiher
Weilerhof
Godorf
Vochem
St. Matthäus
Vochem
6
Bleibtreusee
Gruhlsee
A553
L183
L194
3 km
Kierberg
Heide
St. Servatius
Kierberg
Brühl Nord
2 km
Heider Bergsee
St. Margareta
Rhein
L184
Brühl Mitte
7
Brühl
Schloss Augustusburg
Berzdorf
Wesseling
1 km
Brühl Süd
Pingsdorfer Bach
Schloss Falkenlust
L183
0 km
© Stepmap, 123map Daten: OpenStreetMap, ODbL

☺ Ich wohne mit meiner Familie 400 m vom Jakobsweg entfernt an der Ortsgrenze zwischen Efferen und Hermülheim. Wenn ich nicht gerade für Reiseführerrecherchen unterwegs bin, lade ich Sie gerne auf einen Tee ein. Und wenn Sie keine hohen Ansprüche an eine Unterkunft haben, lege ich Ihnen eine Matratze auf den Teppich und freue mich auf ein gemeinsames Frühstück. Das ist für Sie natürlich kostenfrei. ☏ 022 33/631 26, 01 72/211 17 72, fernwehkinder.de, , (im Garten), @

⊙ Pilgerstempel in der **Kirche** am Schriftenstand, 9:00 bis 17:00, im **Pfarrbüro** hinter der Kirche, Frongasse, Mo, Di, Do 9:00 bis 13:00, und **bei der Autorin zu Hause** (☞ oben)

Taxi Ruf Hürth (in Hürth-Alt-Hürth), ☏ 022 33/766 66, **Taxi Statz** (in Hürth-Alt-Hürth), ☏ 022 33/444 44 oder 444 33

✞ **St. Mariä Geburt** hat einen Turm, der nicht an das Hauptgebäude anschließt, sondern frei an der Straße steht. Dies sind Ersatzbauten für die 1944 im Bombenhagel zerstörte neugotische Pfarrkirche. Das Sandsteinfragment an der Außenseite des Turms stammt nicht, wie man meinen sollte, von der zerbombten Kirche, sondern vom Kölner Dom. Erste Holzkirchen gab es in Efferen schon ab dem 10. Jahrhundert, im 12. Jahrhundert folgte eine romanische Tuffsteinkirche, 1869 wurde die neugotische Kirche eingeweiht.

Mo bis Fr 9:00 bis 17:00

Es lässt sich für Historiker nicht ermitteln, wann die erste Burganlage in Efferen entstand. Fest steht, dass die Burg Efferen ursprünglich eine Wasserburg war, der Burggraben wurde vom inzwischen unterirdisch in Rohren verlaufenden Duffesbach gespeist. Erhalten sind das Herrenhaus, der Torturm und einige Wirtschaftsgebäude. Die Anlage wird zu Wohnzwecken genutzt und kann nicht besichtigt werden.

Das heutige **Efferen** lag zur Römerzeit an der Römerstraße, neben dem Bahnhof ist eine römische Grabkammer zu finden. Im Mittelalter wurde eine Wasserburg gebaut, die sogar das heftige Bombardement im Oktober 1944 überdauerte, bei dem fast alle Gebäude Efferens zerstört wurden. Noch heute erzählen die Alten im Dorf, dass dieser Bombenangriff wohl ein Racheakt der Alliierten war, nachdem die Bürger Efferens einen abgestürzten Kampffliegerpiloten zwar aus seinem Flieger gezogen, dann aber mit der Mistharke getötet hatten.

Sie gehen im Ort immer geradeaus bis zur Kreuzung von Bach-, Krankenhaus-, Beseler- und Bertha-von-Suttner-Straße. Hier gehen Sie auf dem Schotterweg geradeaus (also zwischen Krankenhaus- und Bertha-von-Suttner-Straße) an einem Spielplatz vorbei und kommen an eine Holzbrücke. Auf dieser überqueren Sie den Duffesbach nach links und gehen unmittelbar dahinter rechts auf dem Schotterweg durch den schmalen Park weiter.

Nun überqueren Sie eine Umgehungsstraße (In den Höhnen) und wandern weiter geradeaus durch den Grünstreifen neben dem **Duffesbach**. Am ⩩ Picknicktisch nahe der nächsten Holzbrücke laufen Sie geradeaus und passieren nach 50 m den überdachten Aufschluss des **Römerkanals**.

⌘ Die Römer siedelten zwar gerne am Rhein, da sein Wasser aber weder wohlschmeckend noch sauber war, holten sie sich besseres Wasser aus dem Umland. Erste Wasserleitungen versorgten CCAA (Colonia Claudia Ara Agrippinensium, das spätere Köln) ab etwa 30 n. Chr. mit frischem Wasser aus dem Villewald. Dies war die Vorgebirgsleitung, hier als u-förmige untere Leitung zu sehen. Etwa 50 Jahre später war der Wasserbedarf stark angewachsen, es entstand die nun auf der alten Leitung sitzende Eifelwasserleitung, die frisches Quellwasser aus dem Grünen Pütz bei Nettersheim bis nach Köln brachte. Der Römerkanal wird Ihnen daher noch an einigen anderen Stellen des Jakobsweges begegnen. Die Leitung wurde bei den Einfällen der Germanen um 360 n. Chr. zerstört und im Mittelalter als Steinbruch für Wohnhäuser und Sakralbauten genutzt.

Der schmale Park endet an der Horbeller Straße (L92).

🚲 Radler fahren nach links bis zur Ampel und dort rechts auf der Krankenhausstraße zur Kirche hinauf.

Überqueren Sie die Horbeller Straße und gehen Sie nach rechts. Nach 50 m folgen Sie dem Wesselinger Weg nach links in den Burgpark ⩩. Sie nehmen den ersten Weg nach links in den Burggraben der Burg Hermülheim, freundliche Menschen haben für uns Pilger hier ein Schild mit der Aufschrift „Buen Camino" aufgestellt, damit wir den Weg nicht verfehlen.

Unten am ehemaligen Burggraben nehmen Sie den Weg nach rechts und gehen an der Gabelung nach links über die Wiesen und durch das Burgtor zur Severinusstraße. Diese queren Sie und laufen auf dem Deutschordensweg zur

Friedrich-Ebert-Straße. Queren Sie diese an der Ampel und gehen Sie geradeaus auf der Severinusstraße weiter, auf der Sie direkt nach der Straßenquerung die Kirche St. Severin ❸ erreichen.

Hürth-Hermülheim

Torneró Restaurant & Hotel, Krankenhausstraße 26, 50354 Hürth, 01 57/32 28 80 33, tornero-huerth.de, 250 m (vor dem Burgpark links der Horbeller Straße folgen), 10 Zimmer, Ü EZ ab € 55, DZ ab € 80, € 10

im **Pfarrbüro** gegenüber der Kirche, Mi, Fr 9:00 bis 13:00, Mi 15:00 bis 18:00, in der **Sakristei** vor/nach den Gottesdiensten und im **Blumenladen Casa Flora** neben der Kirche, Mo bis Fr 8:30 bis 13:00, Mo, Di, Do, Fr auch 14:00 bis 18:30, Sa 8:30 bis 14:00

Taxi Ruf Hürth (in Hürth-Alt-Hürth), 022 33/766 66, **Taxi Statz** (in Hürth-Alt-Hürth), 022 33/444 44 oder 444 33

St. Severin: Die neugotische Kirche von 1889 ersetzt eine erste Saalkirche aus dem 13. Jahrhundert. Die Kriegsschäden waren schon 1947 beseitigt. Erst 2013 wurde sie letztmalig aufwendig renoviert. Sehenswert sind die Pietà und die Kreuzigungsgruppe, die beide dem Kirchenkünstler Meister Tilman zugerechnet werden.

Römische Wasserleitung im Grüngürtel

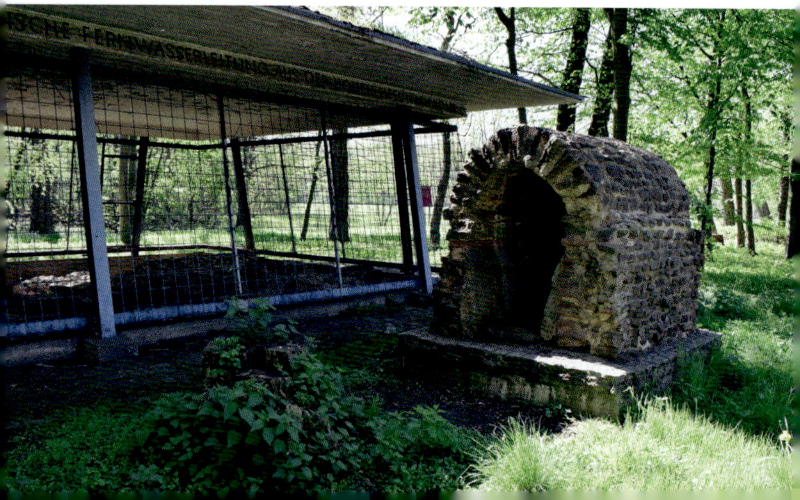

♜ Die Geschichte hat es nicht gut gemeint mit der **Burg Hermülheim**. Die Wasserburg aus dem 12. Jahrhundert wurde mehrfach zerstört und wiederaufgebaut. Nachdem sie im Zweiten Weltkrieg durch eine Brandbombe getroffen worden war, verfiel sie zusehends und wurde 1964 aus Sicherheitsgründen abgerissen. Erhalten blieben der weitläufige Burgpark und der Torbogen.

Hier ist räumlich und strukturell das eigentliche Stadtzentrum von Hürth, denn auch das in den 1960er-Jahren angelegte Hürth-Mitte gehört zu **Hermülheim**. Schon in der Vorzeit wurde hier gesiedelt. Ein fränkisch-römisches Gräberfeld wurde an der alten Römerstraße gefunden.

Gehen Sie hinter der Kirche an einer Gabelung quasi geradeaus weiter auf der Severinusstraße, sie ist bis zur Luxemburger Straße gepflastert. Folgen Sie der „Lux", wie die Einheimischen sie nennen, bis zur Ampel nach rechts.

Der Jakobsweg führt an der Ampelkreuzung links auf der Bonnstraße (L183) weiter. Sie überqueren die Bahngleise und hinter dem Discounter rechts auf der Fußgängerbrücke die B265n. Nun folgen Sie der Bonnstraße nach links bis zum Ortsausgang.

Dort gehen Sie auf dem schmalen Pflasterweg nach rechts, er wird zum geteerten Feldweg und führt hinauf zum Ortsrand von **Kendenich** ♜ 🚌 ❹. Dort gehen Sie auf der Nußallee nach links und nach 30 m rechts auf dem Teerweg ins Landschaftsschutzgebiet.

Der Nachtgeist von Kendenich

Von der Burg Kendenich hat man einen schönen Blick ins Tal. Vorsicht, wenn Sie in der Abenddämmerung dort entlangwandern! Die Brüder Grimm berichteten 1816/18 in ihrem Band „Deutsche Sagen" vom Nachtgeist zu Kendenich: „Auf dem alten Rittersitz Kendenich, etwa zwei Stunden von Köln am Rhein, ist ein mooriger, von Schilf und Erlensträuchern dicht bewachsener Sumpf. Dort sitzt eine Nonne verborgen, und keiner mag am Abend an ihr vorübergehen, dem sie nicht auf den Rücken zu springen sucht. Wen sie erreicht, der muss sie tragen, und sie treibt und jagt ihn durch die ganze Nacht, bis er ohnmächtig zur Erde stürzt."

Unterhalb der **Burg Kendenich**, mit Blick hinab ins Rheintal zurück nach Köln bis zum Dom und hinüber zum Siebengebirge, laufen Sie auf dem Weg Am Kempishof hinüber nach Fischenich. Dort nehmen Sie die erste Straße nach rechts

(Vorgebirgsstraße, ↳ für das 🛏 Hotel nach links) und danach die erste Straße nach links (Burggartenstraße). An der Ruine der **Burg Fischenich** biegen Sie rechts in die Augustinerstraße ab, gehen links in die Jakobstraße und am Kirchhügel rechts die Gennerstraße hinauf. Nach 50 m führt der Jakobsweg scharf links in einer spitzen Kehre (An St. Martin) zur Pfarrkirche St. Martin ❺.

Hürth-Fischenich

🛏 ✕ **Breitenbacher Hof**, Bonnstraße 400, 50354 Hürth, ☏ 022 33/99 44 77, www.breitenbacher-hof.de, rezeption@breitenbacher-hof.de, ➲ 400 m, 45 Betten, EZ € 65, DZ € 110, DBZ € 130, 🐕, 🍎 € 8, @ 🚲, ✋ kein Aufzug, ☺ Di Schnitzeltag

⊙ im **Pfarrbüro**, An St. Martin 7, Di 16:00 bis 18:00, Do 10:00 bis 13:00

🚗 **Taxi Ruf Hürth** (in Hürth-Alt-Hürth), ☏ 022 33/766 66, **Taxi Statz** (in Hürth-Alt-Hürth), ☏ 022 33/444 44 oder 444 33

✝ **St. Martin** von 1725 ist eine Erweiterung der Kirche aus dem 12. Jahrhundert, beim Bau wurden nachweislich Steine aus dem Römerkanal verwendet.

♜ Beim Bau der **Hangburg Fischenich** am Hang der Ville im 12. Jahrhundert wurde ebenfalls der Römerkanal als Steinbruch genutzt. Erhalten sind noch einige Teile der 6-10 m hohen Ringmauer.

Ein Ort namens Angelverbot?

In diesem Ort am östlichen Hang der Ville ist das Angeln wohl verboten, denkt manch einer, der erstmals den Namen **Fischenich** hört oder liest. Vielleicht hat der Ortsname sogar wirklich etwas mit Fischen zu tun: Eine der vielen unbewiesenen Theorien rund um die Namensgebung leitet sich vom lateinischen *piscina* (= Weiher, Fischteich) ab. Eine zweite Theorie geht davon aus, dass ein Sammelbecken für die Eifelwasserleitung (= *piscina limaria*) namensgebend war. Vielleicht wurde der Ort aber auch nach einem Römer namens Piscenius benannt – oder es war ganz anders. Wer weiß?!

Der Jakobsweg führt rechts von Kirche und Pfarrhaus weiter und quert die Schmittenstraße leicht nach rechts versetzt. Sie gehen also in der Drafenstraße weiter. An der Kreuzung am Ortsende biegen Sie links in die Vochemer Straße ab und laufen aus Fischenich heraus zur Zufahrt der **Bischoff-Brauerei**. Sie folgen der Zufahrt nach rechts zur Brauerei.

⌘ Die Brauerei Bischoff befindet sich im Weilerhof. Hier siedelten schon die Römer, die späteren kleinen Gehöfte des Weilers (daher der Name) wurden später zu einem großen Gut zusammengefasst. Die Brauerei entstand in den 1960er-Jahren. Noch heute produziert sie ein süffiges Bier, das Kölsch heißen darf, obwohl es nicht in Köln produziert wird, weil es unter die Bestandschutzregelung von 1984 fällt.

Direkt vor dem Brauereigebäude nehmen Sie links den Schotterweg. Er führt an der Gutsmauer entlang und unter dem Namen Weilerstraße nach **Brühl-Vochem** hinein. Sie folgen der Weilerstraße bis zur Straße Zum Sommersberg. Folgen Sie dieser nach links über die Brücke und gehen Sie an der nächsten Kreuzung ❻ nach rechts auf der Kierberger Straße nach **Brühl-Kierberg**.

Brühl-Kierberg

trafohaus am Kaiserbahnhof, Kierberger Straße 158c, 50321 Brühl, ☏ 022 32/151 21 91, 01 52/06 44 81 54, www.trafohaus.com, info@trafohaus.com, ➲ 200 m, 8 Betten, mit Pilgerausweis Ü EZ € 69, DZ € 89, F € 9,90, @, und nur nach Absprache

✞ **St. Servatius** von 1904 wurde wegen der zahlreichen in Kierberg wohnenden Grubenarbeiter auch Arbeiterdom genannt.

⌘ Der heutige DB-Haltepunkt Kierberg war Ende des 19. Jahrhunderts Aussteigebahnhof für Kaiser Wilhelm I., wenn er seine Truppen bei den jährlichen Herbstmanövern besuchte. Ihm zu Ehren wurde der **Kaiserbahnhof** mit eigenem Abstellgleis für den kaiserlichen Zug angelegt. Das prächtige Empfangsgebäude beherbergt heute ein Restaurant mit Biergarten.

Das Örtchen hieß ursprünglich Meregge und wurde erst zu **Kierberg**, als an der Stelle der ehemaligen Kapelle eine Kirche in den Hang (= Kirchberg) gebaut wurde.

Am Park laufen Sie links die Kaiserstraße hinab (rechts geht es zum Bahnhof Kierberg (DB), geradeaus zum Campingplatz am Heider Bergsee), kreuzen die Römerstraße (L183) und gehen weiter geradeaus zur Bahnhaltestelle „Brühl Nord" (Linie 18). Direkt hinter den Gleisen biegen Sie rechts in die

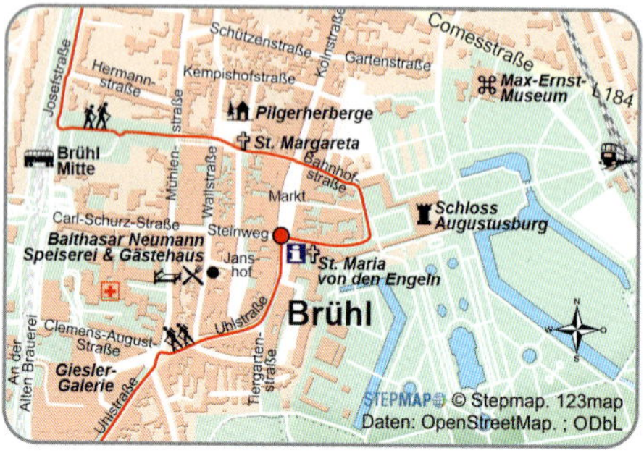

Hubertusstraße ein und laufen parallel zur Bahnstrecke fast bis zum Haltepunkt „Brühl Mitte" (Linie 18). Kurz vor der Haltestelle führt der Weg links durch den **Alten Friedhof** und an seinem Ende geradeaus über die Mühlenstraße hinweg. Auf der Straße An der Bleiche passieren Sie die Kirche St. Margareta ❼ auf dem Heinrich-Fetten-Platz. Dort wird an der runden Bank mit einer Stele über den Jakobsweg informiert. Durch die schmale Kirchstraße erreichen Sie den **Markt**.

Diesen streifen Sie zunächst nur, weil die Wegeplaner den Pilgern das **Schloss Augustusburg** zeigen wollen. Also gehen Sie geradeaus auf der Bahnhofstraße bis zum Schloss, folgen dort der Schloßstraße nach rechts und laufen vor dem Wandelgang rechts bis zur brühl-info am Markt.

Brühl

brühl-info, Uhlstraße 1, 50321 Brühl, ☏ 022 32/793 45, www.bruehl.de, tourismus@bruehl.de. Mo bis Fr 10:00 bis 13:15 und 14:00 bis 16:00, Sa 10:00 bis 14:00

Es gibt zahlreiche Hotels und Pensionen im Stadtgebiet, brühl-info hilft bei der Suche.

Balthasar Neumann Speiserei & Gästehaus, Janshofpassage 1, 50321 Brühl, ☏ 022 32/99 33 67, www.balthasar-neumann.de, reservierung@balthasar-neumann.de, 60 m, 35 Betten, Ü EZ € 75, DZ € 85, DBZ € 95, MBZ € 110-130, F € 9,90, Sauna € 10, € 8, @, auf Anfrage:

Pilgerherberge St. Margareta, Wallstraße 96, 50321 Brühl, 01 57/52 81 91 84 (17:00 bis 19:00), 50 m, 4 Betten, Ü gegen Spende, Ankunft zwischen 17:00 und 19:00, Abreise bis 8:00, Pilgerausweis erforderlich

Unter der Nummer 01 57/52 81 91 84 (17:00 bis 19:00) werden die Betten in der Pilgerherberge vergeben und private Schlafmöglichkeiten vermittelt.

Campingplatz Heider Bergsee, **Familie Schirmer**, Heider Bergsee 1, 50321 Brühl, 022 32/70 11 50, www.heiderbergsee.de, schirmer@heiderbergsee.de, 1,6 km (Bus 990 ab „Brühl Mitte“ oder in Kierberg geradeaus), 30 Stellplätze, letzte Anmeldung mit Zelt April bis Okt 20:00, Nov bis März 19:30, Ü € 5,50, Stellplatz ab € 8, € 3,50, Dusche € 1/6 Min., € 1,50, @

Pilgerstempel in der **brühl-info**, im **Balthasar Neumann,** in der **Pilgerherberge** und im **Pastoralbüro**, Pastoratstraße 21, Di bis Fr 8:00 bis 13:00, Mo bis Do 15:00 bis 18:00

Karlsbad, Kurfürstenstraße 40, www.karlsbad-bruehl.de

Taxi Pohl, 022 32/222 22, **City Taxi Brühl**, 022 32/444 40

St. Margareta: dreischiffige gotische Basilika aus dem 14. Jahrhundert

Di bis So 10:00 bis 17:00

St. Maria von den Engeln: Die einschiffige Schlosskirche ist von außen ganz schlicht gehalten. Umso mehr verblüfft die prächtige barocke Innenausstattung der für Kurfürst Hermann IV. gebauten und 1493 geweihten Kirche. Der Zusatzname „von den Engeln“ geht auf die Kirche St. Maria von den Engeln bei Assisi zurück, wo der Franziskanerorden entstand, für dessen Brühler Kloster die Kirche bis 1802 auch Klosterkirche war.

Die **Brühler Rokokoschlösser Augustusburg** und **Falkenlust** sind als Ensemble mit dem Barockgarten und dem Schlosspark als UNESCO-Weltkulturerbe gelistet. Sie wurden Mitte des 18. Jahrhunderts für den Kölner Erzbischof und Kurfürst Clemens August I. gebaut. Vielen älteren Lesern ist das von Balthasar Neumann geplante Treppenhaus im Schloss Augustusburg noch von Staatsempfängen bekannt, die hier stattfanden, bevor Berlin Hauptstadt wurde.

www.schlossbruehl.de

⌘ **Max-Ernst-Museum**: Der in Brühl geborene Surrealist Max Ernst (1891-1976) gilt als einer der wichtigsten Künstler des 20. Jahrhunderts. Zu sehen ist eine umfassende Sammlung seines Lebenswerks, darunter allein 70 Skulpturen.

♦ Comesstraße 42 (neben dem DB-Bahnhof und Schloss Augustusburg), maxernstmuseum.lvr.de

Die Schlossstadt eignet sich gut für einen Pausentag. Neben einer guten Infrastruktur gibt es viele Sehenswürdigkeiten in **Brühl**, das von den Kölner Kurfürsten zur Residenzstadt gemacht wurde. Die beiden Schlösser, die Museen, die Schlosskirche und andere Gotteshäuser sowie einige alte Gebäude laden zu einem Ausflug in die Vergangenheit ein.

2. Etappe: Brühl – Euskirchen

26,2 km, 8 Std. 30 Min., ↑ 179 m, ↓ 108 m, ⇧ 50-171 m

0,0 km	⇧ 72 m	Brühl
2,8 km	⇧ 111 m	Brühl-Badorf
3,8 km	⇧ 92 m	Brühl-Eckdorf
5,2 km	⇧ 90 m	Bornheim-Walberberg
8,8 km	⇧ 152 m	Sieben Wege
10,8 km	⇧ 148 m	Swister Turm
12,9 km	⇧ 113 m	Weilerswist
15,4 km	⇧ 117 m	Groß-Vernich
19,6 km	⇧ 132 m	L181 (Lommersum – Derkum)
23,4 km	⇧ 148 m	Abzweig Kessenich/Großbüllesheim
26,2 km	⇧ 171 m	Euskirchen

Bei dieser Etappe geht es das erste Mal richtig steil bergauf, und zwar nach Brühl-Badorf. Wenig befahrene Ortsstraßen führen nach Walberberg mit seinen kirchlichen und weltlichen Bauwerken aus zwei Jahrtausenden Ortsgeschichte. Der städtische Einzugsbereich von Köln wird nun endgültig verlassen und das Teertreten hat endlich ein Ende. Der Jakobsweg verläuft nun durch den Naturpark Eifel mit seinem Schatten spendenden Villewald. Ab Weilerswist laufen Sie am Erftufer zum Etappenziel.

Halten Sie sich nun links, die Verlängerung des Marktes heißt Uhlstraße. Auf ihr gehen Sie an der Gabelung nach rechts bis zum Einkaufszentrum **Giesler-Galerie**. Dort halten Sie sich halb links an das Schild „Alle Richtungen". Die Uhlstraße wird zur Pingsdorfer Straße und führt zur Haltestelle „Brühl Süd". Noch vor den Schienen nehmen Sie links den Teerweg (Nord-Süd-Weg) zwischen Pingsdorfer Straße und In der Maar parallel zur Bahnstrecke. Nach 800 m, wenn

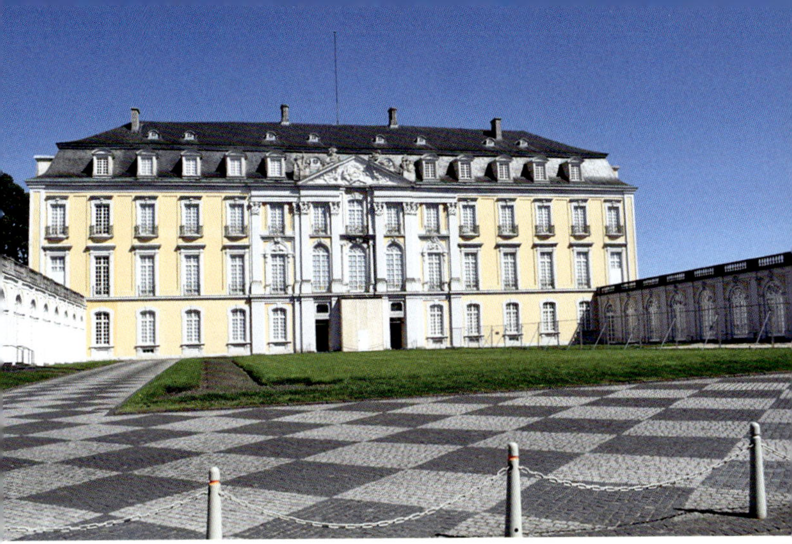

Der Jakobsweg führt unmittelbar am Schloss Augustusburg vorbei

es links zur Freizeitwiese geht, verlassen Sie den Nord-Süd-Weg und gehen rechts durch die Unterführung und sofort links auf dem Weg zwischen Bahnstrecke und Gärten zum 🚆 Haltepunkt Badorf.

Am ehemaligen Bahnhofsgebäude folgen Sie dem Eichweg nach rechts zur Alten Bonnstraße (L183), überqueren diese und gehen an dem auffälligen Holzkreuz geradeaus die Straße Pehler Hülle hinauf. Oben folgen Sie links der Badorfer Straße, passieren die Schule und erreichen an der **Kirche St. Pantaleon** ❶ die alte Dorfmitte von **Brühl-Badorf** ✕ 🍷 ⛲ ✝ ⦿ 🚌 🚆.

⦿ Stempelstelle am Schriftenstand der **Kirche St. Pantaleon**

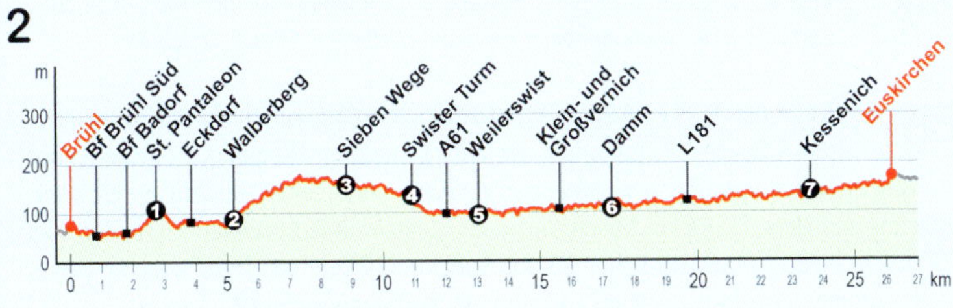

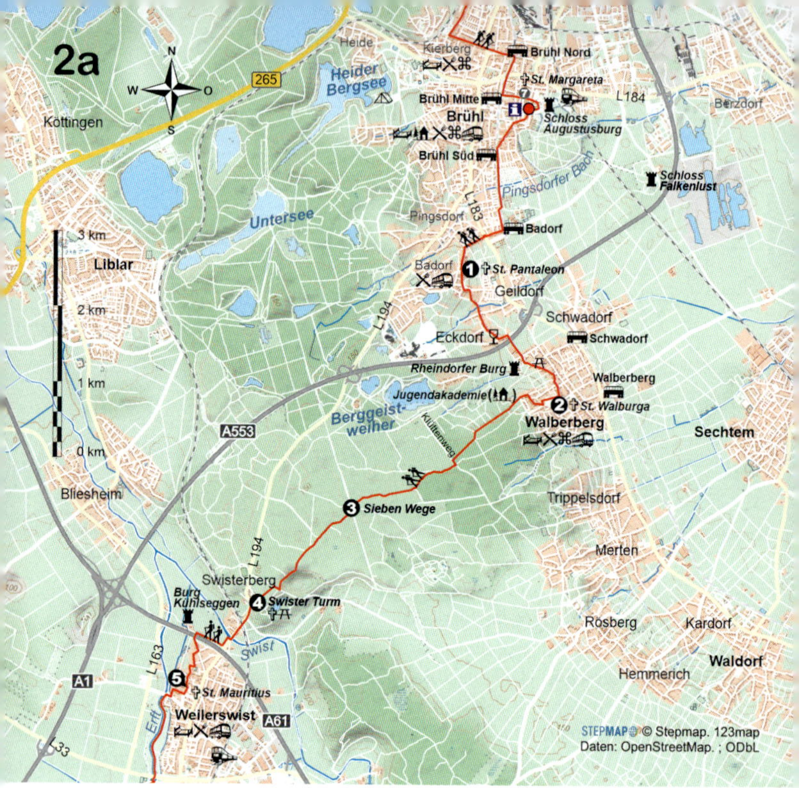

Hinter der Kirche heißt die Straße Wingertsberg und führt wieder bergab. An der Kreuzung gehen Sie geradeaus (Auf den Steinen) und folgen der Straße durch eine Links- und eine Rechtskurve. Sie führt nach **Brühl-Eckdorf** und heißt dort auch Eckdorfer Straße.

⊙ Stempel bei **Herrn Breidenbach**, Eckdorfer Straße 115, ☏ 022 32/333 34

Am Ende der Straße nehmen Sie den Grünen Weg nach links und gehen vor den letzten Häusern rechts unter der A553 hindurch (Rheindorfer Acker) nach Walberberg. Folgen Sie der Hohlgasse geradeaus und halten Sie sich an der Kreuzung mit dem Picknicktisch und dem Steinkreuz halb rechts. Sie laufen nun durch die Enggasse und gehen an der Gabelung (Oberstraße) und auch an der T-Kreuzung geradeaus (Walburgisstraße) zur **Walburgiskirche ❷**.

Bornheim-Walberberg

Landhaus Wieler, Hauptstraße 94-96, 53332 Bornheim-Walberberg, 022 27/25 22, www.landhauswieler.de, reservierung@hotelwieler.de, 300 m, 59 Betten, ÜF EZ ab € 98, DZ ab € 140, @

Krone Hotel Köln Bonn garni, Hauptstraße 112, 53332 Bornheim-Walberberg, 022 27/47 18, www.gasthof-zur-krone.net, info@krone-kbn.de und info@Gasthof-zur-Krone.net, 270 m, ÜF EZ ab € 55, DZ ab € 75, @, keine Barzahlung möglich

Jugendakademie, Wingert 6, 53332 Bornheim, 022 27/90 90 20, www.jugendakademie.de, info@jugendakademie.de, am Weg, 100 Betten, Ü EZ ab € 28, im DZ/MBZ ab € 23, einfache Zimmerausstattung, Dusche/WC auf dem Flur, @, Unterkunft nur für Gruppen ab 10 Pers. und nur mit Voranmeldung!

Pilgerstempel in der **Kirche** (rechts auf dem Weg zur Marienkapelle, unter einer Jakobsmuschel) und im **Pfarrbüro**, Walburgisstraße 26, Mo, Di, Do 9:00 bis 12:00

Taxi-Ruf Bornheim, 022 22/644 44

Die erste **Kirche** in Walberberg entstand schon um 800. Es war schon ein Steinbau und nicht – wie damals üblich – eine Holzkirche. Bischof Anno ließ 1069 die Reliquien der heiligen Walburga überführen. In der Folge änderte sich der Pfarrname von Jodokus zu St. Walburga.

Die 1140 gebaute **Rheindorfer Burg** wurde ab 1701 von den Kölner Jesuiten als Lagerraum genutzt. 1925 wurde sie zum Dominikanerkloster St. Albert, in dem auch eine philosophisch-theologische Hochschule untergebracht war. Im Zweiten Weltkrieg war sie Lazarett, von 1975 bis 2005 Tagungsstätte. 2007 wurde das Dominikanerkloster geschlossen. Nun ist das ehemalige Kloster ein Hotel, die Klosterkapelle ist bei Brautpaaren sehr beliebt.

Der **Hexenturm** und **St. Walburga** sind die Wahrzeichen von Walberberg. Der fünfgeschossige, 18,3 m hohe Turm wurde um 1100 gebaut und gehörte wohl als Wohnturm zu einer größeren Burganlage. Hexenprozesse gab es in Walberberg nicht, es lässt sich daher nicht eindeutig erklären, warum der Turm seit dem 19. Jahrhundert so genannt wird.

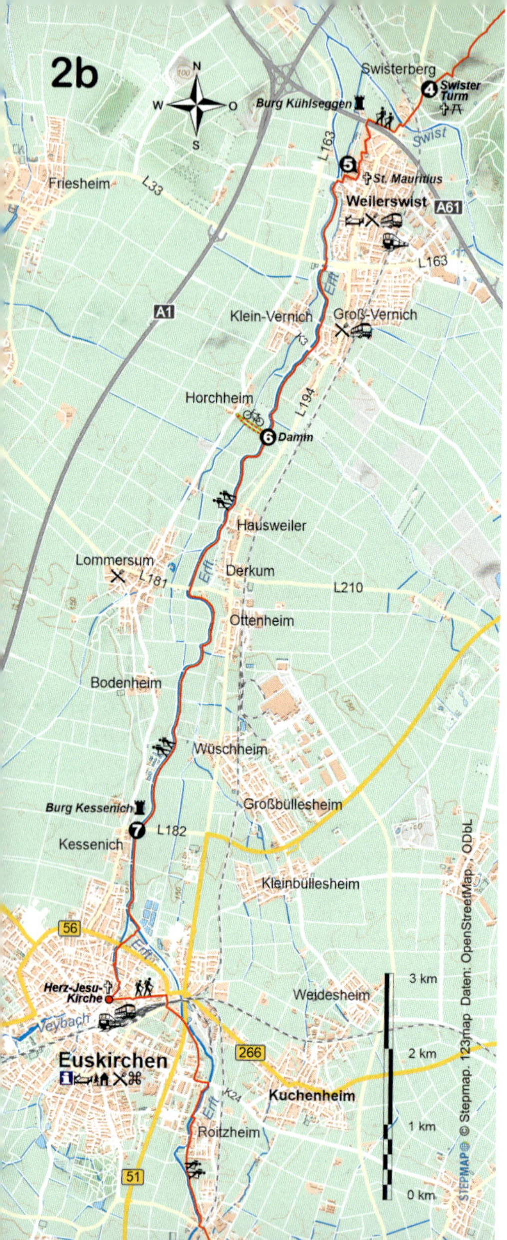

Der ungewöhnlich klingende Ortsname **Walberberg** leitet sich vermutlich aus dem lateinischen Namen *Mons Sanctae Walburgis* ab, was „Berg der heiligen Walburgis" bedeutet. So hieß ein Weinberg, der schon 1118 erstmals urkundlich erwähnt wurde. Der Name leitet sich von der Ortsheiligen St. Walburga ab.

Direkt vor der Kirche, die offiziell St. Walburga heißt, gehen Sie rechts auf dem Sträßchen zwischen Kirche und **Hexenturm** bergauf auf den Friedhofsweg. Er wird zur Anliegerstraße. An der Hausnummer 5 biegen Sie links ab (Am Goldacker). An der Kreuzung mit dem Gedenkstein und der Sitzgruppe führt der Jakobsweg rechts auf der Hanrathstraße weiter. An der T-Kreuzung gehen Sie links die Schützenstraße hinauf und am Ortsende geradeaus (Wingert). Sie passieren die **Jugendakademie** und erreichen den Wald, der sich rechts immer wieder für kleine Aussichten lichtet.

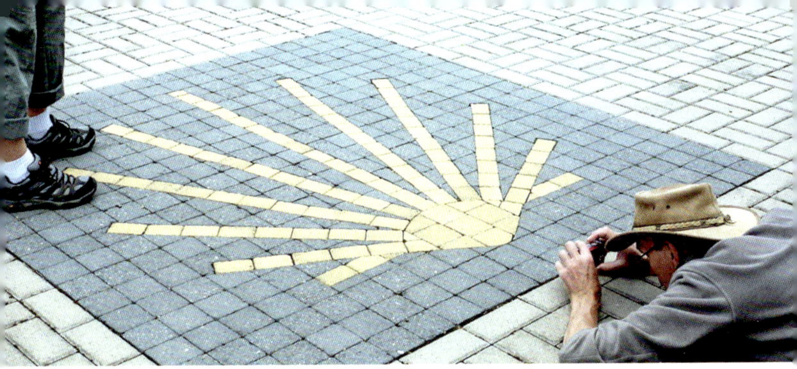

Voller Körpereinsatz für ein gutes Foto am Swister Turm

Nach gut 500 m folgen Sie dem breiteren Weg nach links und nach 100 m an der Gabelung rechts und gehen bis zu einer breiten Forststraße. Sie ist in Karten als **Klüttenweg** benannt. (Klütten ist der rheinische Begriff für Kohlen, hier wurde im 19. und 20. Jahrhundert in kleinen Tagebauen Braunkohle abgebaut.) Dort biegen Sie zusammen mit dem Römerkanal-Wanderweg nach links ab und wandern nach 80 m an einer Sitzbank nach rechts weiter. Sie laufen an der folgenden Gabelung auf dem Weg nach links Richtung „7 Wege". Die Einmündung von links ignorieren Sie und setzen Ihren Weg geradeaus fort. Der Weg führt zur Waldkreuzung **Sieben Wege ❸**.

Ich bin (k)ein Mathegenie!

Meine Mutter sagt, ich könne nicht kopfrechnen, weil wir im Mathe-Leistungskurs nur mit Buchstaben und Pfeilen rechneten. Aber an dieser Kreuzung versage ich schon auf Vorschulniveau, nämlich im Zahlenraum bis zehn: Egal, wie ich es anstelle, ich zähle immer nur sechs Wege.

Ein älterer Wanderer erzählte mir, dass der siebte Weg nach oben zum Herrn führe. Eine gute Idee! Die eigentliche Erklärung ist so simpel wie nüchtern: Bei der Flurbereinigung im Jahr 1932 wurde einer der Wege eingeebnet.

Danach führt der Jakobsweg auf dem Weg weiter, der – aus der bisherigen Laufrichtung gesehen – ziemlich genau geradeaus verläuft. Nun ignorieren Sie konsequent alle Seitenwege und laufen immer geradeaus, bis Sie nach etwa 1,5 km eine Kiesgrube zur Linken passieren. Wenn der Bewuchs zu dicht ist, um die Grube zu sehen, erkennen Sie die Stelle an dem Zaun links des Weges. Hier folgen Sie dem Schotterweg nach rechts Richtung Swister Turm. Nach 100 m führt ein schmaler und bisweilen matschiger Pfad links zum **Swister Turm ⩱ ❹**.

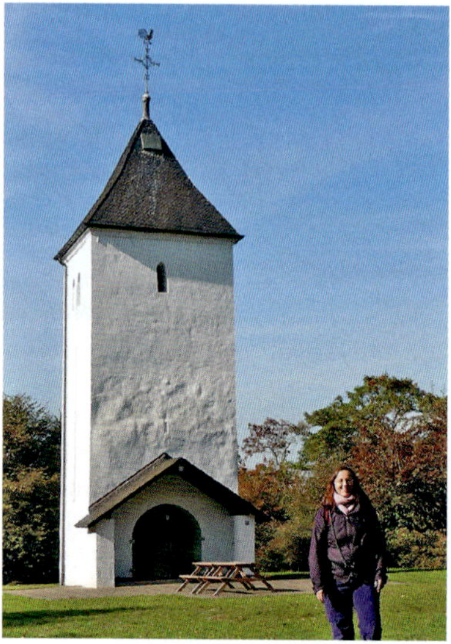

Am Swister Turm, © Birgit Bossbach

✞ Der Swister Turm, von uns Einheimischen liebevoll Swister Türmchen genannt, ist der Kirchturm der Pfarrkirche des untergegangenen Ortes Swist. Hier stand einst ein römisches Heiligtum und bereits im 9. Jahrhundert eine Kirche. Der heute noch vorhandene Turm wurde nebst der dazugehörigen Kirche im 12. Jahrhundert gebaut, die baufällig gewordene Kirche 1830 abgerissen.

Der Jakobsweg führt dahinter auf einer kleinen Allee bergab. Sie endet an der Kölner Straße (L194), der Sie nach links folgen. Auf dem kombinierten Fuß- und Radweg unterqueren Sie die Bahnbrücke und überqueren den **Swistbach**. Sofort hinter dem Bach gehen Sie rechts Richtung Burg. Kurz vor der Burg wandern Sie links unter der A61 hindurch, dahinter laufen Sie links auf einer Wohnstraße (Auf der Hochfahrt) bis zur Anton-Schell-Straße. Dieser folgen Sie nach rechts. Unmittelbar vor dem Schulgebäude nehmen Sie den schmalen Weg rechts am Schulgelände entlang und gehen auf der Donaustraße weiter.

➯ Nach gut 200 m können Sie der Mauritiusgasse links hinauf zur Kirche St. Mauritius und zum Ortskern folgen.

Weilerswist

Hotel zum Schwan – Historische Weinstube, Kölner Straße 99-101, 53919 Weilerswist, ☏ 022 54/823 63, 01 72/729 21 20, www.hotel-zum-schwan.com, reservierung@hotel-zum-schwan.com, 160 m, Mo Ruhetag (Empfang nicht durchgehend besetzt, bitte anrufen), für einfache Ansprüche, 30 Betten, Ü EZ € 79, DZ € 89, DBZ € 99, F ab € 5,90, € 8, @

☞ Eine Übernachtung im Pfarrbüro ist leider nicht mehr möglich, aber die nette Pfarramtssekretärin hilft in Notfällen: ☏ 022 54/23 04.

☉ im Kasten am **Pfarrbüro**, Mauritiusgasse 6
🚗 **City Taxi**, ☏ 022 54/22 22, **Taxi 24**, ☏ 022 54/600 22 55

Die **Pfarrkirche St. Mauritius** geht auf eine erstmals 1274 erwähnte Kirche zurück. Der aktuelle Bau entstand nach dem großen Dorfbrand von 1757 und wurde von den Einwohnern des Dorfs finanziert.
tagsüber geöffnet

Burg Kühlseggen: Wasserburg aus dem 13. Jahrhundert, Privatbesitz, kein Zutritt

Weilerswist, der Weiler an der Swist, liegt am mit 43,6 km ungewöhnlich langen Bach Swist, mitunter auch Swistbach genannt. Als er noch nicht begradigt war und durch sein Bachbett mäanderte, galt er als der längste Bach Europas. Diesen Status hat er heute sicher nicht mehr, vielleicht aber in Zukunft wieder, denn es gibt intensive Renaturierungsmaßnahmen.

Um weiter auf dem Jakobsweg zu pilgern, bleiben Sie am Abzweig der **Mauritiusgasse** ❺ weiter geradeaus auf der Donaustraße, bis Sie die Burgstraße erreichen. Dort gehen Sie rechts und an der T-Kreuzung links (Scheiffartsweg). An einem hübschen Fachwerkhaus biegen Sie an der T-Kreuzung rechts ab und laufen noch vor der Erft links auf dem Schotterweg am Ufer weiter. Der Jakobsweg führt unter einer Straßenbrücke hindurch und neben der nächsten Brücke nach links. Nach 25 m folgen Sie dem Uferweg nach rechts. An der Holzbrücke zwischen Klein- und Groß-Vernich BANK gehen Sie weiter geradeaus (Karröster Weg).

Sie überqueren die K3 und bleiben auf dem Uferweg, bis Sie einen Damm ❻ erreichen. Fußpilger gehen auf den Treppen über den Damm, Radpilger fahren mit sanfteren Steigungen nach rechts und scharf links um den Deich herum. Dahinter bleiben Sie bis zur Straße nach **Hausweiler** weitere 1,5 km auf dem Uferweg.

Überqueren Sie diese Straße (Kapellenstraße) und nehmen Sie auf der anderen Straßenseite an der Gabelung 3 den rechten Weg, er führt weiterhin direkt am Ufer weiter. Sie überqueren die Ortsverbindungsstraße zwischen Lommersum BANK und Derkum BANK, einen Wirtschaftsweg sowie kurz hinter der Burg Kessenich die Straße (L182) ❼ zwischen Kessenich und Großbüllesheim BANK.

Als Nächstes passieren Sie nun eine Grillhütte und Tennisplätze, bevor Sie rechts auf der Brücke die **Erft** überqueren. Durch einen Freizeitpark erreichen Sie den **Veybach**, queren die Straße (Keltenring, B56/B266) und gehen geradeaus auf dem Bachuferweg weiter. An der nächsten Straße (Jahnstraße) biegen Sie rechts ab und überqueren dabei den Veybach, danach geht es sofort wieder links auf dem Uferweg weiter. Er endet an der Mühlenstraße, dort gehen Sie nach links zur Ampelkreuzung, hier folgen Sie geradeaus der Straße Gansweide zur Herz-Jesu-Kirche.

Euskirchen

Tourismusbüro, Kölner Straße 75, 53879 Euskirchen, ☏ 022 51/142 26, www.euskirchen.de, info@euskirchen.de und schumacher@nordeifel-tourismus.de, am Weg, Mo bis Fr 8:30 bis 12:30, Di und Do auch 14:00 bis 16:30

Jakobusfreunde Euskirchen, ☏ 022 51/42 08, hans-juergen.j.sauer@t-online.de. Die Jakobusfreunde Euskirchen helfen Pilgern auf der Durchreise und stellen Pilgerausweise aus.

Hotel Rothkopf, Kommerner Straße 76, 53879 Euskirchen, ☏ 022 51/556 11, www.hotel-rothkopf.de, hotel@rothkopf.de, 1 km, ÜF EZ ab € 75, DZ ab € 89, DBZ ab € 105, VBZ ab € 125, Ermäßigung mit Pilgerpass,

Hotel Regent, Kirchwall 18, 53879 Euskirchen, ☏ 022 51/44 66, www.hotel-regent-euskirchen.de, hotel-regent@t-online.de, 600 m, 20 Zimmer, Ü EZ € 64, DZ € 70, F € 10, Ermäßigung mit Pilgerpass, € 15, @

Pilgerherberge im Pfarrzentrum St. Martin, Am Kahlenturm 2, 53879 Euskirchen, 015 22/149 81 42, www.st-martin-euskirchen.de, pilgerherberge@t-online.de, 160 m, Ankunft 17:00 bis 19:00, Abreise bis 8:00, 4 Betten, von Pilgern für Pilger, nur mit Pilgerausweis, Ü gegen Spende (mind. € 10). Ein eigener Schlafsack ist erforderlich, Kühlschrank vorhanden, keine Kochmöglichkeit, aber Mikrowelle mit Pizza-Backmöglichkeit. Nach vorheriger Rücksprache (über das Pilgertelefon) mit dem jeweiligen Herbergsbetreuer sind auch Pilger mit Hund willkommen.

im **Touristbüro**, im Hotel **Rothkopf**, im **Pfarrbüro**, Kirchstraße 15, und im **Vorraum der Herz-Jesu-Kirche**

Thermen & Badewelt Euskirchen, Thermenallee 1, www.badewelt-euskirchen.de

City Taxi, ☏ 022 51/560 00, **Taxi Nikolaus**, ☏ 022 51/641 00

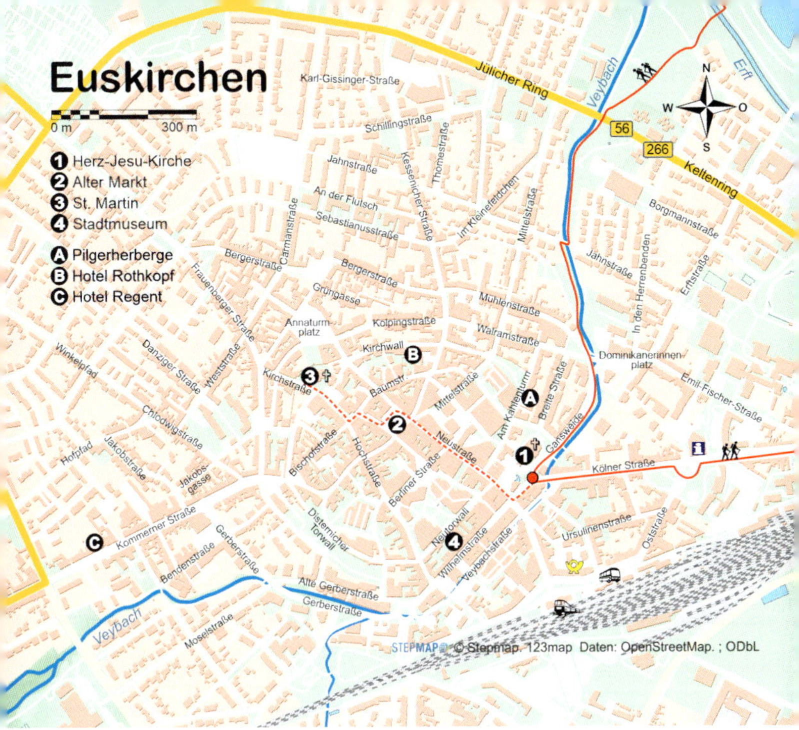

✞ Die Geschichte der Kirche **St. Martin** geht in die Merowingerzeit zurück, erste urkundliche Belege datieren von 870. Sehenswert sind der Taufstein von 1190 und der Antwerpener Hochaltar von 1510.

🚪 tagsüber geöffnet

⌘ **Stadtmuseum Euskirchen**, im Kulturhof

♦ Wilhelmstraße 32-34, 💻 www.kulturhof.de

Die Kreisstadt **Euskirchen** symbolisiert den Übergang von Flachland zu Mittelgebirge. Teile des Stadtgebiets liegen noch in der topfebenen Zülpicher Börde, andere schon in den ersten Hügeln der nördlichen Voreifel. In diesem fruchtbaren Gebiet direkt an der Erft siedelten schon vor 3.000 Jahren erste Menschen. Auch die Kelten, Ubier und Franken fühlten sich hier sehr wohl. 1302 erlangte Euskirchen die Stadtrechte und schützte sich ab 1325 mit einer fast 1,5 km langen Stadtmauer, von der Teile noch heute zu sehen sind.

3. Etappe: Euskirchen – Bad Münstereifel

16,4 km, 5 Std. 30 Min., ↑ 592 m, ↓ 475 m, ⇧ 153-294 m

0,0 km	⇧ 171 m	Euskirchen
2,9 km	⇧ 170 m	Roitzheim
5,2 km	⇧ 191 m	Stotzheim
6,7 km	⇧ 255 m	Hardtburg
7,5 km	⇧ 270 m	Abzweig nach Kreuzweingarten
9,1 km	⇧ 219 m	Kirspenich
10,2 km	⇧ 223 m	Arloff
12,6 km	⇧ 242 m	Iversheim
14,4 km	⇧ 270 m	Einmündung der Nebenroute aus Bonn
16,4 km	⇧ 289 m	Bad Münstereifel ⌘

Auf der ersten echten Eifeletappe geht es hinter Stotzheim hinauf in die Hardt. In diesem Waldgebiet liegt die Hardtburg versteckt. Bergab führen Feldwege und Sträßchen im Doppelort Kirspenich/Arloff zurück an die Erft. Unterhalb des Billiger Waldes verläuft die Etappe in Wellen zwischen den Feldern entlang in den Kurort Bad Münstereifel mit seinen hübschen Fachwerkhäusern.

Am Gasthof Alte Posthalterei und an der Herz-Jesu-Kirche biegen Sie scharf links in die Kölner Straße ab. Folgen Sie der Kölner Straße geradeaus durch die beiden Kreisverkehre und biegen Sie am Burger King rechts ab (Pützbergring).

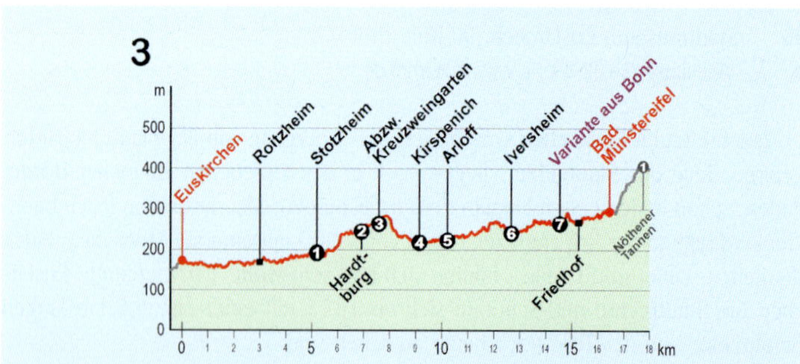

Nun gehen Sie durch eine Unterführung, dahinter führt Sie die Alfred-Nobel-Straße nach links aus der Stadt hinaus. Kurz hinter dem Ende des Radweges nehmen Sie halb links den Feldweg, er entfernt sich von der Straße und führt ins Gewerbegebiet. Dort laufen Sie geradeaus zum Kreisverkehr, den Sie auf 9 Uhr auf der Roitzheimer Straße (K24) Richtung Bonn/Rheinbach verlassen.

Nach 150 m nehmen Sie halb links den Radweg Richtung Roitzheim. Der Weg führt nach rechts abknickend unter einer Straße hindurch der Erft entgegen und zu einer Wohnstraße. Dort laufen Sie links (Im Erfttal) an der Erft entlang. An der T-Kreuzung gehen Sie links über die Erft und direkt dahinter am Ortseingang von **Roitzheim** rechts in die Lilienstraße. Immer geradeaus an der Erft entlanglaufend passieren Sie zunächst den Sportplatz und laufen dann in der Verlängerung der Luisenstraße weiter geradeaus auf dem Wirtschaftsweg neben der Erft bis zur L119 (Am Domhof). Dort biegen Sie links ab und gehen über die Bahnstrecke hinweg nach Stotzheim.

Stotzheim

Klosterhof am Jakobsweg, Stotzheimer Straße 36-38, 53881 Euskirchen, ☏ 022 51/890 19 51, www.jakobsweg-hotel.eu, info@jakobsweg-hotel.eu, am Weg, 20-25 Betten, ÜF mit Pilgerausweis EZ ab € 45, DZ ab € 70, sehr hilfsbereite Inhaber, @ (Unterbringung lässt sich bei rechtzeitiger Anmeldung klären)

⊙ Pilgerstempel im **kath. Pfarramt** und **Hotel Klosterhof**

Bekannt ist **Stotzheim** durch die Hardtburg im benachbarten Waldgebiet. Kaum jemand weiß, dass es auch im Ort eine Burg gab. Von der wohl Anfang des 17. Jahrhunderts errichteten und Anfang des 20. Jahrhunderts abgerissenen Wasserburg ist heute nichts mehr zu sehen.

An der abknickenden Vorfahrtsstraße gehen Sie geradeaus und bleiben im Ort auf der Stotzheimer Straße, auch wenn sie an einem Tor einen Linksbogen macht. Sie passieren die Kirche St. Martin ❶. Erst ganz am Ende der Stotzheimer Straße nehmen Sie rechts die Hardtstraße und wandern nach gut 200 m an einem kleinen Park links die Hardtburger Straße hinauf.

Am Ortsende gehen Sie zum nahen Wald und dort direkt hinter den ersten Bäumen auf dem unbefestigten Weg Richtung **Hardtburg**. Biegen Sie an der T-Kreuzung rechts ab, so passieren Sie den Burgweiher und die Burg ❷.

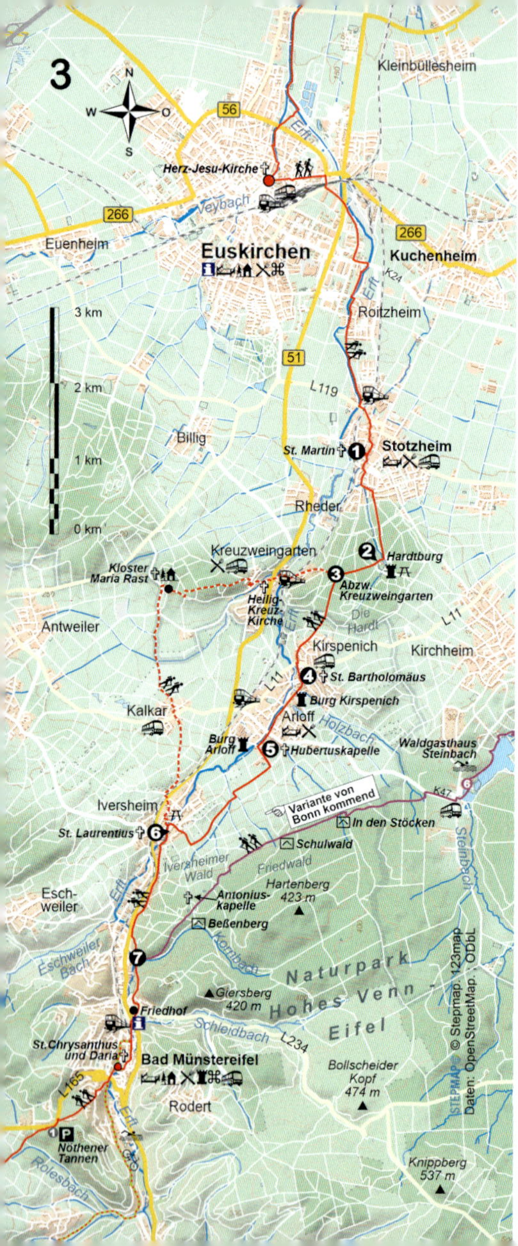

Wie eine verwunschene Märchenburg liegt die Hardtburg mit ihrem idyllischen Weiher im dichten Wald. Die Burg wurde im 11. Jahrhundert für die edelfreie Familie von Hart gebaut, 1205 bei Erbfolgestreitigkeiten zerstört und bald wieder aufgebaut. In den folgenden Jahrhunderten verfiel sie. Der heute noch erhaltene und nutzbare Teil beherbergt eine Forstdienststelle.

Sie erreichen anschließend auf dem Forstweg nach 600 m geradeaus eine Waldwegkreuzung mit Rastbank und Steinkreuz ❸.

Hier gehen Sie geradeaus weiter, wenn Sie im Kloster Maria Rast übernachten wollen. Der Weg wird zur Hubertusstraße und führt am DB-Haltepunkt Kreuzweingarten entlang. Nach 900 m erreichen Sie Kreuzweingarten, nach insgesamt 2,4 km die Unterkunft. Dafür folgen Sie in Kreuzweingarten den Wegmarkierungen des Krönungsweges. Von dort wandern Sie am nächsten Morgen hinter dem Schönstattheiligtum links hinab nach Kalkar und von dort auf dem Kalkarer Weg und auf der Eifelschleife „Von Sternen und Römern" nach Iversheim zur markierten Route.

Kreuzweingarten

Bildungsstätte Haus Maria Rast, Josef-Kentenich-Weg 1, 53881 Euskirchen, 022 56/95 87 66, www.haus-maria-rast.de, info@haus-maria-rast.de, über Kreuzweingarten 2,4 km ab der Waldwegkreuzung (am nächsten Morgen 3,3 km bis Iversheim), 30 Betten, Ü EZ € 42, DZ € 68, F € 12, Hauskapelle und Schönstattkapelle, Anreise bis 18:00 oder nach telefonischer Absprache, Abendessen, und Wegstreckenberatung, @

Pilgerstempel in der **Bildungsstätte**

Heilig-Kreuz-Kirche: Hier werden winzige Teile des heiligen Kreuzes aufbewahrt, von deren Echtheit insbesondere die Pilger vor etwa 100 Jahren überzeugt waren. Dem Status als Wallfahrtsort verdankt der damalige Ort Weingarten auch seinen aktuellen „Vornamen", der ihm 1927 nach einer Volksabstimmung verliehen wurde.

tagsüber geöffnet

Kreuzweingarten ist eine Fundgrube für Archäologen. Neben der mittelalterlichen Hardtburg und dem keltischen Ringwall finden sich in der Ortslage zahlreiche Relikte aus der Römerzeit. Besichtigt werden kann ein besonders gut erhaltener Aufschluss des Römerkanals. Ferner wurden ein Abwasserkanal aus römischer Zeit und eine Villa Rustica entdeckt.

Der Kanal wurde nicht freigelegt, die Villa musste der heutigen B51 weichen – die geretteten Stücke sind im Rheinischen Landesmuseum in Bonn zu besichtigen.

Der Jakobsweg führt an dieser Waldwegkreuzung links Richtung **Ringwall**. (Nach 100 m haben Sie eine weitere Möglichkeit, nach Kreuzweingarten hinabzugehen, indem Sie den Markierungen des Römerkanal-Wanderweges nach rechts folgen.) Vom Ringwall aus dem letzten vorchristlichen Jahrhundert ist heute nicht mehr viel zu sehen.

Der Jakobsweg führt immer geradeaus aus dem Wald heraus und durch das Kirspenicher Feld bis nach **Kirspenich**.

Auf der Hardtburgstraße durchqueren Sie den Ort. Die Straße führt bergab zur L11, die Sie vorsichtig überqueren. Gehen Sie geradeaus zwischen den Leitplanken hindurch, auf der Bonner Straße zur Kirche St. Bartholomäus ❹ und dahinter geradeaus auf der Bachstraße weiter.

Kirspenich

Pilgerstempel im **Pfarrhaus**, Do 11:00 bis 12:00

St. Bartholomäus ist eine der ältesten Pfarreien im Raum Bad Münstereifel. Die aktuelle Kirche stammt aus dem Jahr 1906, seit 1222 sind Kirchen an dieser Stelle nachgewiesen.

Die nach links abzweigende Straße Im Baist führt zur **Burg Kirspenich**, einer Wasserburg aus dem 14. Jahrhundert mit einem gut erhaltenen Turm. Sie ist in Privatbesitz.

Ohne erkennbare Ortsgrenze kommen Sie von Kirspenich nach Arloff.

Arloff

Hotel Zur Waage, Bahnhofstraße 50a, 53902 Bad Münstereifel, 022 53/95 25-0, www.hotelzurwaage.de, hotelzurwaage@t-online.de, 300 m (nahebei), 34 Betten, ÜF EZ € 70, DZ € 100, Zustellbett € 20, kann vermittelt werden, @

Die hübsche **Hubertuskapelle** entstand 1466 als Dank der Überlebenden der Pestwelle von 1451. Sie wurde aus Bruchsteinen gebaut, das Dach ist geschiefert. Erst 1954/55 wurden bei einer Renovierung Reste spätgotischer Wandmalereien gefunden.

Die Mitarbeiter des Pfarrbüros in Bad Münstereifel (022 53/18 03 60) versuchen beim Anruf eines Pilgers einen Einheimischen zu erreichen, der die Kapelle aufschließt.

Die wehrhafte **Burg Arloff** stammt aus frühgotischer Zeit, sie wurde 1278 erstmals urkundlich erwähnt. Der Burggraben wurde mit Erftwasser gespeist, das Wohnhaus stammt aus dem Jahr 1699.

Arloff hat seinen Namen vom keltischen *Arnefa*, was Wasser oder Bach bedeutete. Auf dasselbe Ursprungswort geht der Name der Erft zurück, die durch den

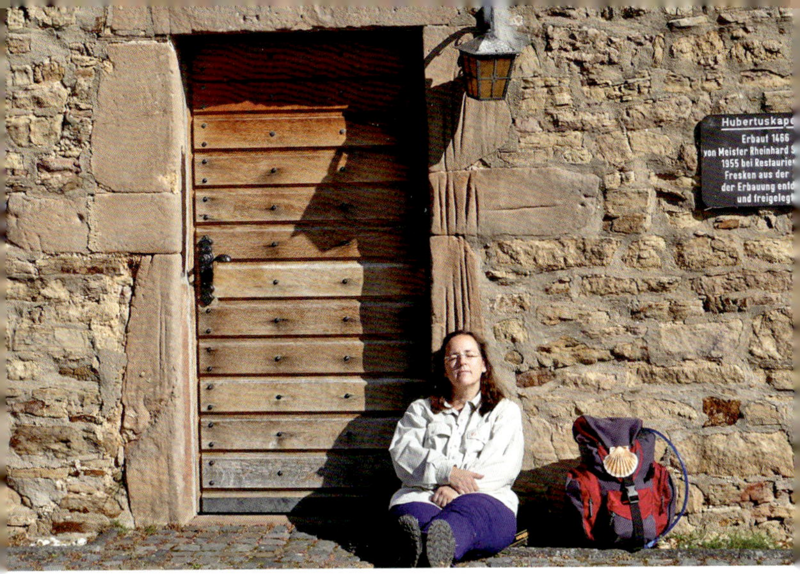

An der Hubertuskapelle in Arloff, © Birgit Bossbach

Ort fließt. Das Eifeldorf existiert mindestens seit 893, im Mittelalter war es vermutlich sogar Gerichtsort. Seit 1969 ist Arloff ein Stadtteil von Bad Münstereifel.

Parallel zur Erft laufend kreuzen Sie die Holzgasse und gehen weiter neben der Erft bis zum Ende der Straße. Am Kruzifix mit den Rastbänken können Sie nach rechts über die Holzbrücke laufen, um einen Blick auf die **Burg** zu werfen. Der Jakobsweg führt aber nach links weiter, an der **Hubertuskapelle** ❺ vorbei und leicht bergauf aus dem Ort hinaus.

Folgen Sie an der Feldwegkreuzung dem Teerweg nach rechts. Er leitet Sie durch die Felder unterhalb des Iversheimer Waldes und nach je einer Links- und Rechtskurve an einem Strohlager vorbei. Schließlich mündet der Feldweg in einen anderen Feldweg, hier wandern Sie geradeaus leicht bergauf durch die Felder. Auch an der Einmündung mit der gelben Rastbank laufen Sie geradeaus weiter.

An dem einzelnen Haus folgen Sie dem Buschhöhlenweg nach rechts bergab nach **Iversheim** zu ⛼ Picknicktischen unter Schatten spendenden Kastanienbäumen an der Erft. Geradeaus und parallel zur Erft laufend passieren Sie die Kirche St. Laurentius ❻, dann wandern Sie auf der Straße An der Ley zur Euskirchener Straße. Dieser folgen Sie nach links, sie führt zur B51 🚌.

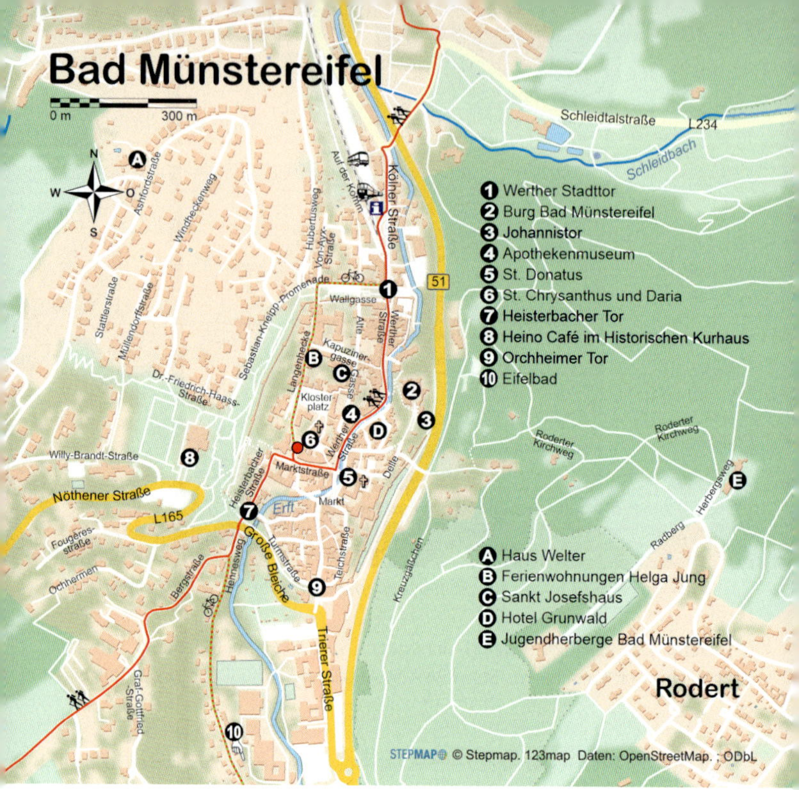

Kurz vor der Bundesstraße gehen Sie links (Alte Landstraße) bergauf, passieren das ehemalige Hotel Tannenhof und laufen noch kurz bergauf, dann bergab zur B51. Wiederum unmittelbar davor nehmen Sie die schmale Straße parallel zur B51, biegen aber schon nach 100 m an der Gabelung nach links ab, um hinter der rot-weißen Schranke auf dem Schotterweg (Markierung: MTB1, 2, 3) bergauf in den Wald hineinzuwandern. An der kommenden Kreuzung am Rand des Friedwaldes gehen Sie geradeaus („Bad Münstereifel 1 km") und an der Gabelung mit der Holzbank nehmen Sie rechts den schmaleren Weg. Er führt bergab zur Einmündung ❼ des aus Bonn kommenden Zweiges des Jakobsweges (☞ ab Seite 80) und dann wieder leicht bergauf.

Auf grobem Schotter geht es nun steil bergab zur Fachhochschule für Rechtspflege, dort links zur FH-Einfahrt und dann rechts auf die Schleidtalstraße. Laufen Sie anschließend geradeaus auf dem Gehweg zwischen Schleidtalstraße und

Friedhof nach Bad Münstereifel, dabei wandern Sie auf einer Steinbrücke über den Schleidbach, unterqueren die B51 und überqueren die Erft. Biegen Sie dahinter links in die Kölner Straße ein. Auf ihr passieren Sie den Bahnhof und die Touristinformation. Am **Werther Tor** wird die Kölner Straße zur Werther Straße und zur Fußgängerzone.

Radpilger schieben ihr Rad durch die Fußgängerzone oder fahren außen herum: Dazu biegen Sie vor dem Werther Tor rechts in die Sebastian-Kneipp-Promenade und nehmen die zweite nach links führende Straße (Langenhecke). Auf ihr erreichen Sie hinter der Kirche die Marktstraße, auf der die Fußpilger von links kommen.

In der Fußgängerzone gibt es zahlreiche gute Cafés und Restaurants. Ein öffentlicher **Bücherschrank** versorgt Sie mit Lesefutter, hier können Sie sich ein Buch nehmen oder nicht mehr benötigte Reiselektüre vor Witterung geschützt für einen anderen Leser zurücklassen. Sie passieren den Aufgang zur Burg und schon ist nach rechts das Etappenziel am Kirchplatz erreicht.

Bad Münstereifel

BANK

Städtische Kurverwaltung/Tourist-Information, Kölner Straße 13 (Bahnhof), 53902 Bad Münstereifel, 022 53/54 22 44, touristinfo@bad-muenstereifel.de, Mo bis Fr 10:00 bis 14:30

Kurtaxe € 1

Helga Jung, 022 53/80 70, 01 60/93 72 15 31, ferienhaus-helga-jung.de, helga.jung1@t-online.de, max. 300 m. Frau Jung vermietet ihre 3 Ferienwohnungen mit insgesamt 10 Betten (mit voll ausgestatteter Küche) auch an Pilger, z. B.: Kapuzinerhaus für 2 Pers. ab € 80, 3. Pers. € 30, € 7 (auf Anfrage), @.

Helga Welter, Hotel Grunwald, Kettengasse 4, und Haus Welter, Ashfordstraße 24, 53902 Bad Münstereifel, 022 53/77 32, www.hotel-grunwald.de, helga-welter@web.de und info@hotel-grunwald.de, 50 m bzw. 800 m, 14 bzw. 6 Betten, Ü € 45-55,

Jugendherberge Bad Münstereifel, Herbergsweg 1-5, 53902 Bad Münstereifel, 022 53/54 17 40, www.bad-muenstereifel.jugendherberge.de, bad-muenstereifel@jugendherberge.de, 800 m bergauf (NICHT der Autobeschilderung folgen, von der Jesuitenkirche ist ein direkter Aufstieg gekennzeichnet), 164 Betten, ÜF ab € 24,40, . JH-Mitgliedschaft erforderlich

Sankt Josefshaus, Alte Gasse 19, 53902 Bad Münstereifel, hoffentlich bald wieder geöffnet, Nachfragen und Anmeldung über das katholische Pfarramt: ☏ 022 53/18 03 60, www.kirche-muenstereifel.de

„**Basislager**“, westlich von Münstereifel in Ottersbach, ist einer der Trekkingplätze des Naturparks Nordeifel: ein Podest für bis zu zwei Trekkingzelte mit Picknicktisch und Komposttoilette. 1,7 km, zu buchen über www.trekking-eifel.de/de/die-trekkingplaetze/basislager

Heino Café im Historischen Kurhaus, Nöthener Straße 10, 8:00 bis 18:00. Nicht nur Schlagerfans lieben die Heino-Haselnusstorte.

Trinkwasserbrunnen im Rahmen des Wiederaufbaus geplant

@ öffentliches WLAN am Bahnhof und im historischen Stadtkern

Pilgerstempel im **Pfarrbüro**, Langenhecke 3, Mo 8:00 bis 12:00, Di 9:00 bis 11:00 und 14:00 bis 16:30, Mi 9:00 bis 12:00 und 14:00 bis 16:30, Do 9:00 bis 12:00 und 14:00 bis 17:30, Fr 9:00 bis 12:00, ferner in der **Tourist-Information**, in der **Stadtverwaltung** und in der **Buchhandlung Leserei.**

Eifelbad, Dr.-Greve-Straße 16, ☏ 022 53/54 24 50

Taxi Lisa, ☏ 022 53/545 40 11, **Taxi Sandra**, ☏ 022 53/297 96 46, **Taxi Senad**, ☏ 022 53/27 60

Stiftskirche St. Chrysanthus und Daria

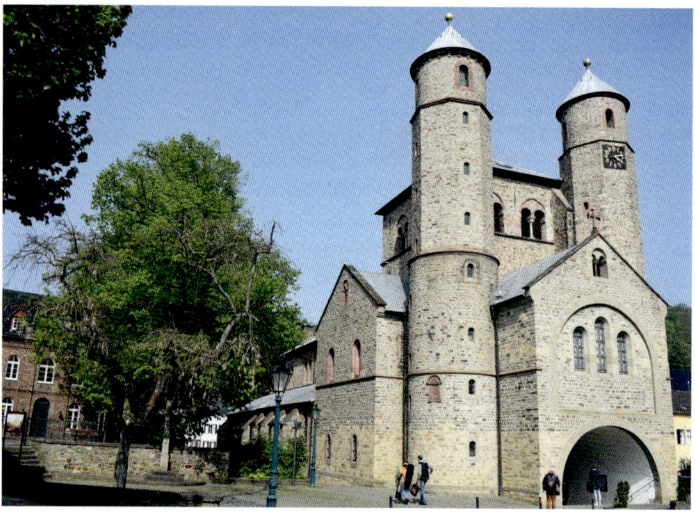

✞ **Stiftskirche St. Chrysanthus und Daria**: Für die Zeit um 830 n. Chr. ist für diesen Standort die erste kleine Klosterkapelle eines Benediktinerklosters nachgewiesen. Nachdem 844 die Reliquien des römischen Märtyrerpaars Chrysanthus und Daria als Geschenk angekommen waren, wurde die Kapelle zu einem Anziehungspunkt für Pilger. Die heutige dreischiffige romanische Pfeilerbasilika stammt aus dem 11. Jahrhundert.

tagsüber geöffnet

♜ **Burg Bad Münstereifel**, erbaut im 13. Jahrhundert, 1689 von den abziehenden französischen Truppen in Brand gesetzt. Die Burg ist in Privatbesitz und beherbergt ein Restaurant und Wohnungen.

⌘ Die sehr gut erhaltene **Stadtmauer** umfasste ursprünglich vier Stadttore und 18 Wehrtürme. Sie entstand um das Jahr 1300 und misst gut 1,6 km. Die Wehrmauer ist begehbar, ein Aufgang liegt am Weg, direkt am Heisterbacher Tor.

⌘ **Apothekenmuseum**: In der Schwanen-Apotheke, die von 1806 bis 1994 von der Apothekerfamilie Bresgen geführt wurde, finden sich noch einige Originaleinrichtungsstücke aus dem Gründungsjahr. Das liebevoll eingerichtete Museum birgt manch eine Rarität. In der ehemaligen Materialkammer kann der Besucher in der „Riechstraße" seine Nase testen. Es ist wegen Flutschäden noch geschlossen, öffnet aber hoffentlich bald wieder.

♦ Werther Straße 13-15

Das idyllische Kurstädtchen **Bad Münstereifel** mit den zahlreichen gut erhaltenen mittelalterlichen Gebäuden und der intakten Stadtmauer ist für viele Ausflügler aus dem Rheinland der erste echte Eifelort, weil er am schnellsten über die Autobahn zu erreichen ist und eine gute Bahnanbindung hat. Dass der Schlagersänger Heino hier sein Heino Café eröffnete, lockt weitere Besucher an. Leider gibt es trotz dieses guten Rufs in der Innenstadt immer mehr leer stehende Geschäfts- und Gaststättengebäude. Hier wurde Abhilfe geschaffen: Es entstand das erste Outletcenter im Gebäudebestand einer Innenstadt statt – wie üblich – in einem Neubau auf der „grünen Wiese".

Der Ortsname leitet sich von dem „Novum Monasterium" (= neues Kloster) ab, das Abt Markward von Prüm um 830 hier errichtete.

☞ Die Wegbeschreibung Richtung Trier wird auf Seite 100 fortgesetzt.

Wegalternative: Der Jakobsweg ab Bonn

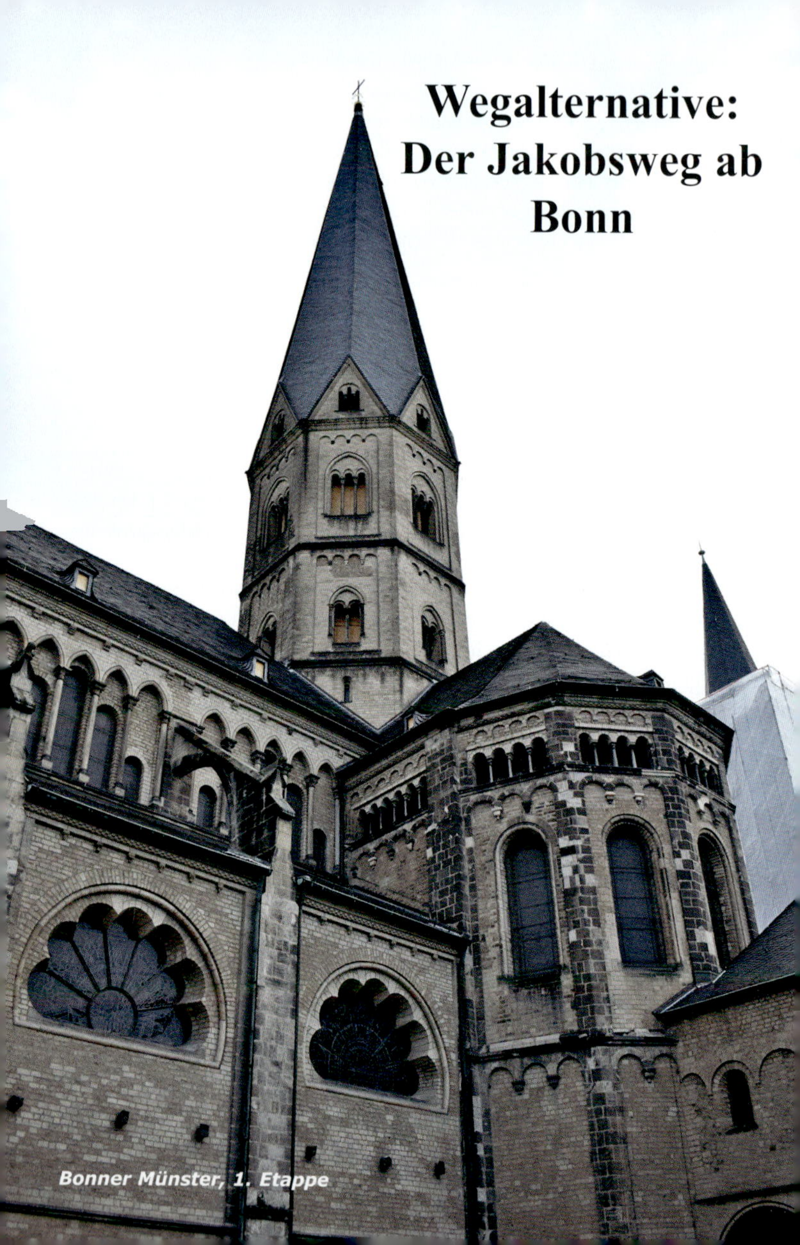

Bonner Münster, 1. Etappe

Wer im Bonner Umland lebt und seinen persönlichen Jakobsweg zu Hause beginnen möchte, kann ab dem Bonner Münster mit diesem Pilgerführer laufen. Auch die von Osten durch das Siegtal kommenden Pilger werden diese zentrale Stelle als ein Etappenziel vorgesehen haben.

Bonn

Bonn-Information, Windeckstraße 1 (am Münsterplatz), 53111 Bonn, 02 28/77 50 00, bonninformation@bonn.de, Mo bis Fr 10:00 bis 18:00, Sa 10:00 bis 16:00, So, Fei 10:00 bis 14:00

Es gibt in Bonn eine Vielzahl von Hotels in allen Preislagen. Die Bonn-Information hilft kompetent bei der Suche nach dem passenden Hotel am Startpunkt.

Jugendherberge Bonn, Haager Weg 42, 53127 Bonn, 02 28/289 97-0, bonn@jugendherberge.de, 750 m (Bus 600 Richtung Ippendorf-Altenheim bis „Jugendherberge"), 269 Betten, ÜF im EZ € 64,40, im ZBZ € 47,90, im MBZ ab € 31,40, JH-Mitgliedschaft erforderlich

Pilgerstempel im **Bonner Münster**, dafür bitte die ehrenamtlichen Kirchenhelfer ansprechen

Linienschiffe der KD Köln-Düsseldorfer von Mainz, Koblenz und Köln nach Bonn, www.k-d.com, April bis Okt

Taxi Bonn, 02 28/55 55 55

Der Standort des **Bonner Münsters** war schon lange ein heiliger Platz. Im 3. Jahrhundert wurde hier in einer römischen Cella Memoriae der Toten gedacht. Im 12. Jahrhundert entstand das heutige Münster genau zur Zeit des Übergangs zwischen Spätromanik und Gotik, sodass Kunsthistorikern und feinsinnigen Menschen der uneinheitliche Stil im Inneren auffallen wird. Sehenswert ist insbesondere der romanische Kreuzgang. Zum Gedenken an die ersten Bonner Christen und Märtyrer liegen außerhalb der Basilika zwei riesige Köpfe aus Granit, die Cassius und Florentius darstellen.

♦ Münsterführung Di, Sa 14:00, € 8

Auf dem **Kreuzberg** soll schon der Paulusschüler und Märtyrer Crescentius ab 50 n. Chr. missioniert haben. Nach seinem gewaltsamen Tod war der Kreuzberg deshalb Ziel zahlreicher Pilger, im 15. Jahrhundert wurden bei Wallfahrten bis zu 50.000 Menschen gezählt. Die 1627 gebaute heutige Kreuzbergkirche wurde 1746-51 für den Kurfürsten Clemens August ausgebaut. Besondere

Anziehungspunkte sind der Hochaltar und die Heilige Stiege. Diese Nachbildung der Treppe im Palast von Pontius Pilatus darf nur kniend und ohne Waffen erstiegen werden.

♜ Das **kurfürstliche Schloss** im Bonner Zentrum, das **Schloss Clemensruh** in Poppelsdorf und die **Kreuzbergkirche** hoch oben auf dem Kreuzberg bilden die sogenannte Bonner Barockachse. Beide Schlösser wurden für die Kölner Kurfürsten gebaut, sie sind durch die Poppelsdorfer Allee verbunden, auf der man herrlich flanieren kann. Die Schlösser wurden im 17. Jahrhundert gebaut. Die Rheinische Friedrich-Wilhelms-Universität hat seit ihrer Gründung 1818 ihren Sitz, Hörsäle und andere Einrichtungen in den Schlössern.

⌘ Die **Bonner Museumsmeile** ist länger als eine Meile. Wie aufgefädelt liegen die interessantesten Museen an der B9 zwischen der Bonner Innenstadt und dem Deutschen Museum Bonn kurz vor Bad Godesberg.

♦ Infos auf 💻 www.bonn.de

Schon in der Urzeit lebten auf dem heutigen Bonner Stadtgebiet Menschen, was ein 14.000 Jahre altes Doppelgrab in Oberkassel beweist. Die römischen Legionen legten das Lager Bonna an. Nach der Schlacht bei Worringen machten die Kölner Kurfürsten Brühl und Bonn zu ihren Wohn- und Residenzstädten. Sie erschufen prächtige, palastartige Schlösser und üppig bepflanzte Gärten. Von 1949 bis 1990 war Bonn Hauptstadt der Bundesrepublik Deutschland, heute ist die Stadt mit ihren über 300.000 Einwohnern Sitz zahlreicher Behörden und Organisationen der Vereinten Nationen.

1. Etappe: Bonn – Rheinbach

➲ 29,3 km, ⌛ 9 Std., ↑ 804 m, ↓ 680 m, ⇧ 56-192 m

0,0 km	⇧	67 m	Bonn, Münsterbasilika
0,4 km	⇧	63 m	Bonn Hbf
2,7 km	⇧	72 m	Bonn-Endenich
4,9 km	⇧	71 m	Bonn-Meßdorf
5,6 km	⇧	74 m	Bonn-Lessenich BANK
7,9 km	⇧	113 m	Gielsdorf

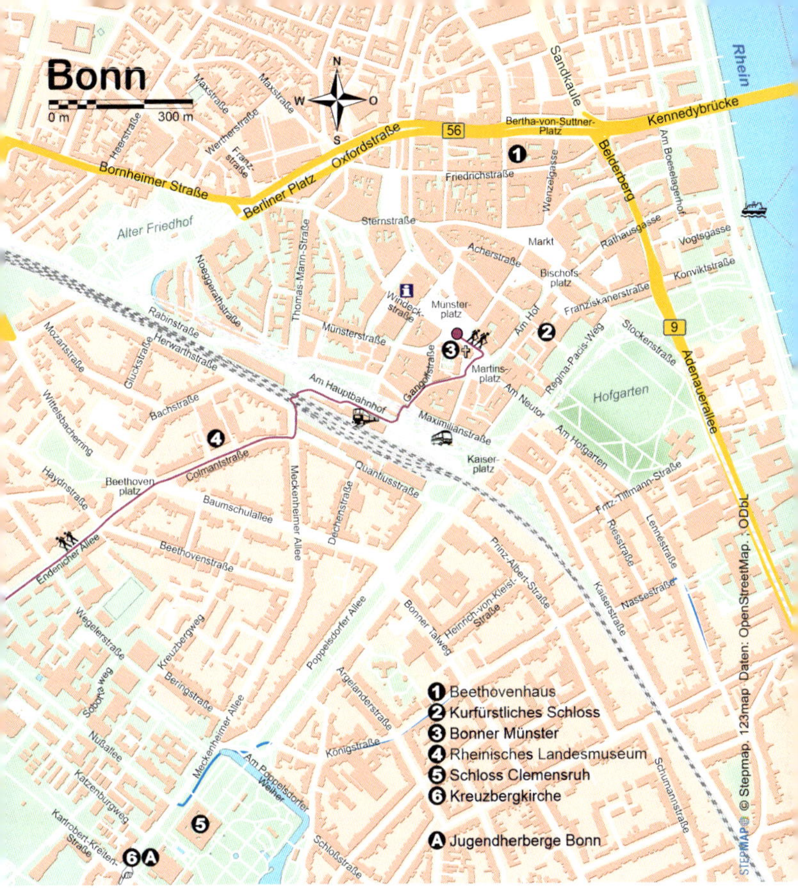

Bonn
0 m 300 m
N
O
S
W
Rhein
Kennedybrücke
Bertha-von-Suttner-Platz
56
Sandkaule
Oxfordstraße
Berliner Platz
Bornheimer Straße
Maxstraße
Wertherstraße
Franz-straße
Heerstraße
Friedrichstraße
Wenzelgasse
Belderberg
Am Boeselagerhof
Sternstraße
Alter Friedhof
Acherstraße
Markt
Rathausgasse
Vogtsgasse
Konviktstraße
Bischofsplatz
Franziskanerstraße
Noeggerathstraße
Thomas-Mann-Straße
Windeck-straße
Münsterplatz
Am Hof
Stockenstraße
9
Adenauerallee
Rabinstraße
Herwarthstraße
Münsterstraße
Gangolfstraße
Martinsplatz
Am Neutor
Regina-Pacis-Weg
Hofgarten
Mozartstraße
Gluckstraße
Bachstraße
Am Hauptbahnhof
Maximilianstraße
Wittelsbacherring
Am Hofgarten
Kaiserplatz
Colmantstraße
Quantiusstraße
Haydnstraße
Beethovenplatz
Baumschulallee
Meckenheimer Allee
Dechenstraße
Fritz-Tillmann-Straße
Riesstraße
Lennéstraße
Endenicher Allee
Beethovenstraße
Prinz-Albert-Straße
Nassestraße
Kaiserstraße
Heinrich-von-Kleist-Straße
Bonner Talweg
Poppelsdorfer Allee
Wegelerstraße
Kreuzbergweg
Beringstraße
Argelanderstraße
Königstraße
Soboth-weg
Nußallee
Meckenheimer Allee
Am Poppelsdorfer Weiher
Katzenburgweg
Karlrobert-Kreiten-Straße
Schloßstraße
Schumannstraße
1 Beethovenhaus
2 Kurfürstliches Schloss
3 Bonner Münster
4 Rheinisches Landesmuseum
5 Schloss Clemensruh
6 Kreuzbergkirche
A Jugendherberge Bonn
STEPMAP © Stepmap, 123map Daten: OpenStreetMap, ODbL

Var.1

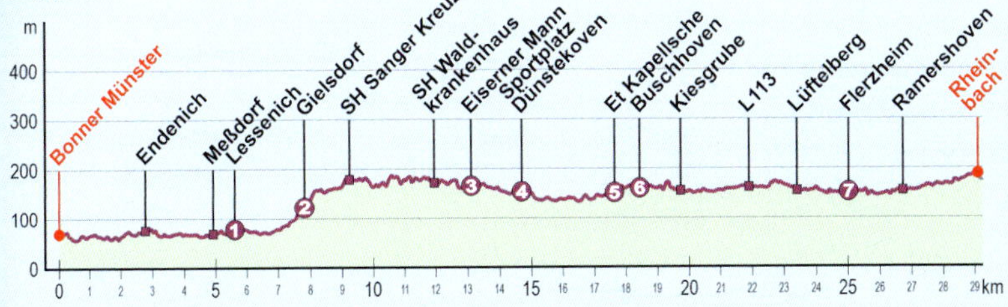

m
400
300
200
100
0
Bonner Münster
Endenich
Meßdorf
Lessenich
Gielsdorf
SH Sanger Kreuz
SH Wald-krankenhaus
Eiserner Mann
Sportplatz
Dünstekoven
Et Kapellsche
Buschhoven
Kiesgrube
L113
Lüftelberg
Flerzheim
Ramershoven
Rheinbach
1
2
3
4
5
6
7
0 1 2 3 4 5 6 7 8 9 10 11 12 13 14 15 16 17 18 19 20 21 22 23 24 25 26 27 28 29 km

13,1 km	⇧ 166 m	Eiserner Mann ⌘
14,7 km	⇧ 149 m	Sportplatz Dünstekoven
17,9 km	⇧ 155 m	Et Kapellsche ✝
18,5 km	⇧ 160 m	Buschhoven ( ) BANK ✝
23,4 km	⇧ 164 m	Lüftelberg ✝ ⌘
25,0 km	⇧ 153 m	Flerzheim ✝
26,6 km	⇧ 154 m	Ramershoven ✝
29,3 km	⇧ 191 m	Rheinbach BANK ✝ ⌘

Aus der Bonner Innenstadt geht es durch Fußgängerzonen und auf Gehwegen durch die Ebene nach Endenich, Meßdorf und Lessenich. Dahinter führt der Weg steil und anstrengend durch Gielsdorf auf die Höhen des Villerückens. Immerhin hat hinter Gielsdorf das Teertreten ein Ende und Sie können im Kottenforst auf Waldwegen herrlich frische Waldluft atmen. Hinter Buschhoven führt der Weg relativ flach durch die kleinen Dörfchen rechts und links des Swistbachs.

Startpunkt für die meisten Pilger in Bonn ist das **Bonner Münster**. An seinem Westturm biegen Sie in die Gerhard-von-Are-Straße ab, passieren den Zugang zum Kreuzgang und erreichen die Gangolfstraße. Dieser folgen Sie halb links Richtung Bahnhof. Überqueren Sie die Maximilianstraße und gehen Sie auf der Straße Am Hauptbahnhof rechts am Haupteingang des Bahnhofs vorbei und

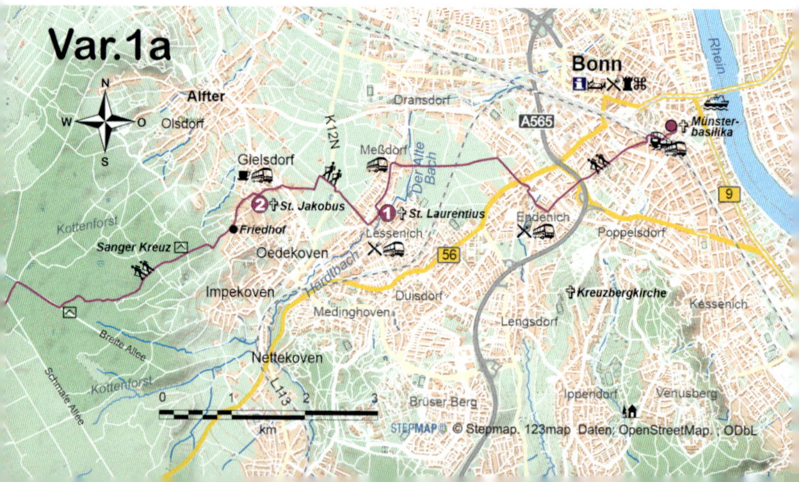

direkt dahinter links durch die Unterführung. 🚶 Fußpilger gehen in der Unterführung links die Treppe hinauf zur Herwarthstraße, 🚲 Radpilger fahren rechts die Rampe hinauf und scharf links zurück zum Treppenkopf.

Auf der Meckenheimer Allee laufen Sie 80 m bis zur Colmantstraße, dort biegen Sie rechts ab und bleiben nun für 1,7 km auf dieser Straße, auch wenn sie mehrfach den Namen ändert. Sie passieren das **Rheinische Landesmuseum**, vor dessen Eingang die Bonner Jakobusstele den Pilgern einen Gruß mit auf den Weg gibt.

⌘ **LVR-LandesMuseum Bonn**: Im Rheinischen Landesmuseum für Archäologie, Kunst und Kulturgeschichte finden Pilger viele Informationen über Religion und Pilgerwesen in vergangenen Zeiten. Der heilige Jakobus ist in ungewöhnlicher Darstellung auf einem Pestaltar zu sehen: Ganze sieben Pilger finden Schutz und Zuflucht unter seinem weiten Mantel.

♦ Colmantstraße 14-16, 💻 www.rlmb.lvr.de

Auch hinter dem Museum laufen Sie geradeaus weiter und wandern über den Beethovenplatz und die Endenicher Allee in südwestlicher Richtung aus der Bonner Innenstadt hinaus. Nachdem Sie die A565 überquert haben, befinden Sie sich im Bonner Stadtteil **Endenich** ✕ ☕ 🍷 🛒 ⚕ ⊙ 🚌.

⊙ Pilgerstempel im **Pastoralamt** neben der Kirche, 🚪 Mo bis Fr 9:00 bis 12:00, Di, Do auch 15:00 bis 17:00

Kurz vor Ende der Endenicher Allee gehen Sie durch die Barriere und geradeaus hinauf zur Röckumstraße. Dieser folgen Sie bis zum Supermarkt. Hier biegen Sie rechts in die Straße Am Burggraben ab und folgen ihr bis zur Endenicher Straße.

An der Endenicher Straße halten Sie sich rechts und biegen nach 50 m links in die Effertzstraße ab. Queren Sie den stark befahrenen Hermann-Wandersleb-Ring (B56) an der Bedarfsampel und wandern Sie geradeaus auf dem Babette-Koch-Weg aus Endenich heraus durch die Felder bis zu einem Kindergarten. Hier biegen Sie links ab (Am Bleichgraben), überqueren die Bahnlinie und laufen leicht bergab zwischen den Feldern auf dem Bonner Weg nach **Meßdorf** 🚌 hinein. Er wird am Ortsrand zum Burgweg.

Passieren Sie die Kapelle und laufen Sie bis zur Meßdorfer Straße, dieser folgen Sie nach links Richtung **Lessenich** ✕ 🛒 BANK ✝ ⊙ 🚌. Gegenüber der Hausnummer 300 gehen Sie links über den Friedhof.

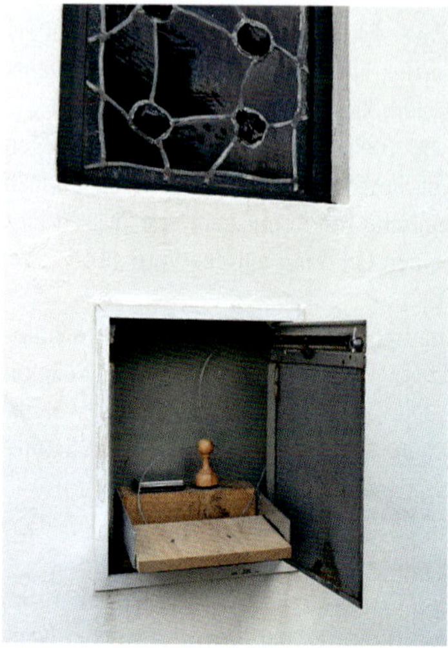

Der Pilgerstempel in Lessenich

⊙ Pilgerstempel im Briefkasten neben dem **Pfarrhaus**

Zwischen Friedhof und Kirche ❶ führt der Jakobsweg rechts über den Kirchplatz der St.-Laurentius-Kirche zur Roncallistraße. Diese bringt Sie zur Bahnhofstraße, der Sie nach rechts bis zur Ampel folgen. Überqueren Sie die Kreuzung und gehen Sie geradeaus auf dem Dompfaffenweg aus dem Ort hinaus. Hinter einer Infotafel mit Sitzbank wandern Sie bis zu einem Kruzifix und dort halb links die Stromleitung unterquerend zur K12N. Auf der gegenüberliegenden Straßenseite nehmen Sie den Rad- und Fußweg nach rechts, biegen kurz darauf an dem einzelnen Baum mit der Bank und dem Wegkreuz nach links ab (Rheinweg) und gehen nach etwa 200 m rechts auf dem Laurentiusweg nach **Gielsdorf** ☕ 🍷 🚌. Dort kreuzen Sie die Alfterer Straße leicht nach rechts versetzt und gehen links durch die Kirchgasse steil hinauf zur St.-Jakobus-Kirche ❷.

✝ Die spätromanische Kirche ist nur zu Gottesdienstzeiten zugänglich. Der Kirchenvorraum lässt aber einen kurzen Blick ins Kirchenschiff und in die Kapelle zu. Die Saalkirche mit dem dominierenden Turm entstand im 12. Jahrhundert als Kapelle einer Pfalzgrafenburg. Sehenswert sind besonders die 1492 entstandenen Fresken mit der Jakobuslegende über das Hühnerwunder.

⊙ Pilgerstempel im **Kirchenvorraum**

Der offizielle Jakobsweg führt an der Kirche entlang zurück zur Kirchgasse, der Sie nun weiter bergauf folgen.

Am Wasserturm gehen Sie quasi geradeaus auf der Straße Auf der Heide weiter bis zur Feuerwache Gielsdorf. Am dicken Stein biegen Sie rechts in den Feldweg Richtung Dünstekoven ein. Sie passieren den Friedhof und wandern an der Gabelung links in den Kottenforst hinein.

Viel Natur im Vorgebirge

Der Kottenforst und die Ville waren bis 2005 Namensgeber des Naturparks Kottenforst-Ville, des heutigen Naturparks Rheinland. Zwischen Erft und Rhein erstreckt sich der Naturpark in den fruchtbaren Ebenen und Auen, aber auch auf der Höhe des Villerückens. Dieser macht den Pilgern aus Köln und Bonn an ihren ersten Tagen vielleicht etwas zu schaffen, gibt ihnen aber in jedem Fall eine Kostprobe der Steigungen in der Eifel. Ein Teil des Naturparks besteht aus rekultivierten und wieder aufgeforsteten Flächen, die nach der Auskohlung der hier reichlich vorhandenen Braunkohle frei wurden. Selbst Menschen, die sich so wenig mit Pflanzen auskennen wie ich, können sich im späten Frühjahr an den vielerorts wachsenden Anemonen und Maiglöckchen freuen bzw. im Sommer köstliche Walderdbeeren naschen.

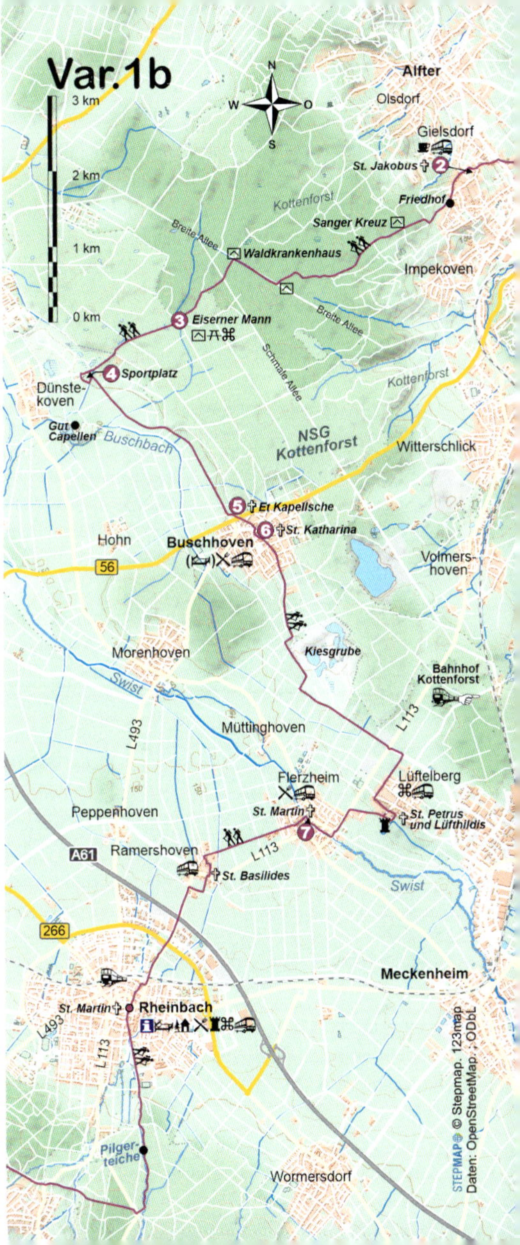

An der nächsten Gabelung gehen Sie rechts. Endlich hat der Teerbelag ein Ende, denn nun wandern Sie auf einem Schotterweg weiter durch den Wald. Sie passieren die ⌂ Schutzhütte am Sanger Kreuz (Rettungspunkt 11-201 SU) und ein Marienbildchen. Nach etwa 2 km, an der nächsten ⌂ Schutzhütte (Rettungspunkt 11-202 SU), folgen Sie der Breiten Allee nach rechts. Nach etwa 600 m biegen Sie an der ⌂ Schutzhütte mit dem ungewöhnlichen Namen „Waldkrankenhaus" (Rettungspunkt 11-116 SU) links ab. Nach gut 1 km erreichen Sie den ⌘ **Eisernen Mann** ❸ (Rettungspunkt 11-118 SU), wo ⊼ Picknicktische und eine weitere ⌂ Schutzhütte zur Rast einladen.

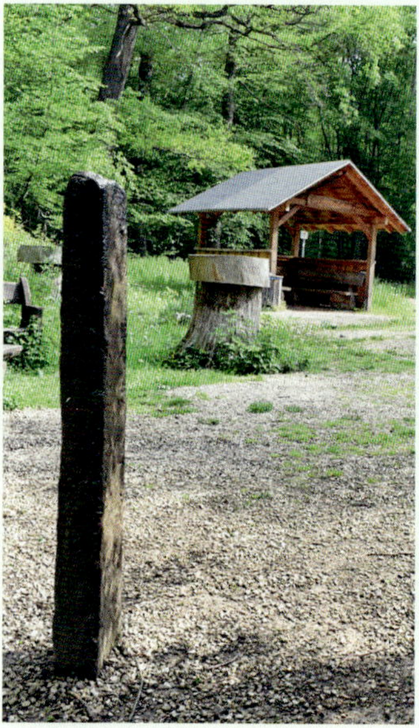

Eiserner Mann

Mitten im Kottenforst steht seit Menschengedenken ein eiserner Pfahl, der etwas mehr als einen Meter aus dem Boden ragt. Er ist insgesamt 2,18 m lang, hat einen Querschnitt von etwa 21 x 10 cm und rostet nicht. Niemand kann mit Sicherheit etwas zu seinem Ursprung und seiner Funktion sagen. Realistisch erscheint die Auffassung des Archäologen Dr. Grewe, der in dem Barren einen Überrest einer im Kottenforst betriebenen mittelalterlichen Eisenverhüttung sieht. Viele weitere Erklärungsversuche, Legenden und Riten ranken sich um den Eisernen Mann, nett zusammengetragen und nachzulesen auf 💻 www.heimatfreunde-roisdorf.de unter „Oss Vürjebirch" (= unser Vorgebirge).

Der direkte Weg nach Buschhoven verläuft zwar mit dem Römerkanal-Wanderweg nach links, der Jakobsweg führt aber weiter geradeaus Richtung Dünstekoven. Nach 750 m kreuzen Sie einen Forstweg und erreichen bald den Waldrand.

Hier gehen Sie neben dem Tor vorbei und geradeaus auf dem Teerweg zu einem **Steinkreuz**. Dahinter biegen Sie links ab und umrunden auf einem Feldweg den Sportplatz ❹ zu drei Vierteln, dann folgen Sie rechts dem Wirtschaftsweg durch die Felder Richtung Buschhoven. Im Hochsommer ist dies einer der heißeren Abschnitte der Gesamtstrecke, dementsprechend sind hier dann auch lautstarke Konzerte der Grillen zu hören.

An der Baumgruppe mit den Bänken und dem Kreuz gehen Sie weiter geradeaus, ebenso an der einzelnen Eiche mit der Sitzbank. Ab hier ist der Weg wieder geteert. An seinem Ende biegen Sie links ab und passieren **Et Kapellsche** ❺.

✞ Die Marienkapelle Et Kapellsche wurde 1959 als Ersatz für ein im Zweiten Weltkrieg zerstörtes Heiligenhäuschen gebaut, das schon 1787 erstmals urkundlich erwähnt wurde.

Auf der Römerbrücke überqueren Sie die B56 und laufen auf der Schmittstraße nach **Buschhoven** hinein. Am Ende der Straße gehen Sie am Brunnen rechts und nach 20 m links in die Dietkirchenstraße. Sie passieren nun die Versöhnungskirche und den Burgweiher, bevor Sie die Pfarrkirche St. Katharina ❻ erreichen.

Buschhoven

(🛏) ✕ ☕ 🍷 ✉ ⚕ BANK ✞ ⊙ 🚌

(🛏) ✕ **Gasthaus zum Römerkanal**, Alte Poststraße 77, 53913 Swisttal-Buschhoven, ☏ 022 26/44 42, ✉ gaststaette-zum-roemerkanal@gmx.de, ➲ 50 m, 8 Betten, @, bei Drucklegung noch geschlossen, hoffentlich bald wieder für Pilger geöffnet

⊙ Pilgerstempel am Haupteingang von **St. Katharina**

✞ **St. Katharina**: Gnadenbild aus dem Jahr 1771 mit der Rosenmadonna Rosa Mystica von Schillingskapellen

Vor zwei Jahrtausenden hatten im heutigen **Buschhoven** die Frauen das Sagen, zumindest bei den Göttern. Denn hier verlief ein Weg, der den aufanischen Matronen (Muttergottheiten) gewidmet war und von Bonn zur Görresburg bei Nettersheim führte. Der Ort selbst wurde 796 erstmals urkundlich erwähnt, von der im Dreißigjährigen Krieg zerstörten Wasserburg zu Buschhoven ist nur noch der Burgweiher im Ortskern erhalten.

Der geheimnisvolle Fund im Rosenbusch

Im Jahr 1190 fiel dem Ritter Wilhelm Schilling im Kottenforst ein Rosenstock auf. Er sah ihn genauer an und fand darin eine Madonna und eine Kerze. Wegen des ungewöhnlichen Fundortes nannte er die Marienfigur Rosa Mystica und nahm sie mit in sein Bornheimer Schloss. Am nächsten Morgen war die Figur verschwunden und lag wieder in der Rose. Der Ritter erkannte, dass Maria lieber dort im Wald bleiben wollte, und baute ihr eine Kapelle. Dies war der Legende nach die Schillingskapelle.

Der Jakobsweg führt weiter auf der Dietkirchenstraße zum Ort hinaus. Am Ortsende gehen Sie an der Kreuzung geradeaus und passieren auf dem geteerten Wirtschaftsweg den **Rosenhof**. Der Weg führt zunächst durch ein Wäldchen, dann – inzwischen geschottert – durch die Felder bergab zu einer Kiesgrube. Folgen Sie dem Kiesgrubenzaun und an einer Zaunecke dem Teerweg für 180 m nach rechts. Hier biegen Sie links in den Wirtschaftsweg ab, der weiter am Kiesgrubengelände entlang verläuft.

Der Weg trifft an einem Kreisverkehr auf die L113. Verlassen Sie den Kreisverkehr auf 12 Uhr. Sie gehen zunächst auf dem Gehweg auf der linken Straßenseite Richtung 🚆 Bahnhof Kottenforst (➲ 1,5 km), überqueren dann aber an der ersten Möglichkeit die Straße und wandern auf einer Wohnstraße namens Auf den Steinen nach Lüftelberg hinein. Kreuzen Sie die Nordstraße und gehen Sie geradeaus weiter im Lüfthildisgäßchen durch eine Linkskurve und bis zur Flerzheimer Straße in Lüftelberg

Lüftelberg ✝ ♜ ⌘ 🚌

🚕 Meckenheimer Taxi GmbH, ☏ 022 55/67 60

✝ **St. Petrus und Lüfthildis**: In der Peterskirche liegt die Grabplatte der heiligen Lüfthildis, die aus „Aquäduktmarmor" hergestellt wurde, also aus dem Kalksintergestein, das sich im Römerkanal abgesetzt hatte. Nach der Überführung ihrer Gebeine im Jahr 1623 begann eine Zeit zahlreicher Wallfahrten.

🚪 kleine Kapelle tagsüber geöffnet

☺ **Lüfthildis-Mysterienspiele** in der Lüftelberger Kirche: Jedes Jahr wird ein anderes historisch-kirchliches Thema aufgegriffen, das die mittlerweile fast 200 Spieler in szenischen Aufführungen zeigen.

💻 www.mysterienspiele.de

♜ Die zweiteilige **Burg Lüftelberg** wurde erstmals 1260 urkundlich erwähnt, im 15. Jahrhundert mit Wassergraben versehen und um vier Türme ergänzt und 1775-80 zu einem Landschlösschen ausgebaut.

⌘ Auch die liebevoll restaurierte alte **Wassermühle** vis-à-vis ist einen Blick wert.

Der chinesische Kalender in seiner heutigen Form geht auf Johann Adam Schall zu Berg (1592-1666) aus **Lüftelberg** zurück. In China ist er unter dem Namen Tang Jowang allgemein bekannt.

Das fromme Burgfräulein

Ursprünglich hieß dieser Ort Berge. Lüfthildis, die Tochter des Burgherrn, war wegen ihrer besonderen Mildtätigkeit, Frömmigkeit und Herzenswärme bekannt. Ihr wurden Heilwunder bei Schmerzpatienten nachgesagt. Wenn sie ihre silberne Spindel an den Kopf eines leidenden Mitmenschen hielt, verschwanden Ohren-, Augen- oder Kopfschmerzen umgehend. Erste Nachweise der Lüfthildisverehrung sind so alt wie die Erwähnung der Burg Lüfthildis.

Der markierte Weg führt geradeaus auf der Flerzheimer Straße zur Petrusstraße, nach 100 m rechts in die Schloßstraße und in einem Rechtsbogen an der Burg entlang wieder zur Flerzheimer Straße. Wer die Burg nicht aus der Nähe ansehen möchte, ↳ kann sich diesen etwa 350 m langen Schlenker sparen und am Ende des Lüfthildisgäßchens sofort rechts die Flerzheimer Straße hinabgehen.

Sankt Katharina in Buschhoven

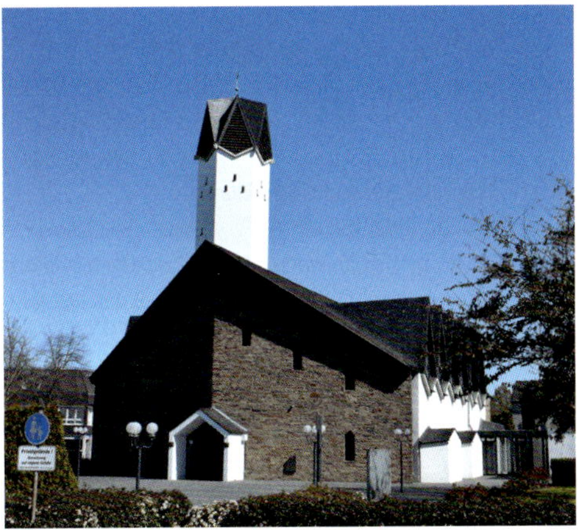

Diese führt an einer Baumschule entlang und endet an der L113 (Fliesweg). Wandern Sie nun auf dieser nach links nach **Flerzheim** ✕ ⛲ ✝ 🚌. Hinter der 🚌 Bushaltestelle führt der Jakobsweg nach rechts auf einem Teerweg, der auch Swistbach heißt, am Swistbachufer entlang. Er bringt Sie, zwei Straßen kreuzend, zur ✝ **Martinskirche** ❼ aus dem Jahr 1910.

Hinter der Kirche biegen Sie links ab, überqueren den Swistbach und folgen der Mönchstraße. An ihrem Ende gehen Sie rechts (Hommelsheimstraße) und nach 20 m links (Im Mainzer Tal).

Durch die Felder wandern Sie nun nach **Ramershoven** ✞ 🚌, dort biegen Sie links in die Schmidtheimer Straße ein. An ihrem Ende folgen Sie der Flerzheimer Straße nach rechts und nehmen nach 40 m links den Wirtschaftsweg bis zur T-Kreuzung. An dieser gehen Sie nach rechts zum südwestlichen Ortseingang von Ramershoven und wenden sich dort auf dem Rad- und Fußweg parallel zur Flerzheimer Straße (L113) nach links. Sie überqueren nun die A61 auf einer Brücke und die B266 an einer Ampel.

Sie wandern hier und im Kreisverkehr weiter geradeaus und laufen auf der Brücke über die Bahnlinie hinweg. Dahinter biegen Sie rechts ab und folgen an dem restaurierten Stück **Römerkanal** mit dem Römerkanal-Wanderweg der Straße Römerkanal. An deren Ende gehen Sie um 10 m nach rechts versetzt quasi geradeaus in der Gerbergasse weiter. Queren Sie die Grabenstraße und folgen Sie neben dem Turm der Straße geradeaus (Kallenturm). (🚲 Radfahrer müssen hier etwa 50 m schieben.) Sie erreichen die Kirche St. Martin und damit das Etappenziel in Rheinbach.

Rheinbach

ℹ **Naturparkzentrum Rheinbach** und Römerkanal-Informationszentrum, Himmeroder Wall 6, 53359 Rheinbach, ☎ 022 66/23 43, ✉ naturparkzentrum@naturpark-rheinland.de, 🚪 Di bis Fr 10:00 bis 12:00 und 14:00 bis 17:00, Sa, So 11:00 bis 17:00

🛏 **Hotel Nord**, Boschstraße 6, 53359 Rheinbach, ☎ 022 26/157-0, 💻 www.hotelnord.net, ✉ info@hotelnord.net, ➲ 100 m, 65 Zimmer, ÜF EZ ab € 65, DZ ab € 70, DBZ € 90, Lesertipp: gut für Allergiker, 🍎 @

Jugendwohnheim Haus Rheinbach, An der Glasfachschule 4, 53359 Rheinbach, ☎ 022 26/92 58 12, 💻 www.haus-rheinbach.de, ✉ info@haus-rheinbach.de, ➲ 300 m, Ü € 25. Während der Schulzeit leben hier die Berufsschüler der Glasfachschule, soweit Platz ist, sind angemeldete Gäste mit Pilgerausweis willkommen. Mensa mit Trinkwassersprudler und Wasserkocher, Teilnahme am Abendbrot oder Frühstück nach vorheriger Absprache möglich

⊙ Pilgerstempel im **Pastoralbüro** an der Kirche, 🚪 Mo, Mi, Do, Fr 9:00 bis 12:00, Do auch 14:00 bis 18:00, und in der **Pfarrbücherei**

🚕 **Taxi Stollenwerk**, ☎ 022 26/30 30

✞ Bereits 943 wurde erstmals eine **Pfarrkirche St. Martin** in Rheinbach urkundlich erwähnt. Sie stand außerhalb der Stadtmauern und wurde 1313 durch eine Filialkirche innerhalb der Stadtmauern ergänzt. Diese gewann wegen der größeren Sicherheit immer mehr an Bedeutung, sodass St. Martin nur noch zu ganz besonderen Anlässen genutzt wurde. Nach mehreren Verwüstungen, Zerstörungen und Wiederaufbaumaßnahmen wurde St. Martin 1789 durch einen Blitzschlag zerstört. Man entschied sich gegen einen Wiederaufbau und weihte die Filialkirche in der Ortsmitte dem heiligen Martin. Sie wurde 1904 erweitert, im Krieg zerstört und 1948-50 wiederaufgebaut.

täglich tagsüber geöffnet

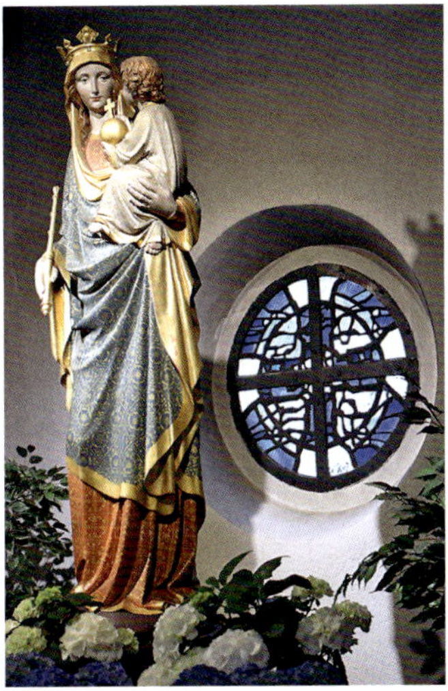

Muttergottes in der Pfarrkirche St. Martin

Rheinbacher Burg: Die Burganlage wurde um 1180 errichtet, heute ist nur noch der Bergfried gut erhalten. Er wurde während der Inquisition als Kerker benutzt und ist daher heute als Hexenturm bekannt.

⌘ **Himmeroder Hof**: 1317 bauten die Mönche des Zisterzienserklosters Himmerod (Südeifel) in den schützenden Rheinbacher Stadtmauern eine fränkische Hofanlage. Die heutigen Fachwerkbauten stammen wahrscheinlich aus dem frühen 18. Jahrhundert. Heute beherbergt der Himmeroder Hof ein idyllisches Café, das Glasmuseum und das Haus der Natur des Naturparks Rheinland.

Der Ortsname **Rheinbach** leitet sich von Reginbach ab, was wohl einen Bach bezeichnete, der nur in Regenzeiten Wasser führte. Von der Höhenburg Tomburg aus dem 9. Jahrhundert ist nur noch der Burgturm erhalten. Er ist das Wahrzeichen der Stadt.

Während der Hexenverfolgung verurteilten der Hexenkommissar Dr. Franz Buirmann und seine Kollegen allein zwischen 1631 und 1636 mindestens 130 Menschen wegen Hexerei zu Tode. Auch wer „nur" zu 24-stündiger Folter verurteilt wurde, fand unausweichlich den Tod, denn die Henker hatten Anweisung, die Folter in jedem Fall bis zum Tod fortzusetzen. Selbst der damalige Bürgermeister Hilger Lirtzen wurde – vermutlich aus politischen Gründen – wochenlang gefoltert und starb schließlich qualvoll auf dem Scheiterhaufen.

1947 ließen sich aus Nordböhmen vertriebene deutsche Glasbläser in Rheinbach nieder und gründeten Glasveredelungsstätten und eine Glasfachschule.

2. Etappe: Rheinbach – Bad Münstereifel

22,3 km, 6 Std. 30 Min., ↑ 554 m, ↓ 470 m, ⇧ 177-333 m

0,0 km	⇧ 191 m	Rheinbach
2,9 km	⇧ 251 m	Waldkapelle
7,6 km	⇧ 252 m	Loch
8,3 km	⇧ 300 m	Queckenberg (nur Obst/Gemüse)
12,0 km	⇧ 240 m	Kloster Schweinheim
14,6 km	⇧ 283 m	Steinbachtalsperre, Waldgasthaus Steinbach
19,2 km	⇧ 326 m	Friedwald
20,3 km	⇧ 270 m	Einmündung in die Hauptstrecke ab Köln
22,3 km	⇧ 289 m	Bad Münstereifel

Hinter Rheinbach verläuft der Jakobsweg auf Waldwegen durch den Rheinbacher Stadtwald, später auf Feldwegen durch eine abwechslungsreiche Landschaft mit Ackerbau und Waldwirtschaft. Ein besonders schöner Streckenabschnitt führt von der Steinbachtalsperre zum Strandbad. Dahinter verläuft der Weg auf Feld- und Waldwegen durch den Billiger Wald und trifft kurz hinter dem Friedwald auf die von Köln kommende Strecke (☞ Seite 40).

Sie kreuzen die Hauptstraße und folgen der Bachstraße geradeaus bis zum Hexenturm. Ab hier heißt die Straße Stadtpark und führt durch ebendiesen aus Rheinbach heraus. Dabei passieren Sie ein Ehrenmal und einen Tennisclub. Der Weg ist üppig markiert, neben dem Jakobsweg und einigen örtlichen Wanderwegen verlaufen hier auch der Krönungsweg und der Karl-Kaufmann-Weg. Wenn der Teerweg links abknickt, folgen Sie dem mittleren Weg halb links Richtung Tomburg und Pilgerpfad.

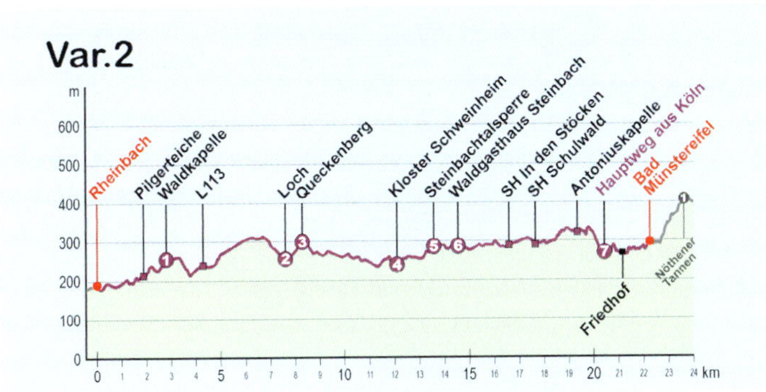

Der Pfad verläuft zunächst parallel zu einem Feldweg und schwenkt später nach links ab. Der Jakobsweg führt am Eulenbach entlang, der hier in zahlreichen Mäandern durch den Wald fließt. Er speist auch die Pilgerweiher, an denen Sie nun entlangpilgern.

Geheimnisvolle Weiher

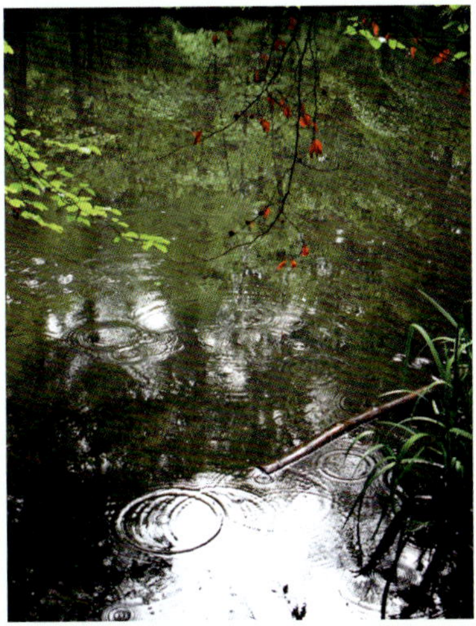

Die Pilgerweiher entstanden bei der Verlegung des Eulenbachs im 19. Jahrhundert, sie dienten als Stauweiher. Wegen der geringen Fließgeschwindigkeit des Bachs und der geschützten Lage können sich Algen gut vermehren. Wer die Bezeichnung „Pilgerweiher“ oder „Pilgerteiche“ liest und dabei vor diesen von Algen trüben, grünlichen Gewässern steht, mag eine schaurige Geschichte oder geheimnisvolle Legende vermuten. Doch weder ertrank darin ein Pilger, noch gibt es anderes Schreckliches zu berichten. Den Namen erhielten die Teiche – ganz simpel – aufgrund ihrer Lage unmittelbar am Weg der Jakobspilger. Neuerdings werden sie deshalb auch in Karten als Pilgerpfadsweiher bezeichnet.

Kurz vor der L492 halten Sie sich an der Gabelung rechts. Sie erreichen einen Wanderparkplatz, überqueren die L492 und erreichen die **Waldkapelle** ❶ (Rettungspunkt 07-102 SU).

✝ Bei Eiseskälte spalteten Arbeiter am 20. Januar 1681 im Rheinbacher Wald das Holz einer Buche. Als auf einem Holzscheit die Buchstabenkombination IHS zu lesen war, stand für alle Anwesenden fest, dass dies ein Wunder und hier ein heiliger Ort war. Denn IHS ist die altgriechische Abkürzung für Jesus. Am Standort der gefällten Buche wurde eine Kapelle gebaut, die schon zwei Jahre nach dem Wunder die Wallfahrer anzog. 1686 wurde ein Kloster gebaut, 1728 eine Kirche. Beides wurde nach der Besetzung des Rheinlandes durch die Franzosen abgerissen, nur die Kapelle blieb bestehen und ist bis heute Ziel von Wallfahrern, Pilgern und Wanderern.

An der Kapelle folgen Sie der L492 nach Nordwesten, also (aus ursprünglicher Laufrichtung gesehen) nach rechts. 30 m hinter dem Kapellengelände gehen Sie links auf dem Waldweg durch die Schranke und leicht bergauf. Sie kreuzen einen Reitweg und einen Waldweg (Rettungspunkt 07-316 SU), bevor der Jakobsweg bergab auf einem Teerweg am Waldrand entlang zu einem Wanderparkplatz führt. Hier folgen Sie der L113 für knapp 100 m nach links Richtung **Merzbach** ✕ 🛒 🚌.

Noch vor dem Ortseingang biegen Sie rechts in den Fahrweg Richtung Scherbach, Klein- und Großschlebach ein. An der Gabelung wandern Sie geradeaus am Waldrand weiter und den Osthang des Beuelskopfes (⇧ 292 m) hinauf. Folgen Sie dem Teerweg durch die Linkskurve. Wenn Sie nun weiter bergauf laufen, haben Sie nach links einen schönen Blick auf Merzbach und die beiden Schlebachs. Sie passieren einen Wasserbehälter und kommen zu einer Bank mit einem Blick zurück zur Tomburg. Sie wandern weiter bergauf, an einem Hochsitz und einem Schuppen vorbei. An der folgenden Gabelung halten Sie sich links. Auf der Höhe folgen Sie dem Teerweg durch einige Kurven über die Freifläche, dann durch den Wald bergab nach **Loch** ✕ 🚌. Im Ort gehen Sie halb rechts auf dem Emma-Karoline-Weg zur L210 ❷.

Diese Landstraße überqueren Sie und laufen geradeaus auf dem Kapellenweg weiter. Er endet an der Madbachstraße, die den Jakobspilger nach halb links bergauf in den Nachbarort **Queckenberg** 🛒 (nur Obst/Gemüse) 🚌 führt.

Der Jakobsweg verläuft immer geradeaus durch Queckenberg und führt hinter dem 🛒 Obstladen ❸ (🚪 Mo bis Fr 9:00 bis 18:00, Sa 9:00 bis 17:00,

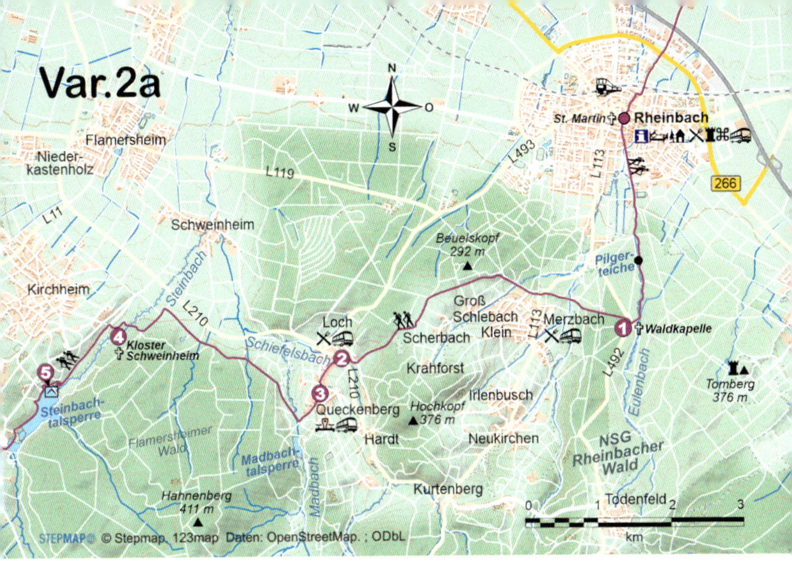

So 10:00 bis 17:00) an einer kleinen Steinhütte geradeaus steil bergab aus dem Dorf heraus und an den Obstplantagen entlang. Im Tal biegen Sie rechts ab und folgen rechts dem Teerweg mit der Markierung A9. Er wird zum Schotterweg und führt am Waldrand erst kurz bergauf, dann bergab.

Sie passieren eine Pferdekoppel mit Fachwerkstall, kreuzen einen Teerweg und wandern mit herrlichen Panoramablicken zur rechten Seite leicht bergab. An der T-Kreuzung gehen Sie links und folgen dem Weg bergauf in den Wald.

Der offizielle Weg führt nach etwa 500 m, also schon im Wald (Pfad kaum zu erkennen, ziemlich zugewuchert), nach rechts zu einer T-Kreuzung und dort wieder rechts über den Steinbach zu einem Fahrweg, dem Sie nach links zum ✞ **Kloster Schweinheim ❹** folgen. Hinter dem Kloster halten Sie sich rechts, biegen aber nach etwa 50 m links ab. Der Weg führt parallel zum Steinbach bis zur **Steinbachtalsperre ❺**, welche derzeit kein Wasser enthält.

Sie bleiben auf der Nordseite der Staufläche, gehen also auf der rechten Seite der Schutzhütte auf dem Uferweg weiter, bis Sie zunächst das **Waldgasthaus Steinbach** und kurz darauf das **Strandbad ❻** erreichen. Der Uferweg ist gleichzeitig ein Baumlehrpfad, es gibt einige Sitzbänke, an/auf denen eine Rast eingelegt werden kann.

Am **Waldgasthaus Steinbach** (wegen Sanierung geschlossen) halten Sie sich links und folgen der Freibadzufahrt. An deren Ende biegen Sie rechts ab und folgen nach etwa 50 m links der Talsperrenstraße. Sie macht nach weiteren

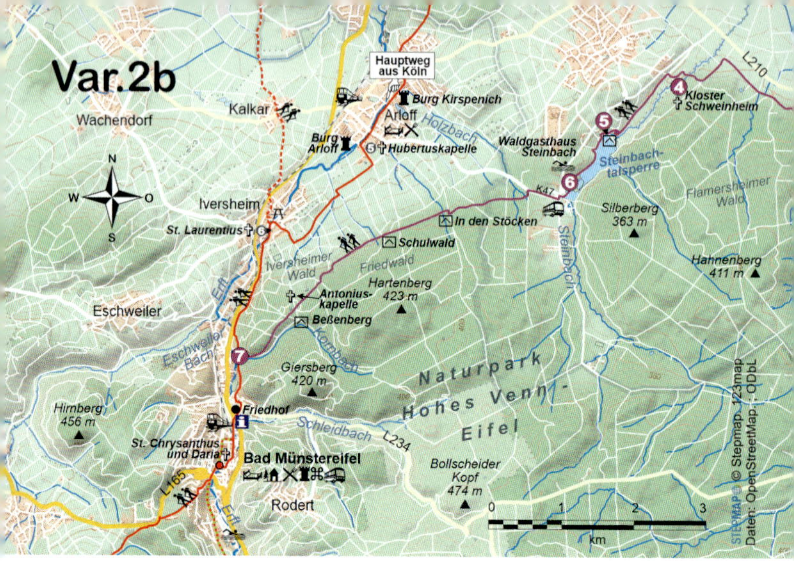

50 m einen Rechtsbogen (abknickende Vorfahrt) und führt nun als Arloffer Weg (K47) Richtung Bad Münstereifel. Nach 500 m, wenn die Straße eine leichte Rechtskurve macht, wandern Sie links auf dem Schotterweg an einem Tümpel vorbei in den Wald. An der nächsten Gabelung gehen Sie rechts und durch eine Schranke auf einem schmalen Waldweg weiter.

Dieser wird breiter und endet nach gut 1 km an einem Teerweg. Hier biegen Sie rechts ab und nehmen nach 40 m den Weg nach links, wobei Sie die Schutzhütte In den Stöcken passieren. Nach rechts haben Sie einen Blick nach **Arloff** (☞ Seite 74, Kölner Strecke).

An der Schutzhütte Schulwald gehen Sie geradeaus durch die Schranke (hier sind es nach rechts 1,5 km nach Arloff). An der Gabelung mit der Bank wandern Sie auf einem Schotterweg weiter geradeaus. In einem Bogen laufen Sie bergab zu einem Tümpel, dahinter steil bergauf. Wenn der Weg wieder ebener wird, gehen Sie an zwei aufeinanderfolgenden Kreuzungen geradeaus. Sie befinden sich nun im **Friedwald** von Bad Münstereifel.

Am Mustergrab können Sie kurz einen Abstecher nach rechts machen, um sich über den Friedwald zu informieren, in der Kapelle zu beten und/oder eine Rast an einem Picknicktisch einzulegen. Nach links sind es nur 140 m zur Schutzhütte Beßenberg.

Zurück zur Natur

Beerdigt sein, wo man sich zu Lebzeiten am wohlsten fühlte: im Wald. Das schwebt immer mehr Menschen vor und dafür gibt es eine Lösung: Ein fest umrissenes Waldstück wird zur letzten Ruhestätte naturverbundener Menschen. Ihre Asche wird in einer biologisch abbaubaren Urne an den Wurzeln eines – vielleicht schon zu Lebzeiten ausgesuchten – Baumes beigesetzt. Keiner ist mit der Grabpflege belastet, das übernimmt die Natur. Bei meiner Recherche traf ich hier mehrere Hinterbliebene, die sehr glücklich darüber waren, das Andenken an den Verstorbenen mit einer entspannenden und erfrischenden Kurzwanderung durch den Wald kombinieren zu können.

Der Jakobsweg führt an der Kreuzung vor dem Mustergrab geradeaus weiter. Im Kornbachtal geht es gut 1 km bergab. In einer leichten Rechtskurve nehmen Sie den schmalen Pfad scharf links bergab zum aus Köln kommenden Jakobsweg ❼, diesem folgen Sie nach links.

Ab hier führen beide Wege gemeinsam weiter. Infos zum weiteren Weg nach Bad Münstereifel und zum Ort finden Sie ab ☞ Seite 76.

An der Steinbachtalsperre

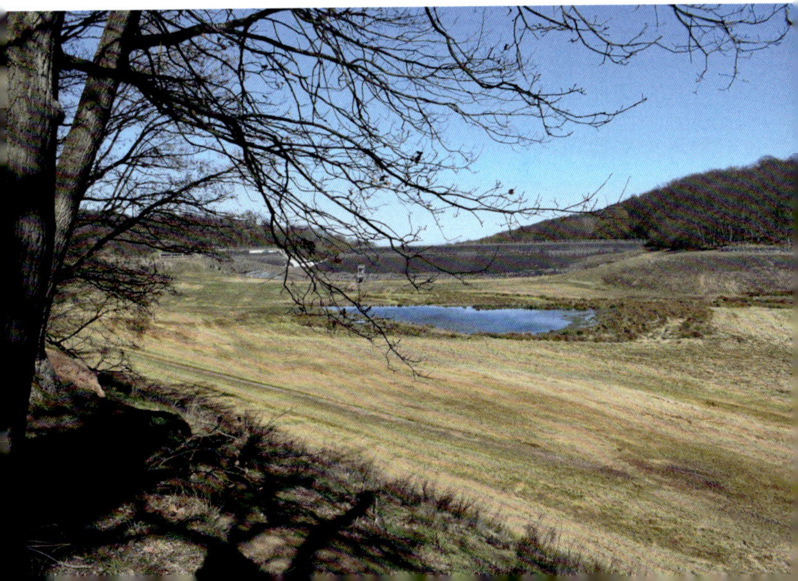

Der weitere Weg nach Trier

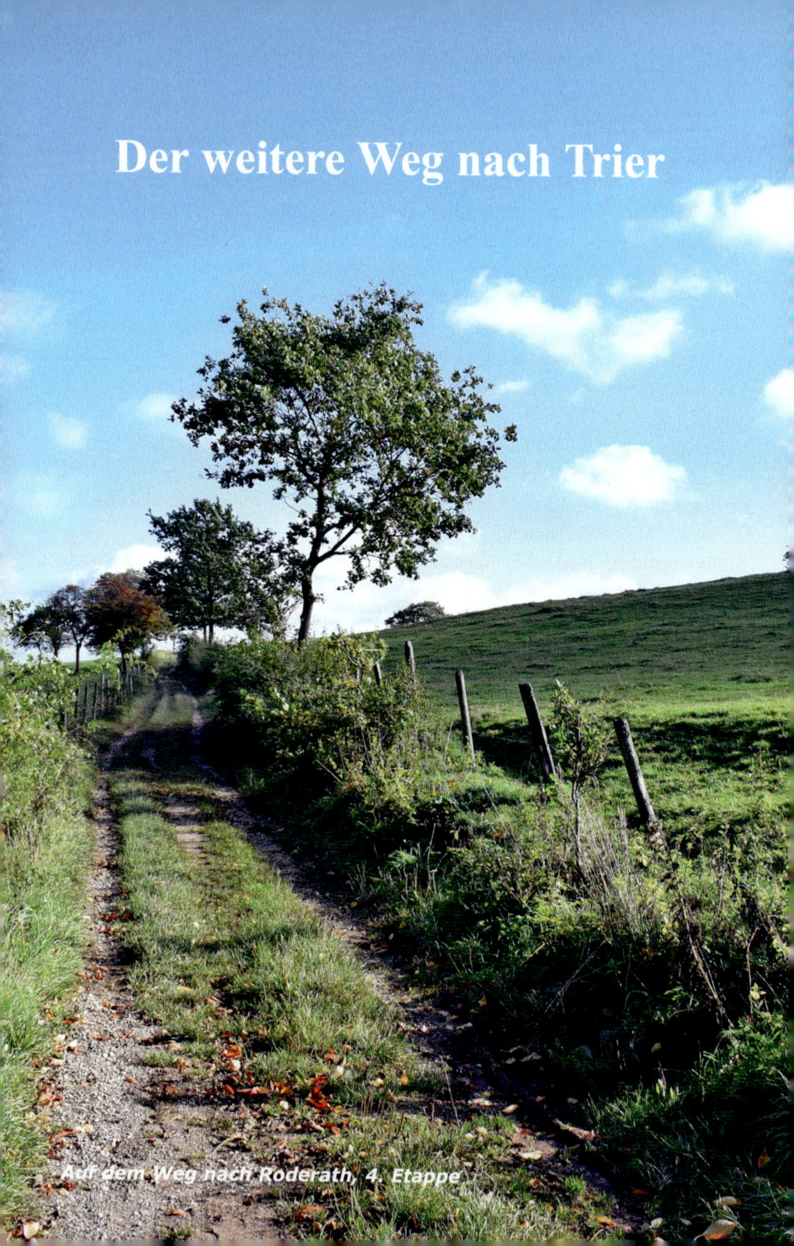

Auf dem Weg nach Roderath, 4. Etappe

4. Etappe: Bad Münstereifel – Blankenheim

21 km, 6 Std. 30 Min., ↑ 661 m, ↓ 458 m, ⇧ 288-582 m

0,0 km	⇧ 289 m	Bad Münstereifel
1,4 km	⇧ 405 m	Wanderparkplatz Nöthener Tannen
7,7 km	⇧ 501 m	Roderath
9,4 km	⇧ 510 m	Frohngau
11,8 km	⇧ 515 m	Engelgau
13,3 km	⇧ 471 m	Ahekapelle
16,5 km	⇧ 557 m	Jagdhaus Mürel
21,0 km	⇧ 485 m	Blankenheim

Auf angenehm zu laufenden Waldwegen sind die Strapazen des steilen Anstiegs in Bad Münstereifel schnell vergessen. Auf dieser Etappe ergeben sich erste schöne Fernblicke auf das Hügelland der Eifel. Zwischen Frohngau und Engelgau laufen Sie durch die Felder entlang der Südseite des Himberges. Danach geht es durch das Tal des Genfbachs und über die Höhen des Frohngauer Waldes. Hier verläuft der Weg auf der alten Römerstraße.

Ab hier führen beide Wege gemeinsam weiter nach Trier

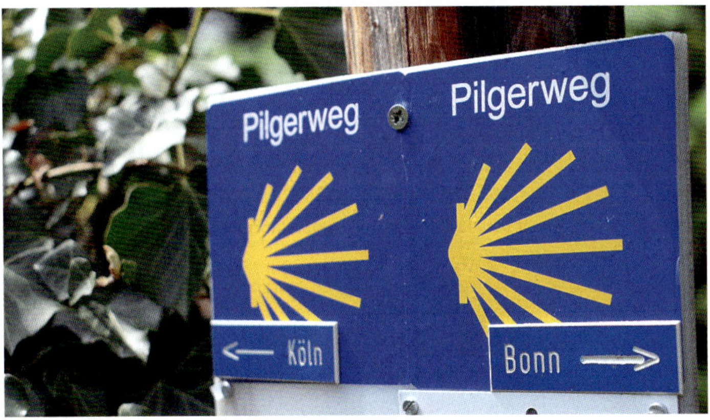

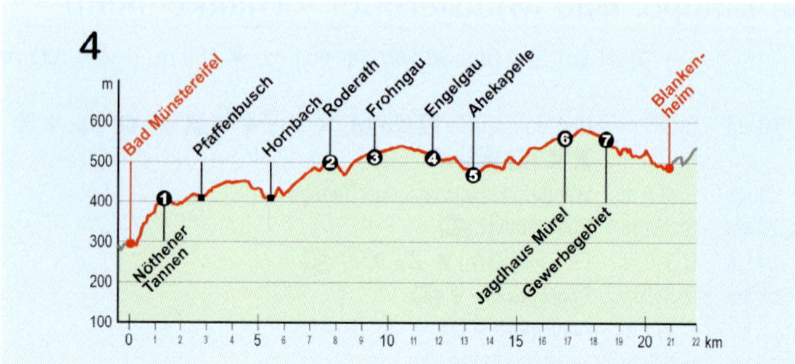

Vom Kirchplatz gehen Sie rechts die Marktstraße hinauf und passieren dabei das Rathaus. Biegen Sie links in die Heisterbacher Straße und verlassen Sie die Altstadt durch das Heisterbacher Tor.

☺ Hier befindet sich ein Aufgang zur Stadtmauer, auf der Sie die Innenstadt von oben ansehen können.

Der nachfolgend beschriebene Weg für die Fußpilger ist auch für Radpilger möglich, allerdings am Anfang so steil, dass sich Schieben nicht vermeiden lässt. Der LVR Rheinland schlägt eine unmarkierte, aber weniger anstrengende Radleralternative vor: Hinter dem Heisterbacher Tor fahren Sie geradeaus den Hennesweg hinauf und bleiben an der Kapelle auf diesem Weg, er kreuzt auf Höhe des Eifelbades den Sittardweg.

An der Gabelung fahren Sie geradeaus (Blankenheimer Weg) und bleiben an der nächsten Kreuzung (geradeaus) auf dem Teerweg. Er führt durch schattigen Wald und an der Gabelung rechts auf dem Blankenheimer Weg bergab. Sie fahren auf einer Brücke über ein kleines Bächlein und erreichen die Karlstraße (K36), dieser folgen Sie nach rechts Richtung Kolvenbach. Sie überqueren den Bach und fahren nach **Kolvenbach** hinein.

An der Kapelle St. Antonius von Ägypten fahren Sie geradeaus aus dem Ort hinaus und parallel zum Kolvenbach bergauf. Die K36 führt in Bögen ins Kolvenbachtal hinab und bergauf nach **Bouderath** Fahren Sie auf der Münstereifeler Straße durch den Ort und auf der Höhe zwischen Pferdekoppeln nach Roderath, wo sich Rad- und Fußalternative treffen.

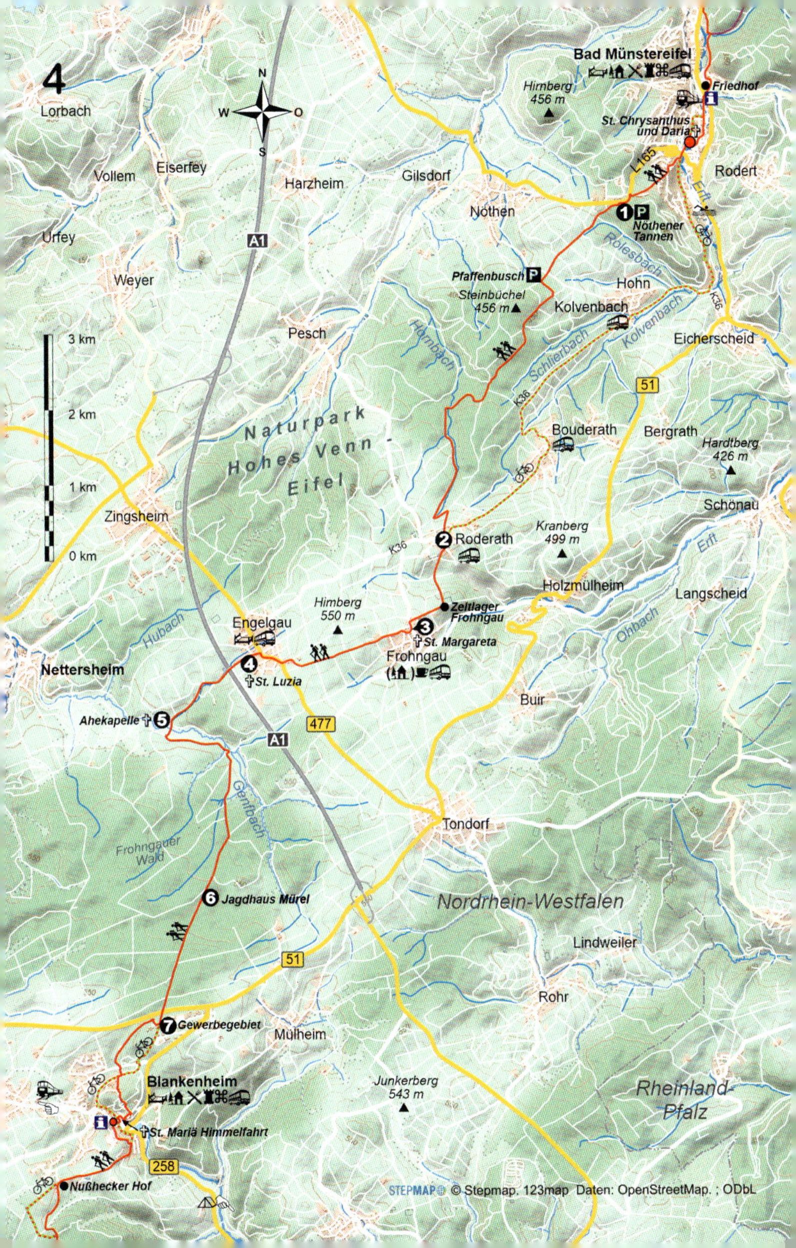
4
Lorbach
Bad Münstereifel
Hirnberg 456 m
Friedhof
St. Chrysanthus und Daria
L165
Rodert
Vollem
Eiserfey
Harzheim
Gilsdorf
Nöthen
Nöthener Tannen
Urfey
A1
Erft
Rolesbach
Weyer
Pfaffenbusch
Steinbüchel 456 m
Hohn
Kolvenbach
K36
Pesch
Hombach
Schlierbach
Eicherscheid
3 km
2 km
1 km
0 km
51
Naturpark Hohes Venn - Eifel
Bouderath
Bergrath
Hardtberg 426 m
Zingsheim
Schönau
Roderath
Kranberg 499 m
Holzmülheim
Langscheid
Himberg 550 m
Zeltlager Frohngau
Engelgau
Hubach
St. Margareta
Ohbach
Frohngau
Nettersheim
St. Luzia
Buir
Ahekapelle
477
Genfbach
Tondorf
Frohngauer Wald
Jagdhaus Mürel
Nordrhein-Westfalen
Lindweiler
Rohr
Gewerbegebiet
Mülheim
Blankenheim
Junkerberg 543 m
Rheinland-Pfalz
St. Mariä Himmelfahrt
258
Nußhecker Hof
STEPMAP © Stepmap. 123map Daten: OpenStreetMap. ; ODbL

Überqueren Sie die L165, sie heißt links Große Bleiche und rechts Nöthener Straße. Gehen Sie geradeaus den Hennesweg hinauf zu einer kleinen Kapelle dahinter an der Gabelung rechts die Bergstraße steil bergauf. Oben auf dem Nöthener Berg, hinter der früheren Residenz Tanneck, biegen Sie links ab und laufen auf dem Fußweg auf der rechten Straßenseite der Nöthener Straße etwa 200 m zum **Wanderparkplatz Nöthener Tannen ❶**.

Im **Haus des Jugendrotkreuzes** werden bis auf Weiteres keine Pilger mehr aufgenommen. Leider sah sich der Hausleiter nach mehreren schlechten Erfahrungen dazu gezwungen, dieses Angebot einzustellen.

Der Pfad am hinteren linken Ende des Parkplatzes führt über eine Wiese zu einem Teerweg. Hier gehen Sie an dem ⛼ Picknicktisch geradeaus. Der Teerweg führt durch die Wiesen bergauf. An einer T-Kreuzung biegen Sie links ab und laufen nach 60 m an der Gabelung rechts weiter leicht bergauf.

An der kommenden Kreuzung passieren Sie den **Wanderparkplatz Pfaffenbusch** ⛼ und wandern auf dem Forstweg in den Wald. Nach 150 m biegen Sie links in einen Grasweg ein, er führt mit einem Rechts- und einem Linksbogen zu einem Feldweg. Diesem folgen Sie nach rechts am Waldrand entlang.

Kapelle in Frohngau

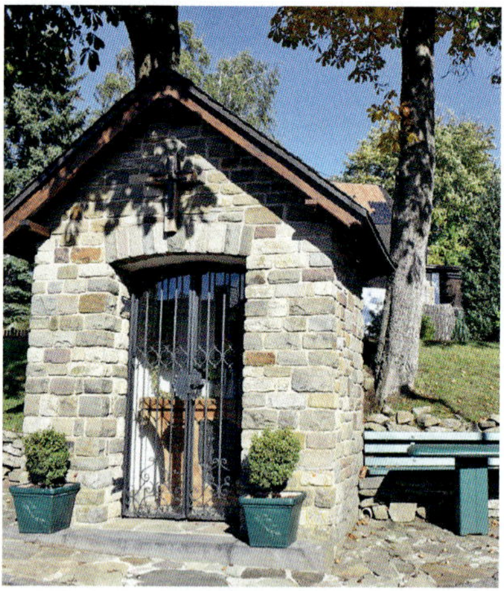

Der Weg führt unterhalb des **Steinbüchels** (⇧ 456 m) und des Zimmerscheids (⇧ 465 m) entlang und leicht bergab. Nach einem steileren Stück folgen Sie dem Weg geradeaus.

An der nächsten Kreuzung wandern Sie nach links bergab („Gotteswald“) und folgen nach 100 m dem breiteren Forstweg nach rechts. Er führt bergauf und nach einer Gabelung (rechts halten!) bergab. Sie laufen nun zunächst durch den Wald, dann hinter einer Rastbank über eine

Lichtung und an einer Wiese entlang leicht bergab und bald wieder bergauf. Passieren Sie nun die Baumschule. Der Weg führt neben dem **Hornbach** auf halber Höhe am Hang entlang. Am Ende des Waldes (halb links ist schon der Roderather Kirchturm zu sehen) laufen Sie links den Feldweg hinauf. An der T-Kreuzung wandern Sie rechts bergauf nach **Roderath** 🚌. Sie kreuzen dabei einen Teerweg. Im Ort gehen Sie rechts auf der K36 bis zur ✝ ⛩ Kapelle ❷.

⊙ Pilgerstempel am Schriftenstand in der **Kapelle**

Biegen Sie hinter Kapelle und 🚌 Bushaltestelle links in die Werkgartenstraße und an der nächsten Kreuzung (mit Sitzbank) nach rechts in die Münstertalstraße. Sie führt aus dem Ort hinaus und neben einer Stromleitung steil hinab ins Tal. Unten folgen Sie an der Kreuzung dem Feldweg halb links bergauf, kreuzen einen Teerweg und laufen auf einem Wirtschaftsweg am Feldrand bis zum **Zeltlager Frohngau** (leider nur für Jugendgruppen). An dessen Eingang folgen Sie dem Teerweg nach rechts in den Ort.

Am Ende der Straße (Am Staffenberg) gehen Sie an der Kapelle links in die Helterstraße und an der Gabelung rechts (Greußstraße). An der nächsten Gabelung steht eine Kapelle ❸.

↳ Hier ginge es links die Holzgasse hinab in die Ortsmitte von **Frohngau**. In der alten Schule, die nun Dorftreff heißt, von den Dorfbewohnern betrieben wird und ein ☕ Café mit 🛒 Tante-Emma-Laden beherbergt, wird vielleicht bald eine neue Unterkunft entstehen.

Frohngau (🏠) ☕ 🛒 ✝ ⊙ 🚌

(🏠) ⛺ 🛒 **Frohngauer Dorftreff** Alte Schule, Holzmühlheimer Straße 4, 53947 Frohngau, Buchung über Dorothea Kurth, ☏ 024 42/12 80, ➲ 150 m, 🚪 Café und Shop: Mi, Fr 15:00 bis 18:00, Sa, So, Fei 8:00 bis 18:00, 15 Betten (Bettenlager und Komfortzimmer) sind seit längerer Zeit geplant, konnten aber leider (noch) nicht umgesetzt werden.

⊙ Pilgerstempel im **Dorftreff** und in der **Kirche**

Der Ort **Frohngau** gehört verwaltungstechnisch zur Gemeinde Nettersheim. Hier in Frohngau siedelten schon die Römer und Franken, der Turm von St. Margareta war vermutlich ein römischer Wehrturm. Der Ortsname wurde wohl aus dem mittelhochdeutschen *vron* = Diener und dem germanischen *gouwe* = Gau = Region zusammengesetzt.

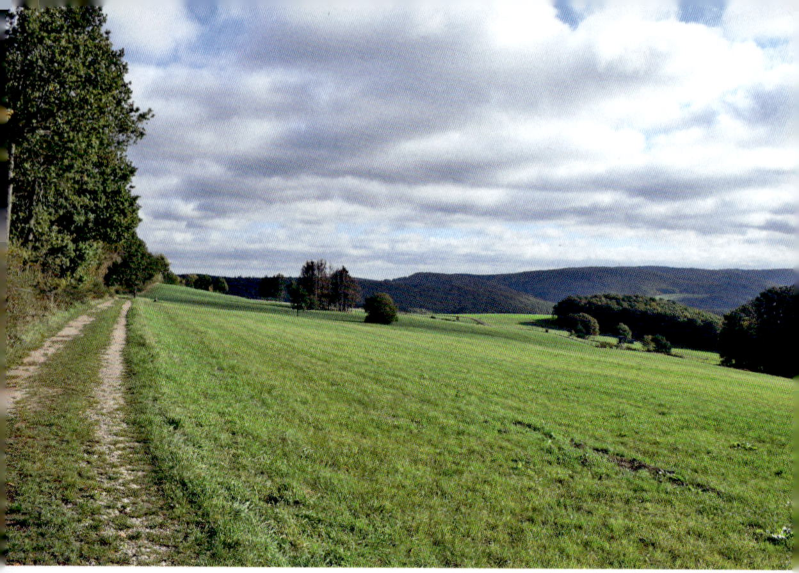

Nun ist die Eifellandschaft erkennbar

Der Jakobsweg führt an der Gabelung oberhalb der Kapelle auf der Greußstraße weiter. Sie passieren ein **Soldatendenkmal** und wandern geradeaus Richtung Engelgau. Der Teerweg führt auf der Höhe als Allee an Windrädern vorbei, die Bäume machen das Wandern auch an heißen Sommertagen erträglich.

Kurz vor dem Ortsrand von Engelgau schwenkt die Allee nach rechts, hinter dem ersten Hof biegen Sie links in die Frohngauer Straße ein und laufen bis zu einer Kreuzung. Hier gehen Sie halb rechts auf der Dürener Straße (B477) bis zur Ahestraße und folgen dieser nach links bis zur Kirche St. Luzia ❹.

Engelgau

Zum Genfbachtal, Dürener Straße 18-20, 53947 Nettersheim-Engelgau, ☎ 024 86/80 25 78, www.genfbachtal.de, info@genfbachtal.de (noch im Aufbau), ➲ 300 m, Ferienwohnung mit 3 Betten, Ü für 2 Pers. € 25-30, 3. Pers. (auf Schlafcouch) € 15, kleiner Tierpark, Sauna, Grillplatz. Herr Schruff vermietet die Ferienwohnung auch für eine Nacht und versorgt Pilger aufs Beste.

☞ Ahekapelle

Kirche zur heiligen Märtyrerin Luzia

tagsüber geöffnet

Auch **Engelgau** gehört zur Gemeinde Nettersheim und auch hier siedelten schon die Römer und Franken, wie Funde rund um die römische Eifelwasserleitung beweisen.

Hinter der Kirche gehen Sie geradeaus unter der A1 hindurch und wandern auf einem sich leicht schlängelnden Weg durch das Tal zur **Ahekapelle ❺**.

✞ ⊙ Die kleine Kapelle aus dem 15. Jahrhundert ist dem Eisheiligen Servatius geweiht. Zu seinen Ehren zieht jedes Jahr am Sonntag vor Servatius (13. Mai) eine Prozession von Engelgau zur Ahekapelle. Ihren Namen hat die Kapelle vom Bach Ahe, der zwischenzeitlich in Genfbach umbenannt wurde. Um die Zeitenwende herum stand hier wahrscheinlich eine römische Villa Rustica.

Dahinter überqueren Sie den **Genfbach** und gehen an der Gabelung mit der Sitzbank links auf dem geteerten Wirtschaftsweg bergauf zur nächsten Gabelung. Hier halten Sie sich rechts und laufen weiter bergauf. Der Teerbelag endet und der Weg führt geschottert an zwei Schranken vorbei weiter bergauf.

Sie erreichen die **alte Römerstraße**, der Sie nach rechts folgen. Etwa 3 km geht es jetzt stur geradeaus. Die breite Schotterpiste führt dabei fast genau geradeaus durch den Frohngauer Wald am **Jagdhaus Mürel ❻** vorbei. Von rechts stoßen der Eifelsteig und der Tiergartentunnel-Wanderweg hinzu. Wandern Sie immer geradeaus und überqueren Sie die B51 auf der Brücke. Dahinter erreichen Sie das Gewerbegebiet von Blankenheim ❼. (☺ Für Ihren Proviant: Hier gibt es Supermärkte und Discounter, in Blankenheim selbst nur eine Bäckerei, danach bis Prüm keinerlei Einkaufsmöglichkeiten.)

🚲 Hier wird es mit dem Rad schwierig, fahren Sie besser auf der Römerstraße geradeaus hinab zum Kreisverkehr, dort „auf 12 Uhr" weiter auf der Bahnhofstraße und im Ort links auf der Ahrstraße zum Ortskern von Blankenheim.

Hinter dem Wanderparkplatz nehmen Sie den nach rechts führenden Grasweg und folgen den Markierungen des Eifelsteigs, des Felsenweges, des Eifeler Quellenpfades und der Eifelschleife Ursprünge Blankenheims.

Durch die Scheiben eines Gebäudes auf der rechten Wegseite können Sie die Reste des Wasserhäuschens und einige Druckleitungen des Tiergartentunnels sehen. Das war eine mittelalterliche Wasserleitung, die die Burg mit Frischwasser versorgte. Sie wandern weiter und passieren die Quellfassung der Wasserleitung, kreuzen am Waldfriedhof die Straße, gehen geradeaus zur nächsten Straße, folgen dieser für 40 m nach rechts und biegen vor dem Gebäude der Freien Christengemeinschaft Blankenheim links in den Feldweg ein.

Nun führt der Jakobsweg auf dem Eifelsteig bis zur Burg und dort unmittelbar neben dem Eingang rechts an der Burg entlang. Es geht auf zahlreichen Stufen hinab zur Straße Zuckerberg. Noch vor dem Hirtenturm bringt eine (etwas versteckte) Treppe Sie hinab zur **Ahrquelle**. Von hier legt die Ahr 85,1 km bis zu ihrer Mündung bei Sinzig zurück. Sie folgen der Straße zum Gildehaus, biegen rechts in die Johannesstraße ab und erreichen am Museumscafé die Ahrstraße.

Blankenheim

Tourist-Info Blankenheim, im Eifelmuseum, Ahrstraße 55-57, 53945 Blankenheim, 024 49/872 22, touristinfo@blankenheim.de, 50 m, Hauptsaison (April bis Okt) Mo bis Fr 10:00 bis 16:00, Sa, So 9:30 bis 15:00, Nebensaison tägl. 11:00 bis 15:00

3 % Übernachtungssteuer gehen an die Gemeinde Blankenheim und werden von einigen Unterkünften separat und bar erhoben.

Hotel Kölner Hof, Ahrstraße 22, 53945 Blankenheim, 024 49/919 60, www.hotel-koelner-hof.de, info@hotel-koelner-hof.de, 150 m, der bei Pilgern sehr beliebte Kölner Hof wird momentan umgebaut, die Wiedereröffnung ist für Mitte bis Ende 2024 geplant.

♦ **Hotel Finkenberg**, Giesental 2, 53945 Blankenheim, 024 49/10 73, www.hotel-finkenberg.de, info@hotel-finkenberg.de, 500 m, ÜF EZ ab € 55, DZ ab € 80, @

Hotel Schlossblick, Familie Mercier, Nonnenbacher Weg 2-6, 53945 Blankenheim, 024 49/955 00, www.hotel-schlossblick.de, info@hotel-schlossblick.de, 150 m, 34 Betten, ÜF EZ € 50-95, DZ € 85-120, € 4, @, Sauna,

Elke Pascher Bull, Klosterstraße 11, 024 47/91 30 26, 01 77/483 44 93, giacomo.pascher@web.de, 100 m (direkt neben der Kirche), Schlafplatz für 2 Pilger, Ü mit Kaffee/Tee und Müsli € 20

Jugendherberge Burg Blankenheim, Burg 1, 53945 Blankenheim, 024 49/950 90, www.burg-blankenheim.jugendherberge.de, burg-blankenheim@jugendherberge.de, am Weg, 164 Betten, ÜF im EZ ab € 42,90, im DZ ab € 38,40, im MBZ ab € 23,90, @ (im Eingangsbereich) (sofern die Tiere im Außenbereich bleiben können). JH-Mitgliedschaft erforderlich.

♦ **Pilgerherberge Blankenheim**, Zuckerberg 6, 53945 Blankenheim, Anmeldung über Frau Hartmann: 024 49/78 06, am Weg, 2 Betten, Ü 10, Küche, @

⊙ Pilgerstempel im **Pfarrbüro**, in den beiden **Herbergen**, in der **Tourist-Information** und im **Hotel Schlossblick**

() Nicht verwechseln: Blankenheim hat keinen direkten Bahnanschluss, der Bahnhof **Blankenheim (Wald)** liegt im Ortsteil Blankenheim-Wald etwa 4,5 km westlich von Blankenheim. Von dort verkehren Linienbusse und Taxibusse zur Ortsmitte.

Taxibus 824 von Bad Münstereifel, Bus 833 etwa stündlich zum/vom Gewerbegebiet

Taxi Dieter, ☏ 024 49/91 72 28, **Taxi Simonelli**, ☏ 024 49/91 99 29

✞ **St. Mariä Himmelfahrt** ist eine spätgotische Pfarrkirche mit einem bezaubernden Sternengewölbe und einer Krypta. Sehenswert sind insbesondere die zwölf Apostel aus Tuffstein und die Orgel aus dem Jahr 1660.

tagsüber geöffnet

Burg Blankenheim entstand etwa im Jahr 1155. Die Höhenburg wurde mehrfach umgebaut und erweitert und dabei in ein Barockschloss mit barockem Garten und Orangerie umgestaltet. Sie wurde von einem Meisterwerk der Versorgungstechnik, dem Tiergartentunnel, mit Frischwasser versorgt. Heute befindet sich eine Jugendherberge in dem mittelalterlichen Gebäude, das nur in Absprache mit der Herbergsleitung besichtigt werden kann.

Burganlage

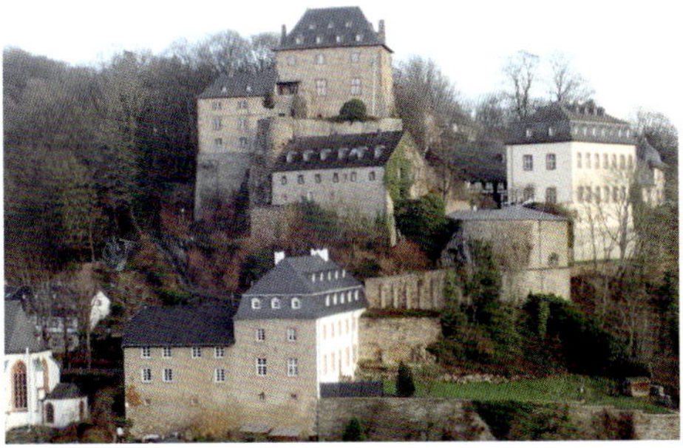

⌘ **Eifelmuseum Blankenheim**

♦ Ahrstraße 55-57, www.eifelmuseum-blankenheim.de,

Am Autobahnende der A1 liegt dieser Ort, der nur aus wenigen Straßen besteht, aber Anziehungspunkt für Touristen aller Art ist. Geschichtsinteressierte schauen sich die Burg Blankenheim, den Tiergartentunnel, das Eifelmuseum und

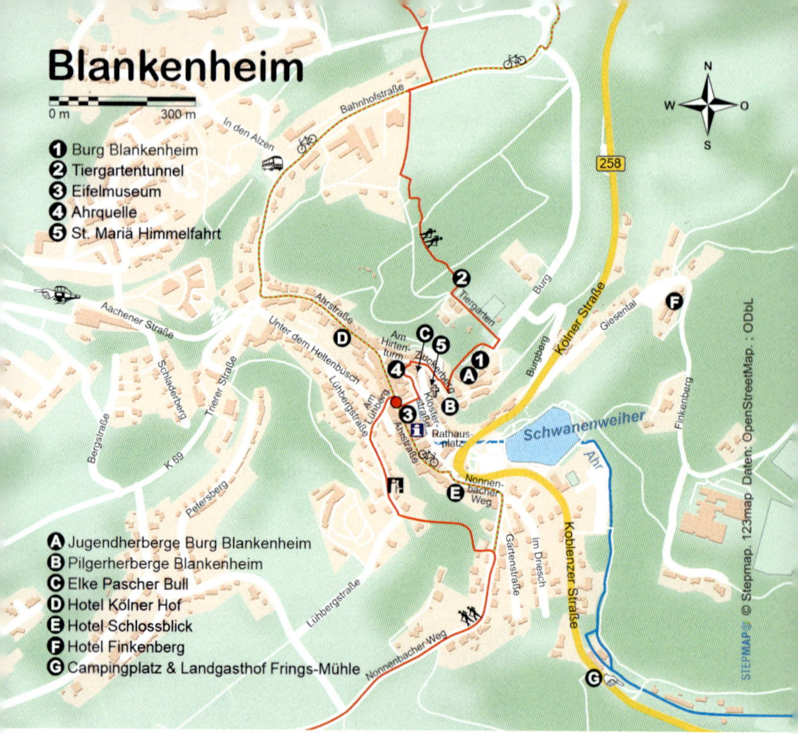

die mittelalterlichen Stadttore an. Karnevalisten besuchen am Karnevalssamstag den Geisterzug oder im Rest des Jahres das Karnevalsmuseum. Die Ahrquelle im Zentrum ist ein beliebtes Ziel bei Ahrschwärmern. ✋ Getrennt wird so: Ahr-Schwärmer. (Ich hörte es einmal falsch ausgesprochen, das war allen Beteiligten peinlich.)

Wanderer machen hier auf dem Ahrsteig, dem Eifelsteig, dem Tiergarten-tunnel-Wanderweg und dem Jakobsweg Station.

☺ 8 km abseits liegt ein ⛺ Campingplatz, den Sie von Blankenheim mit dem Bus 835 erreichen können.

⛺ 🛏 **Campingplatz & Landgasthof Frings-Mühle**, Hubertusstraße 23-29, 53945 Blankenheim-Ahrdorf, ☏ 026 97/74 25, 💻 www.campingfrings-muehle.de, ✉ campingfrings-muehle@t-online.de, ➲ 8 km, 🚪 ganzjährig, 🛏 22 Betten, ÜF EZ € 35-45, DZ € 55-65, 🐕 € 3, ⛺ Ü € 8,50, Stellplatz € 10, Dusche € 1 für 4 Min.,

5. Etappe: Blankenheim – Kronenburg

24 km, 8 Std., ↑ 745 m, ↓ 685 m, ⇧ 434-588 m

0,0 km	⇧ 485 m	Blankenheim
2,7 km	⇧ 559 m	Russenkreuz
4,7 km	⇧ 475 m	Nonnenbach
9,3 km	⇧ 435 m	Ahrmühle
10,6 km	⇧ 502 m	Waldorf
13,8 km	⇧ 580 m	Vierherrenstein
14,6 km	⇧ 573 m	Abzweig nach Dahlem
18,3 km	⇧ 535 m	Hubertushof
22,2 km	⇧ 511 m	Baasem
24,0 km	⇧ 544 m	Kronenburg

Diese Etappe beginnt mit einem schweißtreibenden Anstieg, für den Sie im Anschluss mit einem sanft abfallenden Weg im Wald entschädigt werden. Typische Eifellandschaft mit stetem Bergauf und Bergab prägt diese Etappe. Hinter dem Teilstück am und im Ripsdorfer Wald folgen Wege durch die Felder und durch den Dahlemer Staatsforst.

Zwischen Blankenheim und Prüm gibt es weder Banken noch Geldautomaten.

Beim Start in Blankenheim brauchen Sie Ihre Jacke gar nicht erst anzuziehen: Noch ehe Sie den Nußhecker Hof erreicht haben, wird das frisch angezogene T-Shirt gut durchgeschwitzt sein, denn es geht – zum Teil steil – bergauf.

Radfahrer folgen der Ahrstraße nach links und am Hotel Schlossblick halb rechts dem Nonnenbacher Weg bergauf.

Noch ehe Sie das Eifelmuseum erreichen, etwa 20 m vor der Johannesstraße, biegen Sie rechts ab und steigen die Gasse Am Lühberg steil bergauf. Sie gehen die Treppe hinauf zur Lühbergstraße und dann nach links zum **Eifelblick Lühberg** mit einem fantastischen Blick hinüber zur Burg, zur Kirche und über ganz Blankenheim. In der Straßenkurve halten Sie sich geradeaus an den Fußweg. Er führt über einige Treppchen hinab zum Nonnenbacher Weg, dem Sie nach rechts folgen.

Sie kreuzen den Mühlenweg, bevor Sie den **Nußhecker Hof** passieren und dahinter links abbiegen. Der Weg An der Nußhecke bringt Sie hinauf zum Russenkreuz ❶. Dazu nehmen Fußpilger an der Gabelung den nach links führenden Pfad, Radpilger bleiben auf dem breiten Weg und biegen auf der Höhe scharf links ab.

Russen in der Eifel?

Über die Namensherkunft des Russenkreuzes streiten die Gelehrten. Fest steht, dass es sich keinesfalls um einen russischen Soldaten handeln kann, der hier gefallen ist, weil die österreichisch-russischen Truppen 1794 gar nicht bis Blankenheim gekommen waren. Auch der Tod eines russischen Zivilisten zu einem anderen Zeitpunkt lässt sich durch nichts belegen. Zwei Thesen bleiben realistisch: Der Name kommt vom Wort „rauschen“ – oder ist einfach nur eine frei erfundene Bezeichnung!

Gehen Sie geradeaus weiter. Auf dem zwischen Hütte und Sitzbank beginnenden Schotterweg bleiben Sie nun eine ganze Weile, halten sich also an der Gabelung rechts (der andere Weg ist kürzer, führt aber sehr steil bergab). Der offizielle Jakobsweg führt 1,5 km stetig bergab. Bleiben Sie auch in der scharfen Linkskurve auf dem Forstweg, er endet an einer T-Kreuzung. Hier biegen Sie rechts ab, an der nächsten T-Kreuzung links und erreichen Nonnenbach ❷.

Schutzhütte am Russenkreuz

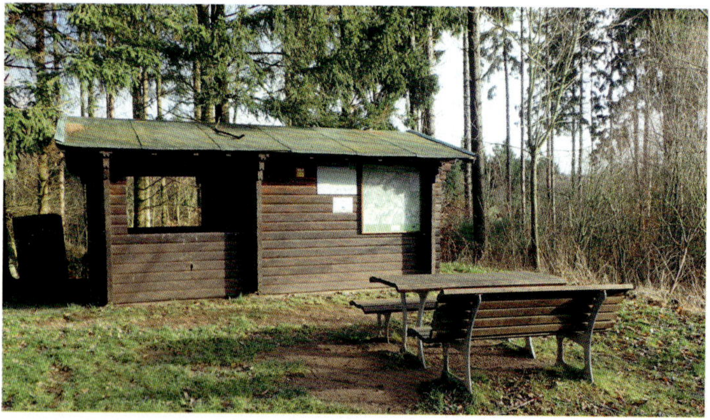

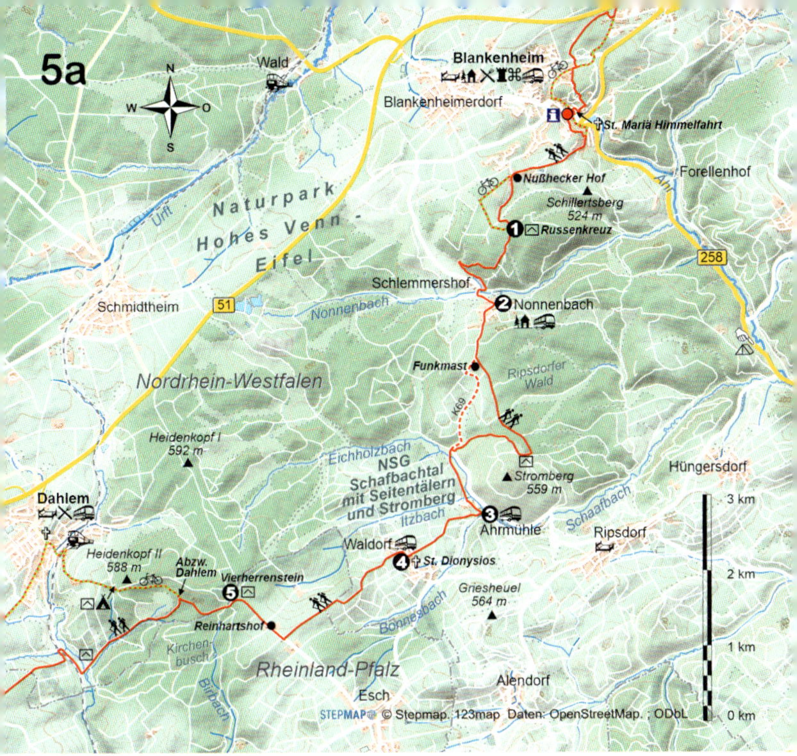

Nonnenbach

(Symbole: Unterkunft, (Zelten), Kirche, Bus)

Marion & Reinhard Cremer, Lucht 22, 53945 Nonnenbach, ☏ 022 49/91 82 52 (18:00 bis 21:00), zimmerfrei-nonnenbach@gmx.de oder reinhardcremer@gmx.de, am Weg, 2 Betten, Ü EZ € 25, DZ € 45, 2. Nacht € 5 günstiger, F (nach Absprache) € 8, im Garten nach Absprache, @

kein Mobilfunkempfang in Nonnenbach

✝ **Kapelle St. Brigida** von 1851, Schlüssel bei Familie Cremer

International wandern in Nonnenbach

Ist Ihnen das Haus auf der linken Seite der Straße aufgefallen? An seiner Fassade hängt ein großes Schild, das einen glauben lässt, es wäre eine französische Gîte d'Étape, also eine Wanderherberge. Weitergehen soll man dann laut Wegweiser im Vorgarten gar nicht mehr auf französische Art, sondern wie es die Briten machen: auf einem Public Footpath. Ernst nehmen dürfen Sie hingegen das Schild mit der Aufschrift „Zimmer frei", denn hier werden tatsächlich Pilger beherbergt.

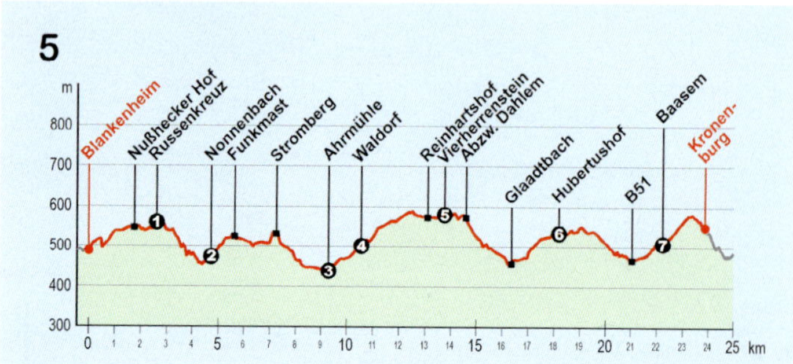

An der T-Kreuzung gehen Sie nach rechts und nach 40 m an der Kreuzung erneut rechts, nun bergauf. Leider gibt es hier keinen Gehweg und Sie müssen am Straßenrand bis zu einem **Funkmast** laufen. Der markierte Jakobsweg führt links auf dem Schotterweg weiter.

☺ ↳ Vielleicht wollen Sie hier den alten Jakobsweg gehen. Der neue Weg führt ohne Straßenverkehr durch den Wald, ist aber etwa 1,3 km länger als der alte Weg, bei dem die Pilger am ehemaligen Waldcafé Maus vorbei einfach nur der K69 durch all ihre Kurven hinab ins Tal des Eichholzbachs folgten.

Der Jakobsweg verläuft nun zunächst am Feldrand entlang, dann im Wald. Nach 1,3 km gehen Sie an der Gabelung rechts und passieren die ⌂ **Hütte Am Stromberg**.

Hinter der Hütte führt der Weg nach rechts und nach knapp 200 m erneut nach rechts bis zur Bank an dem Bach mit dem ungewöhnlichen Namen Aus dem Weiherbruch. Folgen Sie der K69 für 40 m nach rechts, dann überqueren Sie den Bach und laufen direkt dahinter (Rettungspunkt BLH-3228) scharf links auf dem Wirtschaftsweg ins Naturschutzgebiet.

Bald überqueren Sie den Itzbach und laufen zwischen den Feldern leicht bergauf. An der nächsten Gabelung nehmen Sie den linken Weg und gehen am Ortsanfang von **Ahrmühle** links in den Ort hinein.

🛏 **Landgasthaus Breuer**, Hauptstraße 74, 53945 Blankenheim-Ripsdorf, ☎ 024 49/10 09, 💻 www.breuer-ripsdorf.de, ✉ hotel-breuer-ripsdorf@t-online.de, ➲ 2 km, 10 Betten, ÜF EZ € 42, DZ € 70,

An der 🚌 Bushaltestelle ❸ biegen Sie rechts ab und laufen auf der Straße Richtung Waldorf bergauf zwischen den Feldern hindurch.

Ahrmühle = Mühle an der Ahr?

Wer den Ortsnamen Ahrmühle liest, erwartet einen Blick auf die Ahr, wird hier aber vergeblich suchen. Der verwirrende Name kam zustande, weil der durch den Ort fließende Schaafbach ursprünglich Ahr hieß. In einem Streit um den Quellbach der Ahr gewannen aber die Blankenheimer und dürfen nun den dort entspringenden Bach Ahr nennen.

An der Gabelung gehen Sie halb rechts hinauf nach **Waldorf** 🚌, dort folgen Sie der Waldorfstraße nach rechts zur ✝ Kirche St. Dionysius ❹.

⊙ Pilgerstempel am Schriftenstand in der **Kirche**

☺ Winterpilger haben die Gelegenheit, an den Adventwochenenden die Krippenausstellung von Friedhelm Linden in der Waldorfstraße 43 anzusehen.

An der Kirche biegen Sie links in den Leutherather Weg ab und halten sich an der Gabelung links. Der Jakobsweg führt auf einem Teerweg hinauf auf die Höhe mit einer Rastbank und Fernblicken. Sie befinden sich nun das erste Mal an der Nahtstelle zwischen Nordrhein-Westfalen und Rheinland-Pfalz. Das ist aber wegen des verwinkelten Grenzverlaufs noch nicht das letzte Mal. Der Teerweg endet an einer T-Kreuzung (Dahlemer Straße).

Der Jakobsweg führt nach rechts und am **Reinertshof** vorbei, dahinter laufen Sie geradeaus auf dem Schotterweg in den Wald. An der Gabelung mit dem Kreuz wandern Sie links zum **Vierherrenstein** ❺ (Rettungspunkt 5605-004). Hier stehen eine große Infotafel zum Jakobsweg und eine ⌂ Schutzhütte.

Vier Herren am Heidenkopf

Die Herren der Gemarkungen Schmidtheim, Kronenburg, Blankenheim und Jünkerath stießen hier am Heidenkopf (⇧ 547 m) zusammen. Als Grenzstein setzten sie einen gut 70 cm hohen Basaltstein und brachten an den vier Seiten die vier Gemarkungswappen an. Nach dem Einmarsch der Franzosen hatten die Grenzen zwar keinen Bestand mehr für die Herrschaften, sie dienen aber bis heute als Gemeindegrenzen von Dahlem (mit seinem Ortsteil Kronenburg), Jünkerath, Esch (gehört zu Blankenheim) und Schmidtheim. Auch die Landesgrenze zwischen Nordrhein-Westfalen und Rheinland-Pfalz verläuft hier.

An der Gabelung gehen Sie geradeaus auf dem Schotterweg an der Schranke vorbei. Nach 700 m biegen die Fußpilger scharf links ab und laufen in einem weiten Rechtsbogen durch den Kirchenbusch bergab ins Glaadtbachtal.

Radpilger und Fußpilger, die in Dahlem übernachten wollen, folgen hier geradeaus dem Radsymbol Richtung Dahlem. Hinter der Schranke erreichen Sie den Wanderparkplatz Heidenkopf mit einem Kreuz, einer Schutzhütte, einem Picknicktisch und einem WC. Dahinter passieren Sie die Wildnisschule und den Eifelblick am **Missionskreuz Heidenkopf**.

„In die Wildnis" ist einer der Trekkingplätze des Naturparks Nordeifel: ein Podest für bis zu zwei Trekkingzelte mit Picknicktisch und Komposttoilette. 400 m, zu buchen über www.trekking-eifel.de/de/die-trekkingplaetze/in-die-wildnis

Sie fahren bzw. gehen auf dem Teerweg bergab zum Bahnhof von Dahlem. Dort biegen Sie links ab, überqueren die Bahnlinie und folgen links der Bahnstraße zur Kirche.

Dahlem

Gasthaus Em Lade, Trierer Straße 40-42, 53949 Dahlem, 024 47/809 20 00, www.emlade.de, info@emlade.de, 8 Betten, ÜF EZ/DZ € 85, , € 10,

Pilgerstempel in der Kirche **St. Hieronymus**

Das **Missionskreuz Heidenkopf** stand ursprünglich an der Dahlemer Kirche und wurde 1921 auf den Heidenkopf versetzt. Es stammt aus der Volksmission der Jesuiten aus Bad Münstereifel, bei der in bereits christianisierten Gebieten Missionare zur Glaubenserneuerung und Glaubensvertiefung tätig wurden.

Bei **Dahlem** führte schon vor 2.000 Jahren die Römerstraße durch den Wald. Als Dalaheim wurde der Ort 867 erstmals urkundlich erwähnt. Bis ins 19. Jahrhundert hieß er Talheim bzw. Dalheim. Heutzutage ist er durch seinen Sportflughafen auf dem Dahlemer Binz bekannt.

An der Kirche fahren bzw. gehen Sie links die Trierer Straße (L110) hinauf. Sie führt zur **Fuchskaul** 🚌, dort wenden Sie sich nach rechts und folgen der Straße Richtung Baasem. Nach 450 m biegen Sie links in einen Feldweg ein und folgen ihm nach 50 m rechts. Nun befinden Sie sich wieder auf der Route der Fußpilger und finden wieder Muschelmarkierungen.

Hinter einer Sitzbank kommt ein Weg von links, den Sie bitte ignorieren. Auch an den nächsten Gabelungen und Wegkreuzungen halten Sie sich stets an den geradeaus führenden Weg. An einer Kreuzung verlässt der Weg den Wald und führt – immer noch geradeaus – leicht bergab, zunächst noch einmal durch ein kleines Waldstück. Dann überqueren Sie hinter einer Schutzhütte und einer netten Rastgelegenheit den **Glaadtbach**.

Sie laufen nun neben der Bahnstrecke nach rechts bis zu einem Bahnübergang.

Wenn Sie in Dahlem 1,4 km BANK (☞ Radstrecke oben) übernachten wollen und den Abzweig der Radroute verpasst haben, folgen Sie hier weiter den Gleisen.

Der Jakobsweg führt über die Gleise und sofort dahinter nach links. Nach knapp 200 m folgen Sie dem Weg durch eine Rechtskurve, er führt zwischen Feldern und durch ein Waldstück bergauf. Hier überschreiten Sie die Landesgrenze zwischen Nordrhein-Westfalen und Rheinland-Pfalz. Sie erreichen nun oberhalb von Dahlem den **Hubertushof** ❻.

Der Vierherrenstein

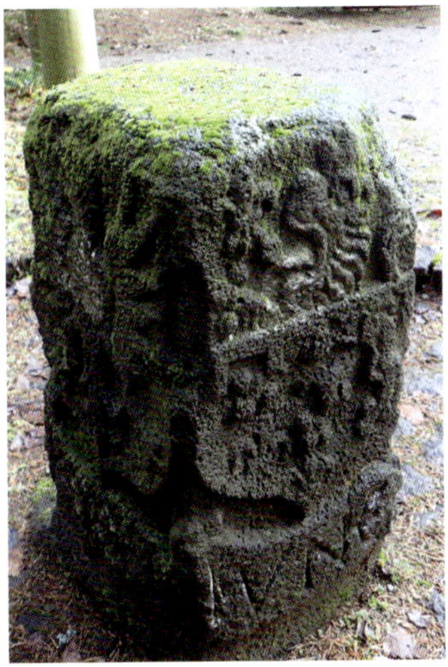

Dort gehen Sie halb rechts weiter und queren nach 40 m die Landstraße. Sie hat schon manchen Wanderer beim Blick in die Karte irritiert, denn sie heißt hier L24, weil sie in Rheinland-Pfalz liegt, nur wenige Meter nach rechts Richtung Fuchskaul verläuft aber die Landesgrenze zu Nordrhein-Westfalen, dort heißt sie L110.

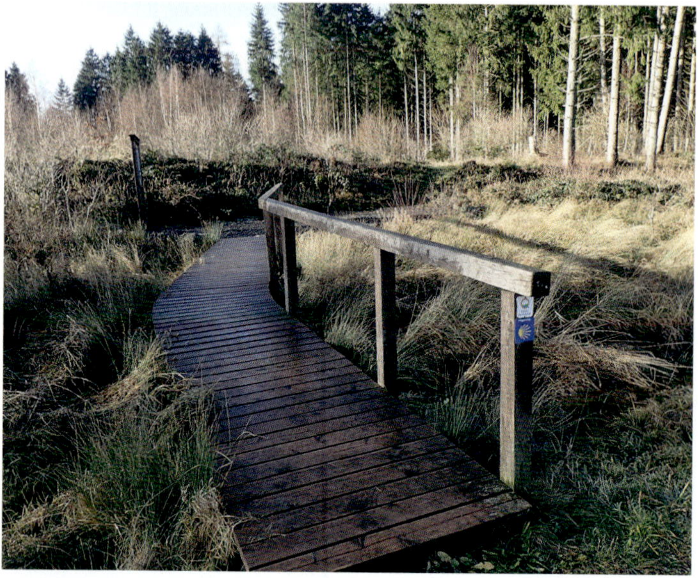

Moorlandschaft an der Landesgrenze

Egal, wie sie heißt, sie wird gequert. Auf dem Feldweg gehen Sie geradeaus und am Ende des ersten Feldes rechts bergauf. Etwa 50 m vor einer Straße biegen Sie nach links Richtung Kronenburg ab und folgen dem Wirtschaftsweg bis zu einem Abzweig, an dem Sie im Tal die B51 sehen und hören. Hier biegen Sie rechts in den bergauf führenden Grasweg ein. Der Weg führt hinauf zu einer Rastbank, dort rechts bergab zu einer Straße. Hier wandern Sie nach links auf der Brücke über die **B51**. An der nächsten Kreuzung gehen Sie geradeaus und am Sportplatz halb rechts nach Baasem (Hammerstraße). Am Ende der Straße gehen Sie nach links (Hüttenstraße) und nehmen die zweite Straße rechts (ebenfalls Hüttenstraße).

Baasem

Familienferienstätte St. Ludger, Auf der Hardt 40, 53949 Dahlem-Baasem, ☏ 065 57/551, 800 m, 86 Betten, Pilger bekommen „absolute Sonderpreise", daher nur auf Anfrage. Andachtsraum, @

⊙ Pilgerstempel in der Familienferienstätte **St. Ludger** und in der Kirche **St. Mariä Geburt**

Achtung, der **Taxibus** 834 nach Blankenheim, Schmidtheim, Dahlem und Kronenburg muss unter ☏ 024 41/99 45 45 45 vorbestellt werden!

✝ **St. Mariä Geburt**: Das Nordschiff und der Wehrturm entstanden um 1300, 1510 folgte der Anbau des zweiten Schiffes. tagsüber geöffnet

Das kleine Örtchen **Baasem** hatte einmal eine Wasserburg, sie wurde bereits 950 erwähnt. Davon ist nicht mehr viel zu sehen. Allein der ehemalige Wehrturm ist gut erhalten, denn er wurde um 1500 zum Kirchturm der Pfarrkirche St. Mariä Geburt.

Hinter der Kirche ❼ und der Bushaltestelle biegen Sie links in die Kronenburger Straße ein. Sie führt bergauf aus dem Ort hinaus, dann zwischen den Feldern und unter einer Überlandleitung hindurch stetig bergauf bis zu einer T-Kreuzung. Hier wandern Sie nach rechts weiter bergauf. Hinter einem **Reiterhof** geht es bergab zur Gerichtsstraße. Dieser folgen Sie nach links nach **Kronenburg**. An der T-Kreuzung (hier erhalten Sie bei der Familie Radereinen Pilgerstempel) gehen Sie nach rechts und nach 30 m am Steinkruzifix links auf Kopfsteinpflaster durch das Nordtor in die historische Altstadt.

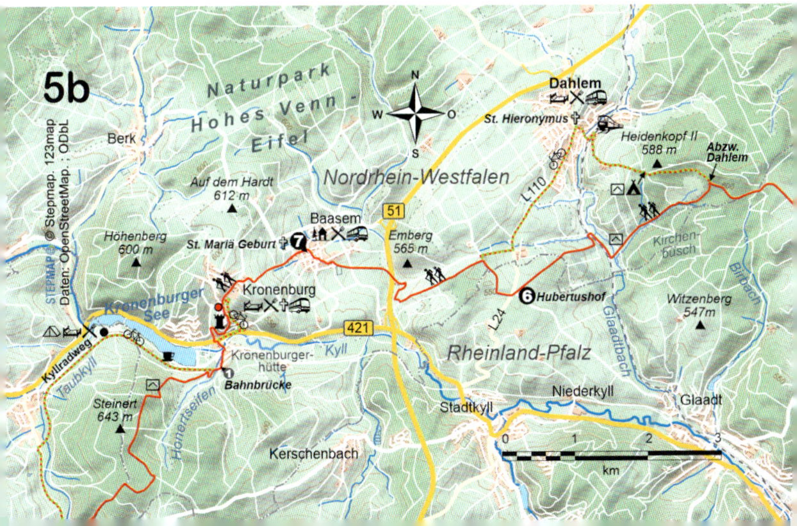

Kronenburg

Burghaus Kronenburg, Burgbering 2-4, und **Villa Kronenburg**, Burgbering 12, 53949 Kronenburg, ☏ 065 57/295, villa-kronenburg.de, info@burghaus-kronenburg.de und kontakt@burghaus-kronenburg.de, 25 bzw. 200 m, 70 Betten, ÜF EZ ab € 85, DZ ab € 123, DBZ ab € 176, € 8, (Crêperie) @, (außen) € 5, (bitte nur mit Vorankündigung)

Pension Haus am Burgturm, Burgbering 16, 53949 Kronenburg, ☏ 065 57/432, am Weg, Ü EZ € 40, DZ € 70

♦ **Ferienwohnungen Haus des Ritters**, Burgbering 9, 53949 Kronenburg, ☏ 065 57/12 14, 01 70/201 98 19, www.haus-des-ritters.de, hans-d.brunstein@t-online.de, am Weg, 2 Ferienwohnungen, die in Belegungslücken auch an Pilger vergeben werden, bis 4 Pers. € 75-85, @

♦ **Gästezimmer Martina Gier**, Steinertstraße 1, 53949 Kronenburg, ☏ 065 57/900 49 16, 01 70/194 52 30, martina.gier@t-online.de, am Weg, 6 Zimmer in zwei Gebäuden, ÜF EZ € 50, DZ € 90, F € 10,50, € 8,50 (bitte einen Tag vorher bestellen), @

♦ Familie Peiker, Steinerstraße 17, 53949 Kronenburg, ☏ 065 57/900 95 49, am Weg, ÜF € 32

Campingplatz Kronenburger See, Bahnhofstraße 13, 54611 Hallschlag, ☏ 065 57/90 01 10, www.campingplatz-kronenburger-see.de, info@campingplatz-kronenburger-see.de, 1,5 km, 150 Stellplätze, ganzjährig, Ü € 7,50, Stellplatz € 9, € 5, € 5, Dusche € 1/Min., Müllgebühr € 1,50, Holzhütten für 2 Pers. € 60, @, Sauna, Bücherecke

⊙ Pilgerstempel bei **Familie Rader**, Burgstraße 12

Taxi Gier, ☏ 065 57/12 00

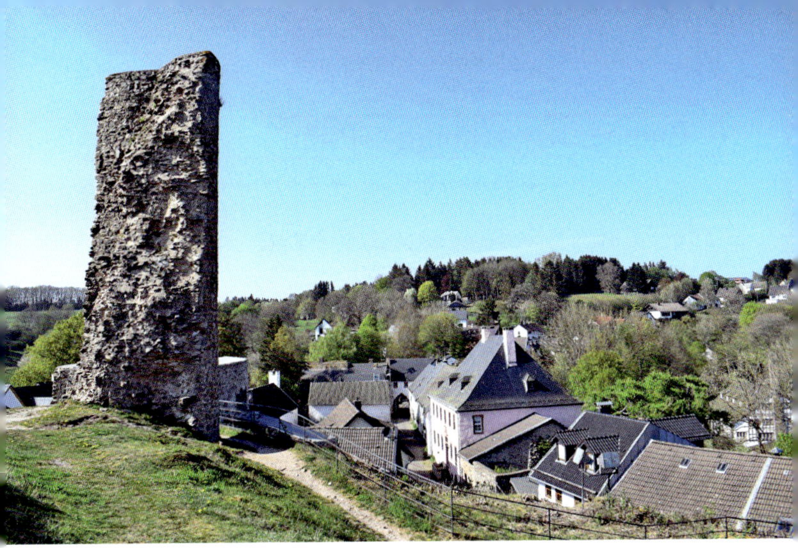

Kronenburg

✝ **St. Johann Baptist**, Kronenburg: Die Pfarrkirche wurde 1492-1508 für die Gräfin von Virneburg und ihren Gemahl Kuno von Manderscheid gebaut. Das Gewölbe wird von einer einzigen Stütze getragen, solche Einstützenkirchen sind relativ selten zu finden.

✝ **St. Brigida**, Kronenburgerhütte: Kapelle von 1736, im Jahr 1901 kam im Rahmen einer Renovierung ein Glockenturm hinzu.

♜ Die bereits 1277 erstmals erwähnte **Kronenburg** fiel 1715 unter spanische Herrschaft und wurde 1794 von den Franzosen besetzt. 1819 fiel sie durch eine Abschlagzahlung an Preußen. Heute wird die Ruine tagtäglich von Besuchern verschiedener Nationen belagert, in bester, friedvoller und touristischer Absicht.

Ganz wie im Mittelalter fühlt man sich, wenn man auf dem Burgbering durch den Burgort **Kronenburg** läuft. Er gehört mit dem Talort Kronenbergerhütte zusammen. Der letzte Namensbestandteil weist darauf hin, dass hier im Tal der Kyll eine Eisenhütte betrieben wurde. Kronenburg zieht gleichermaßen Menschen an, die sich für gut erhaltene Ortskerne aus dem Mittelalter, Künstlerorte (hier gibt es viele Ateliers und Werkstätten) oder Wassersport interessieren. Letztere finden auf dem Kronenburger See ihr Glück beim Segeln, Surfen, Rudern und Schwimmen.

6. Etappe: Kronenburg – Prüm

➲ *25,6 km,* ⌛ *8 Std.,* ↑ *706 m,* ↓ *804 m,* ⇧ *447-692 m*

0,0 km	⇧ 544 m	Kronenburg
1,2 km	⇧ 489 m	Kronenburgerhütte
6,0 km	⇧ 525 m	Furt bei Ormont
7,2 km	⇧ 548 m	Ormont
11,7 km	⇧ 663 m	Forsthaus Schneifel
13,7 km	⇧ 679 m	Prüm Air Station
20,6 km	⇧ 464 m	Gondenbrett ⌘
22,9 km	⇧ 524 m	Tafel
24,0 km	⇧ 575 m	Kalvarienberg ⌘
25,6 km	⇧ 447 m	Prüm BANK ⌘

Auf dieser Etappe kann es je nach Wasserstand nasse Füße beim Durchqueren einer Furt geben, nachdem Sie oberhalb des Kronenburger Sees durch den Wald über den Steinert gewandert sind. Von Ormont führt der Weg hinauf zur bewaldeten Höhe der Schneifel. Die Strecke ist vergleichsweise einsam, ein gut mit Proviant gefüllter Rucksack ist angeraten. Hinter Gondenbrett sind noch drei knackige Anstiege zu bewältigen, bevor der Weg vom Kalvarienberg hinab nach Prüm führt.

Radpilger nehmen an der T-Kreuzung vor dem Steinkruzifix die nach links bergab führende Burgstraße zur B421 (St.-Vither-Straße). Dieser folgen Sie an der Bushaltestelle nach rechts in den Ortsteil **Kronenburgerhütte**. An der Ampel treffen Sie auf die Route der Fußpilger.

Fußpilger gehen am Beginn des Parkplatzes links durch die Straße Trift. (Wer in Kronenburg übernachtet hat, steigt im Ort die Stufen der Wilhelm-Tell-Gasse hinab. Rechter Hand zieren Jakobsmuscheln das Haus eines Maurers.)

Die Trift und die Wilhelm-Tell-Gasse enden an einer Straßenkurve. Hier nehmen Sie den geradeaus (von der Wilhelm-Tell-Gasse kommend: rechts) führenden Weg, der in einem weiten Bogen unterhalb der Burg zur Straße Im Kleebusch führt. Dieser folgen Sie nach links zur B421 (St.-Vither-Straße) in den Ortsteil **Kronenburgerhütte**. An der Ampel queren Sie die Straße, biegen links und nach etwa 40 m rechts ab (Neuer Weg). Auf dieser Straße überqueren Sie die **Kyll** und gehen an der Feuerwache rechts auf der Steinertstraße Richtung Kronenburger See.

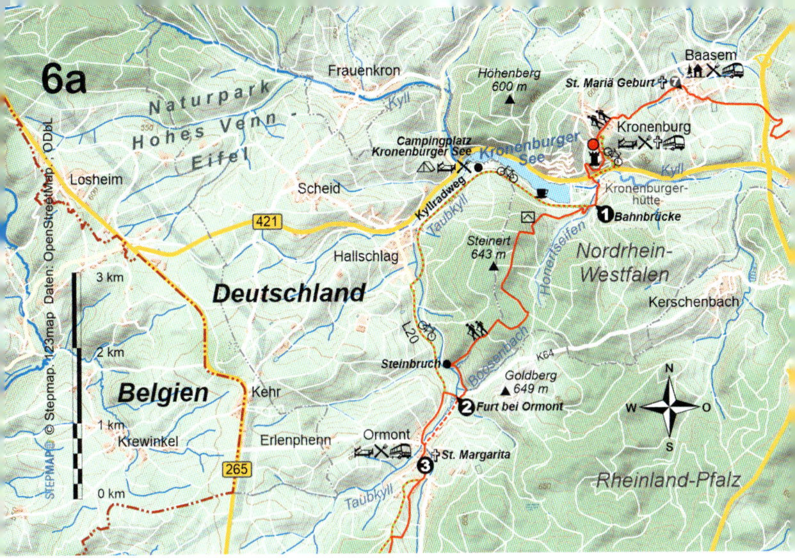

Schon an der nächsten Gabelung hat der See als Orientierungshilfe ausgedient, denn Sie bleiben auf der nach links führenden Steinertstraße und laufen bergauf weiter.

🚲 Radpilger folgen oben an der Gabelung dem Kyllradweg bis Hallschlag und fahren dort links auf der L20 bis Ormont.

Der Weg führt unter einer **Bahnbrücke ❶** der stillgelegten Bahnstrecke Jünkerath – Losheim hindurch. Vor dem Ortsausgangsschild folgen Sie dem Weg nach rechts.

✋ In Onlinekarten gibt es zwei als Jakobsweg markierte Strecken. Eine davon führt über den Steinert, die hier beschriebene Strecke liegt östlich davon. Sie ist etwas länger, hat aber weniger Höhenmeter.

Der Wirtschaftsweg führt steil bergauf, zum Teil in Serpentinen, und wird immer schmaler, bis Sie auf einem nur noch hüftbreiten Pfad zwischen Wald und Weide entlangwandern. An der rechts liegenden ⌂ **Schutzhütte am Honert** biegen Sie links ab, wandern am Waldrand bis zur nächsten Wegkreuzung und nehmen dort den nach rechts bergauf führenden Weg. Folgen Sie dem ersten Weg nach links über eine Rodungsfläche und am Waldrand entlang bis zu einem Wegweiser, an dem der Schneifel-Pfad Sie nach rechts führt („Ormont 3,4 km"). An der Landesgrenze (hier kommt der oben erwähnte Alternativweg von rechts) biegen Sie links ab und gehen zu einem **Steinbruch**, der schon wieder in Nordrhein-Westfalen liegt. Gegenüber vom Steinbruch biegen Sie links ab, überqueren nach etwa 500 m den Boosenbach und gehen bis zur K64. Dieser folgen Sie nach rechts.

Nach etwa 150 m geht es scharf rechts mit dem Schneifel-Pfad durch eine Furt ❷ mit wackeligen Trittsteinen.

Bei Hochwasser können Sie auf der K64 bleiben, sie bringt Sie unmittelbar nach Ormont.

Die eigentliche Jakobswegstrecke mag zwar verkehrsärmer sein, dies geht aber mit zusätzlichen Höhenmetern und einer längeren Laufstrecke einher. Dazu gehen Sie – je nach Naturell und Witterung – durch die Furt oder balancieren auf den Trittsteinen über die **Taubkyll**.

Sie passieren einige Teiche und wandern steil bergauf zur L20, dieser folgen Sie nach links. Nach 50 m führt der Jakobsweg als Grasweg parallel zur Straße, später auf einem Gehweg neben der L20 nach Ormont. Dort passieren Sie einen Picknickplatz, gehen links über die Brücke der Taubkyll und laufen rechts auf der Ulmenstraße (L20) hinauf zur Kirche.

Ormont

Gasthaus bei Lonnen, Kirchweg 2, 54597 Ormont, ☏ 065 57/301, www.gasthaus-bei-lonnen.de, bei.lonnen@gmx.de, ➲ am Weg, Do Ruhetag (für angemeldete Übernachtungsgäste offen), 22 Betten, ÜF € 35, € 5, @

⊙ Pilgerstempel im **Gasthaus bei Lonnen** und bei **Andreas Stahl**, Kyllstraße 6

St. Margarita
tagsüber geöffnet

Das kleine Örtchen **Ormont** am Fuß der Schneifel wurde bereits 893 urkundlich erwähnt. In seiner wechselvollen Geschichte gehörte es lange zum Herzogtum Luxemburg. Aus dieser Zeit stammt auch der französisch klingende Ortsname, das Dorf wurde nach dem nahe gelegenen Vulkan Goldberg (*l'or + mont*) benannt. Bei der Ardennenoffensive im Zweiten Weltkrieg wurde Ormont stark zerstört.

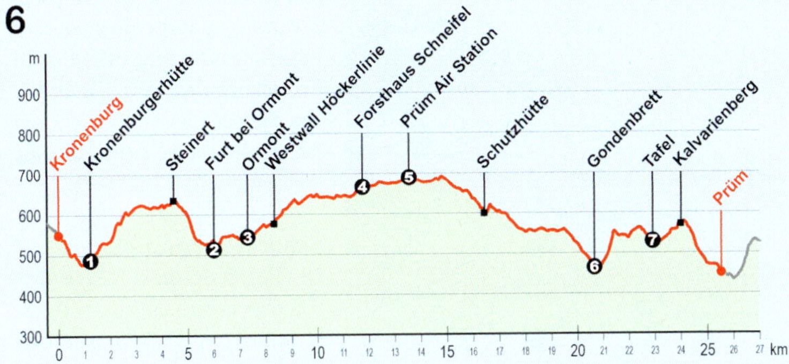

Passieren Sie nun das Gasthaus bei Lonnen ❸ und gehen Sie auf der Ulmenstraße weiter bergauf, an der Gabelung rechts. Die Straße heißt hinter der 🚌 Bushaltestelle Schneifelstraße, ist aber immer noch die L20. An der nächsten Gabelung folgen Sie der kleinen Anliegerstraße nach links.

🚲 Wer nicht unbedingt genau auf dem Jakobsweg fahren will, tut sich und seinem Fahrrad einen Gefallen, wenn er auf der L20 bis zum Forsthaus Schneifel radelt. Der offizielle Weg ist sehr uneben und bisweilen so matschig, dass er kaum befahrbar ist.

Sie folgen der Straße bis zur Hausnummer 15, dort nehmen Sie den nach links von der Straße wegführenden Feldweg („Moorpfad Ormont"). An der nächsten Wegkreuzung gehen Sie geradeaus (↱ rechts, wenn Sie auf dem ⛺ Naturlagerplatz Birkenrausch ein Plätzchen ergattern konnten). Direkt hinter der Kreuzung befindet sich rechts eine Sitzbank vor den Betonklötzen der **Höckerlinie**, den Panzersperren aus dem Zweiten Weltkrieg, die manchmal auch Drachenzähne genannt wurden.

An der T-Kreuzung biegen Sie rechts ab und folgen dem Weg bergauf bis knapp vor die L20. Unmittelbar davor führt der Jakobsweg links von der Straße weg auf einen Panoramaweg. Hinter einem ⛼ Picknicktisch mit Aussicht wandern Sie geradeaus in den Wald und folgen dem Forstweg bis zu seinem Ende. An der T-Kreuzung biegen Sie links ab und nehmen schon nach 20 m den Forstweg nach rechts. Er ist nach Forstarbeiten und in Regenperioden sehr schwierig zu gehen

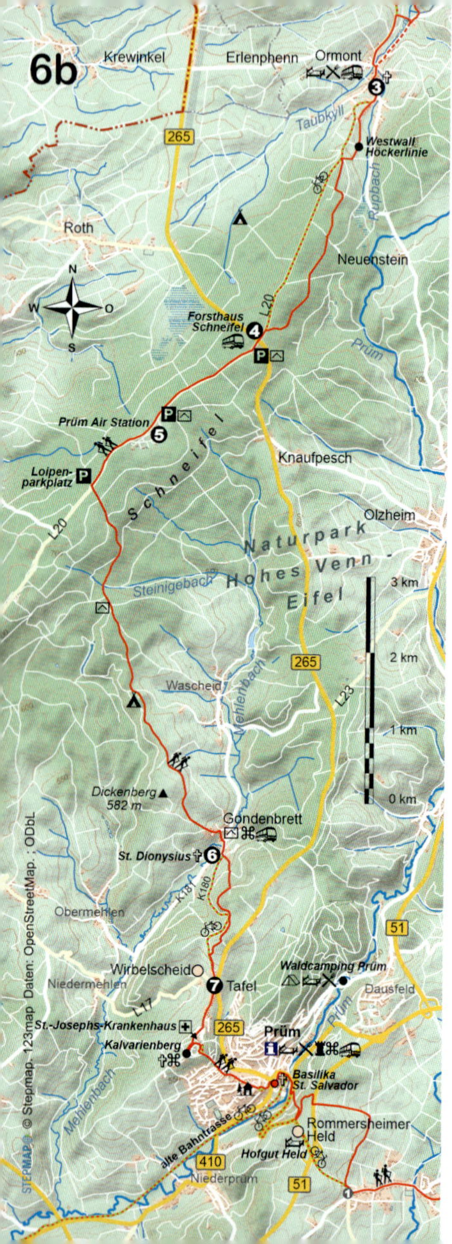

und zu fahren. An der nächsten Kreuzung wandern Sie geradeaus weiter, der Forstweg macht einen Rechtsbogen zur L20. Dieser folgen Sie nach links und erreichen das **Forsthaus Schneifel** ❹ 🚌 (Rettungspunkt 5704-167).

Schneereiche Eifel

Der Begriff Schneifel lässt vermuten, dass es sich um eine verkürzte Schreibweise von Schnee-Eifel handelt. Dies würde auch die Tatsachen gut beschreiben, denn auf dem Höhenzug bei Prüm liegt öfter und länger Schnee als in den meisten anderen Teilen der Eifel. Der Name leitet sich in Wahrheit allerdings von einer breiten, über den Höhenzug verlaufenden Schneise ab.

Die L20 heißt hier auch **Schneifelhöhenweg** und ist nur wenig befahren. Überqueren Sie die B265 und laufen Sie bis zu einem Wanderparkplatz mit ⌂ Schutzhütte und ⩫ Picknicktisch. Halten Sie sich dort rechts an den Grasweg, er führt parallel zur L20 durch den Mischwald bis zum Funkturm der alten **Prüm Air Station** ❺. (☺ Tipp für Unwettertage: Unmittelbar davor auf dem Parkplatz auf der anderen Straßenseite gibt es eine weitere ⌂ Schutzhütte.)

Die Eifel im Kalten Krieg

Die in den 1950er-Jahren eingerichtete Prüm Air Station wurde von den Amerikanern im Kalten Krieg zur Radarüberwachung und zur Kommunikation mit den umliegenden US-Militärbasen genutzt. Mehr als 1.000 Soldaten und Zivilangestellte waren im Wald der Schneifel stationiert. Nach dem Fall des Eisernen Vorhangs wurde die Air Station aufgelöst und die Kaserne abgerissen, bis 2004 wurde noch eine Wetterstation weiterbetrieben.

Etwa 1,3 km hinter dem Funkturm erreichen Sie den auf Schildern als **Loipenparkplatz** angekündigten Wanderparkplatz Nr. 4 mit einem Picknicktisch. Hier queren Sie die Straße und gehen auf einem Teerweg bergab. An der nächsten Wegkreuzung gehen Sie geradeaus, an der folgenden Gabelung folgen Sie dem Hauptweg nach links immer weiter bergab. Wenn der Weg schon wieder bergauf führt, gehen Sie an der Gabelung links und passieren eine Schutzhütte.

St. Dionysius in Gondenbrett

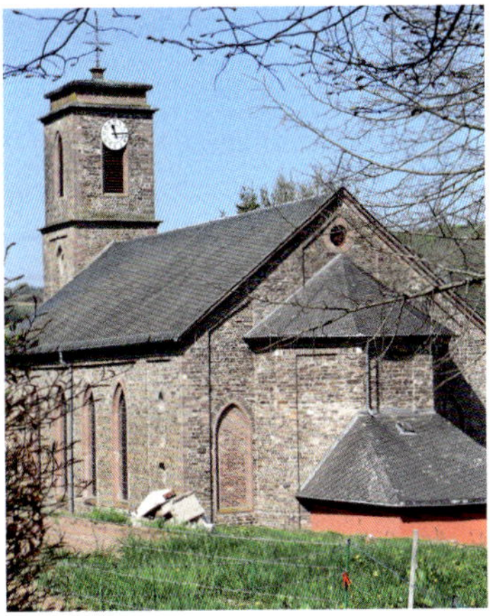

Am nächsten Abzweig pilgern Sie geradeaus zum Rettungspunkt 4704-201. Dort gehen Sie an der Gabelung rechts auf dem Schotterweg Richtung Gondenbrett/Mehlental. Auf dieser Strecke haben wir im Wald viel Wild beobachten können.

Aus dem Wald heraus führt der Jakobsweg am Waldrand bis zu einem Weiderost. Rechts davon folgen Sie dem mit Gras bewachsenen Weg am Waldrand bergauf. Den nächsten **Weiderost** überqueren Sie, hier müssen Sie möglicherweise Ihrem vierbeinigen Pilgergefährten helfen. Auf einem Teerweg führt der Jakobsweg nun leicht bergauf am Waldrand entlang und später durch offene Landschaft.

„Abgetaucht" ist einer der Trekkingplätze des Naturparks Nordeifel: ein Podest für bis zu zwei Trekkingzelte mit Picknicktisch und Komposttoilette. ➲ 60 m, zu buchen über www.trekking-eifel.de/de/die-trekkingplaetze/abgetaucht

Sie laufen zunächst auf der Höhe und steigen später hinab nach **Gondenbrett** ✞ ⊙ ⌘ 🚌. Dort finden Sie am Ortsrand einen einladenden ⩩ Picknicktisch mit Pilgerinfos. Nehmen Sie die erste Straße nach rechts hinab zur K181 und gehen Sie dort an der ⌂ Schutzhütte neben der Schulbushaltestelle geradeaus über den Mehlenbach. Sie laufen nun die Dorfstraße hinauf und biegen vor der ✞ Kirche St. Dionysius (🚪 So oder bei Frau Weyandt anrufen: ☏ 065 51/26 51) (hier ist auch ein WC) links in die K180 ab ❻.

⊙ Pilgerstempel in der **Kirche** und am privaten **Info-Point**, Schneifelweg 4

🚲 Radler bleiben an der nächsten Straßengabelung auf der nach rechts führenden Straße K180.

Fußpilger gehen hier links auf der Straße Am Münsterberg weiter und passieren einen Brunnen mit Rastbank. Schräg gegenüber befindet sich das ⌘ **Beinhaus**, aber der Jakobsweg führt geradeaus neben dem Brunnen bergauf.

Bluttat im Mehlental

Gleich zu Beginn des Spanisch-Niederländischen Krieges (= Achtzigjähriger Krieg, 1568-1648) zogen die Söldner raubend, plündernd und brandschatzend durch die Westeifel. Als sie 1572 Richtung Gondenbrett durch das Mehlental kamen, versteckten sich mehr als 100 Bewohner im Beinhaus. Sie wurden entdeckt und brutal getötet. Das Beinhaus verfiel und geriet in Vergessenheit, bis 2006 die Grundmauern wiederentdeckt wurden. Auf ihnen entstand eine Gedenkstätte für die Opfer der grausigen Tat.

Hinter dem letzten Haus gehen Sie steil bergauf auf einem rechts und links mit Büschen und Bäumen gesäumten Hohlweg, der bei Nässe sehr rutschig werden kann. Sie kreuzen einen Feldweg und wandern geradeaus zunächst am Waldrand entlang, dann durch den Wald bis zu einer T-Kreuzung. Hier nehmen Sie den rechten Weg, er bringt Sie in einem weiten Linksbogen zur K180. Nach 1,2 km (🚲) bzw. 900 m (🚶🚶) kommen Rad- und Fußstrecke kurz wieder zusammen.

Die 🚶🚶 Fußpilger folgen hier der K180 nach links, die 🚲 Radpilger fahren auf ihr geradeaus weiter. Nach 20 m trennen sich die Wege auch schon wieder, denn die 🚶🚶 Fußpilger folgen am Aufgang zum Eifelblick links dem Pfad bergauf. Hier verläuft auch der Schneifel-Pfad, eine Erlebnisschleife des Eifelsteiges. 🚲 Radpilger bleiben auf der K180 und fahren zunächst bergauf, dann bergab nach Tafel.

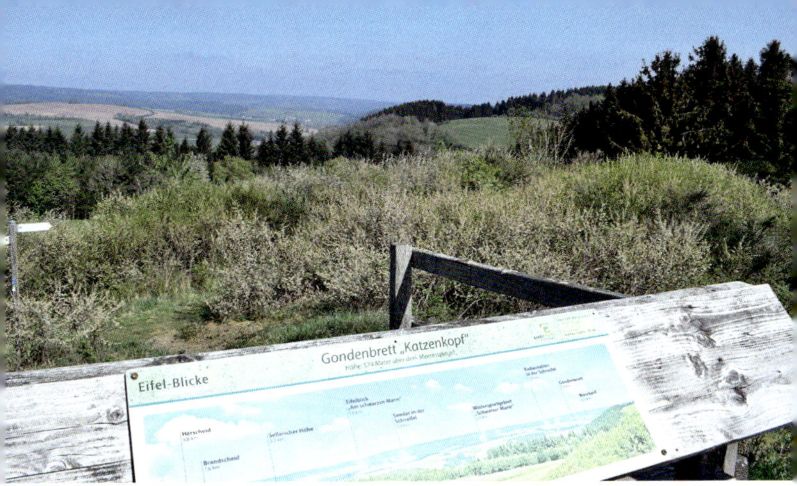

Eifelblick Katzenkopf

Sie wandern zunächst durch den Wald, dann auf der Höhe nach rechts und zwischen Weiden und Feldern hinab nach Tafel, wo Sie erneut auf die K180 treffen. Die K180 heißt hier in **Tafel** Gondenbretter Weg und endet an der B265. Hier gehen Sie rechts bergab und über die Straße nach Bleialf hinweg ❼. Dahinter wandern Sie auf dem Teerweg nach rechts zu einer Straße (Auf der Tafel), an der vor Werksverkehr gewarnt wird. Die Straße führt rechts hinauf zum ⊞ St.-Joseph-Krankenhaus Prüm. Dort führt der offizielle Weg rechts um das Klinikgebäude herum und über den Hinterhof zum **Kalvarienberg**.

Tod am Kalvarienberg

Nicht genug, dass Jesus auf dem Kalvarienberg vor den Toren Jerusalems starb, auch der Kalvarienberg von Prüm forderte seine Todesopfer. Nach dem Zweiten Weltkrieg nutzte die französische Besatzungsmacht die Stollen einer unterirdischen Bunkeranlage der Wehrmacht als Munitionslager. Am 15.07.1949 brach ein Feuer im Bunker aus, das nicht gelöscht werden konnte, weil es zu tief im Stollen lag. Die Rettungskräfte konnten daher nur versuchen, die Umgebung zu räumen. Dies rettete sicherlich vielen Menschen das Leben, als etwa 90 Minuten später das Munitionslager mit etwa 500 Tonnen Munition explodierte. Dennoch kamen zwölf Menschen zu Tode, fünfzehn wurden verletzt und fast 1.000 obdachlos. Und das, nachdem Prüm im Krieg ohnehin schon zu mehr als 90 % zerstört worden war! Wie es zu dem Brand kam, der einen 20 m tiefen Explosionskrater hinterließ, konnte nie geklärt werden.

Sie laufen nun links an dem mächtigen Basaltkreuz vorbei, halten sich an der Gabelung an den rechten Weg (🚲 Radfahrer nehmen den linken Weg, er verläuft parallel und ist etwas breiter), bis Sie den Krater etwa zur Hälfte umrundet haben, und laufen dann links den Kreuzweg hinab. Sie passieren dabei einige Kreuzwegstationen, die Kalvarienbergkapelle und einen Spielplatz. Hinter der Schranke gehen Sie auf der Kalvarienbergstraße weiter. Wenn sie auf eine Querstraße stößt, folgen Sie ihr nach rechts weiter bergab. Hinter der **Jugendherberge** biegen Sie links in die Hillstraße ab.

🚲 Radler fahren geradeaus (Kreuzerweg) und dann links den Fuhrweg hinab zum Hahnplatz.

Schon nach 20 m laufen Sie rechts durch den Park, die Stufen hinab zum Fuhrweg und dort mit der Radleralternative hinab zur Basilika auf dem Hahnplatz.

Basilika St. Salvador

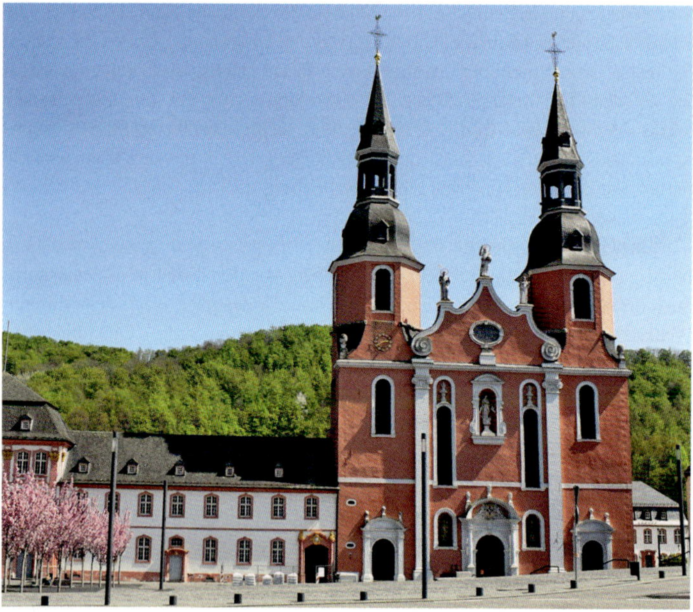

Prüm

Tourist-Information Prümer Land, Hahnplatz 1, 54595 Prüm, ☏ 065 51/505, www.pruem.de, ti@pruem.de, Mo bis Fr 9:00 bis 17:00, Sa 10:00 bis 13:00, Juni bis Okt So 10:00 bis 12:00, WC

Kurtaxe € 0,60

Landhotel am Wenzelbach, Kreuzerweg 30, 54595 Prüm, ☏ 065 51/953 80, www.wenzelbach.de, landhotel@wenzelbach.de, am Weg, 30 Betten, ÜF EZ € 78, DZ € 110, DBZ € 135, € 8, Wegstreckenberatung, @, und € 2 pro Entfernungskilometer, (Eifel-zu-Pferd-Station)

♦ **Hotel Zum goldenen Stern**, Hahnplatz 29, 54595 Prüm, ☏ 065 51/951 70, www.goldenerstern-eifel.de, info@goldenerstern-eifel.de, am Weg, 50 Betten, ÜF EZ ab € 63, DZ ab € 99, DBZ ab € 159, VBZ ab € 200, Lunchpaket gegen Vorlage des Pilgerausweises, @, Sauna

♦ **Haus am Kurpark**, Teichstraße 29, 54595 Prüm, ☏ 065 51/950 20, www.haus-am-kurpark-pruem.de, info@haus-am-kurpark-pruem.de, 300 m, 21 Betten, EZ € 50-57, DZ € 79-84, DBZ € 116, € 15 (nur nach Vereinbarung), @

Eifel-Jugendherberge, Kalvarienbergstraße 5, 54595 Prüm, ☏ 065 51/25 00, pruem@diejugendherbergen.de, am Weg, 150 Betten, ÜF im EZ € 40,30, im DZ € 32,30, im MBZ € 26, @

Waldcamping Prüm, Prümtalstraße 43, 54595 Prüm, ☏ 065 51/24 81, www.waldcamping-pruem.de, info@waldcamping-pruem.de, 1,6 km (vom Hahnplatz der Teichstraße folgen), ganzjährig, 150 Stellplätze und 5 Schlaffässer, Schlaffass für 2 Pers. € 49, Ü mit Zelt 1 Pers. € 16, 2 Pers. € 24, € 2,50, @ (Schlaffässer werden nicht an Wanderer mit Tieren vermietet)

Trinkwasserbrunnen auf dem Hahnplatz

@ öffentliches WLAN auf dem Hahnplatz

Pilgerstempel im **Pfarrbüro**, in der **Tourist-Information** und im **Hotel Zum goldenen Stern**

Waldfreibad Prüm, Prümtalstraße, www.schwimmbad-pruem.de/waldfreibad

Taxi Karls, ☏ 065 51/46 18

Basilika St. Salvador: 721 gründete die fränkische Edle Bertrada ein kleines Kloster im Tal der Prüm. Es konnte sich nicht halten, wurde aber 752 durch König Pippin neu gegründet. Nach dessen Tod war die Abtei in Prüm Herzensangelegenheit seines Sohnes: Karls des Großen. Die heutige Basilika wurde 1721

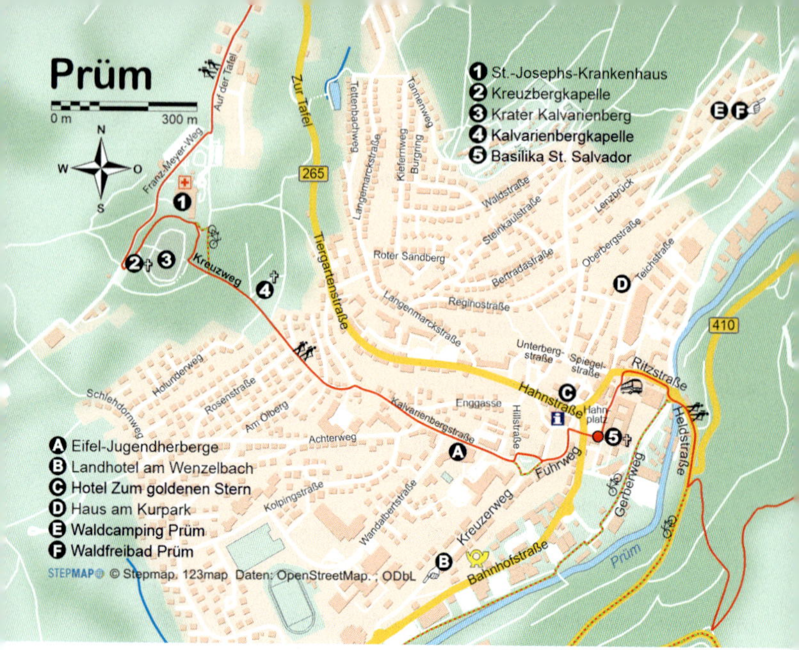

gebaut. Das Kloster wurde 1802 im Zuge der Säkularisierung aufgelöst, die beweglichen Kirchenschätze wurden geplündert. Während der Bombenangriffe in der Ardennenoffensive Weihnachten 1944 wurden die ehemalige Abtei und die Klosterkirche stark beschädigt. 2019 wurde die Basilika innen und außen aufwendig saniert.

tagsüber geöffnet

Die Stadt **Prüm** teilt ihren Namen mit dem 85 km langen Flüsschen Prüm. Es begegnet dem Jakobspilger nicht nur hier oben in der Schneifel, sondern auch in ein paar Tagen in Minden an seiner Mündung in die Sauer. Der Name von Ort und Fluss leitet sich von dem keltischen „briman" ab. Das bedeutete „rauschen" und charakterisiert sowohl den Fluss als auch das raue Klima in der Schneifel auch heute noch recht gut.

721 wurde die Abtei Prüm gegründet, die Klosterschule der Benediktiner war weit über die Grenzen der Eifel hinaus bekannt. Weitere Kirchen und Kapellen sowie ein Hospital und das Marienstift folgten, sodass der kirchliche Einfluss im Ort sehr groß war. Nach dem Einmarsch der Franzosen wurden Abtei und Stift aufgehoben. Die Abteikirche wurde zur Pfarrkirche.

7. Etappe: Prüm – Waxweiler

27 km, 9 Std. 30 Min., ↑ 884 m, ↓ 1.003 m, ⇧ 324-565 m

0,0 km	⇧ 447 m	Prüm
3,6 km	⇧ 483 m	Rommersheim
7,7 km	⇧ 432 m	Meyersruh
11,3 km	⇧ 397 m	Schönecken
15,6 km	⇧ 381 m	Nimsreuland
20,5 km	⇧ 516 m	Lascheid
24,0 km	⇧ 464 m	Mariensäule
25,2 km	⇧ 428 m	Dinert
27,0 km	⇧ 328 m	Waxweiler

Steil und schweißtreibend ist der Aufstieg zur Rommersheimer Held, der an heißen Sommertagen nur zu ertragen ist, weil der Weg durch den Wald führt. Von dort geht es bergab nach Rommersheim und durch die Schönecker Schweiz mit ihren idyllischen Tälern vom Kupferbach und Schalkenbach. Zwischen Feldern und Weiden laufen Sie Richtung Nimsreuland, dahinter durchwandern Sie ein Waldgebiet. Aussichtsreiche Höhepunkte sind die Landstraße hinter Lascheid und die hoch über Waxweiler wachende Mariensäule.

Radler können mit weit weniger Anstrengungen im Tal bleiben und dem Prüm-Radweg nach Waxweiler folgen. Er verläuft auf der alten Bahntrasse der Westeifelbahn bis Pronsfeld, dann auf einem weiteren Bahntrassenradweg bis Waxweiler.

Am Ende des Hahnplatzes gehen Sie durch den Busbahnhof zur Ritzstraße. Sie ist gleichzeitig die B265 und die B410. Folgen Sie ihr nach rechts, verlassen Sie den Kreisverkehr auf 12 Uhr, also geradeaus, und überqueren Sie die Prüm. Nun heißt die Straße Heldstraße und führt zu einem Abzweig, an dem sich B265 und B410 trennen.

Radpilger bleiben auf der B265 und folgen ihr bergauf zur **Rommersheimer Held**. Unter der B51 hindurch und bergab an einem Parkplatz vorbei erreichen Sie **Rommersheim**. Dort fahren Sie links die Hauptstraße hinab und kommen wieder auf die markierte Jakobswegroute.

Nach 50 m an der B265 folgen die Fußpilger dem schmalen Waldpfad nach links bergauf zusammen mit den Markierungen des Wanderweges +5. Der Weg führt bis zu einem Parkplatz an der B265 ganz in der Nähe der **Rommersheimer Held**, ➲ 200 m.

Hofgut Held, Rommersheimer Held 3, 54597 Rommersheim, ☏ 065 51/965 02 65, www.hofgut-held.de, hotel@hofgut-held.de, ➲ 250 m, 16 Betten, Ü EZ ab € 83,90, DZ ab € 107,90, F € 6,50-9,50, Sauna,

Sie müssen aber nicht auf die Bundesstraße wechseln, sondern biegen unmittelbar davor links ab. Sie laufen nun parallel zu einem Feld bis kurz vor die B51, folgen dem Weg durch einen Rechtsbogen und unterqueren die Bundesstraße. Dahinter laufen Sie knapp 800 m geradeaus zwischen den Feldern bis zu einer Kreuzung, wenden sich dort nach rechts und nach 600 m nach links bergab zu einer Gabelung. Dort gehen Sie rechts zur Hauptstraße ❶.

Rommersheim

Peter und Margret Feinen, Kirchweg 4, 54597 Rommersheim, ☏ 065 51/960 90 32, www.ferienfarm-feinen.de, peter.feinen@t-online.de, ➲ 100 m, 2 Betten, ÜF EZ € 30, DZ € 50, , und nach Absprache

Görgenhof, Hauptstraße 15, 54597 Rommersheim, ☏ 065 51/37 40, 01 70/484 42 80, www.goergenhof.de, buchung@goergenhof.de, ➲ am Weg, 4 Ferienwohnungen, bei Belegungslücken auch für Pilger, Zeltwiese und 3 Wohnmobilstellplätze, Ferienwohnung 2 Pers. € 54, weitere Pers. € 7, € 3, Zelt + 2 Pers. ab € 16, weitere Pers. € 5, € 2, Teeküche, @

✝ Die Kirchen aus dem 7. und 11. Jahrhundert wurden 1498 durch die heute noch stehende **Pfarrkirche St. Maximin** ersetzt und überbaut.

Der Ort **Rommersheim** hat keltische Ursprünge, hier siedelte der Stamm der Caeroser.

Laufen Sie links auf der Hauptstraße leicht bergab und passieren Sie das Gasthaus zum Kalkofen. Der Weg führt über eine Brücke über den Bach Nims und geradeaus (Auf der Schlack) bergauf. An der ersten Gabelung nehmen Sie die rechte Alternative, gehen also geradeaus weiter, an der nächsten Gabelung gehen Sie auch wieder geradeaus, diesmal auf der linken Alternative. Hier können

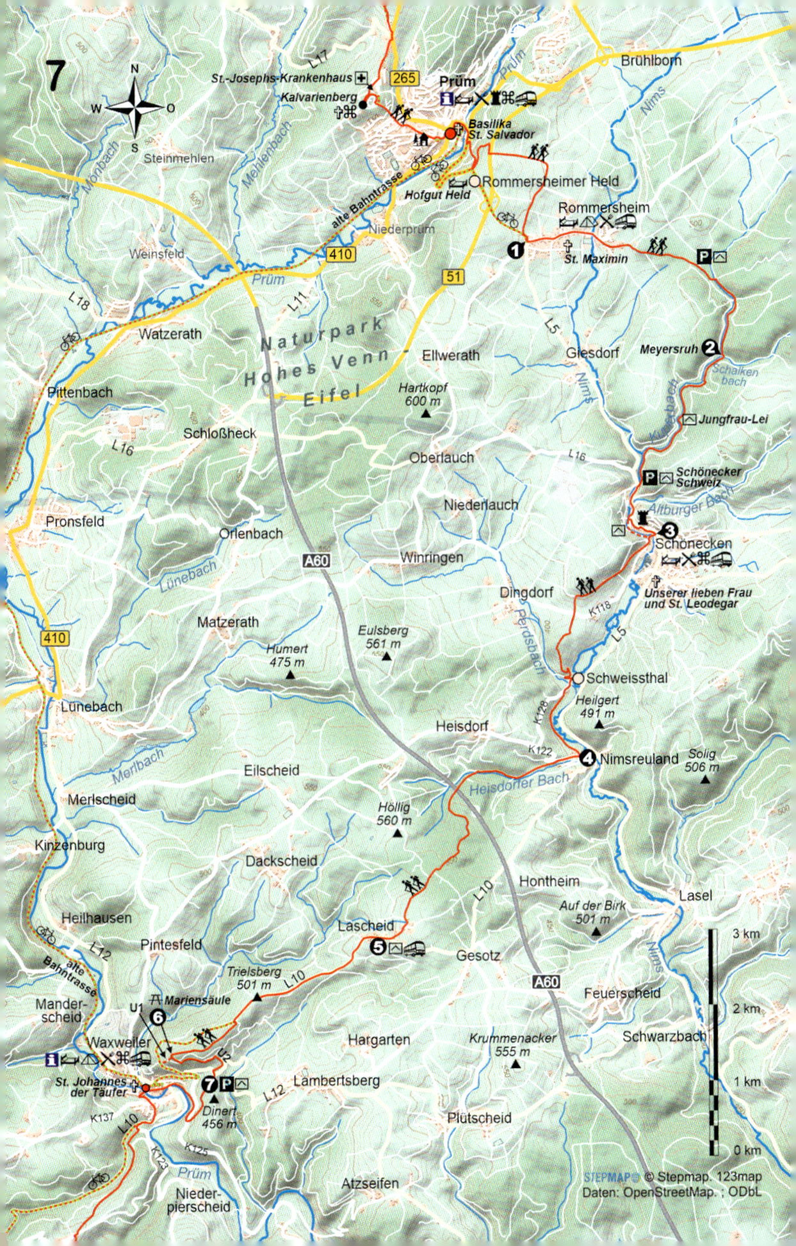

7
N
W
O
S
St.-Josephs-Krankenhaus
Kalvarienberg
265
Prüm
Basilika St. Salvador
Brühlborn
Steinmehlen
Mehlenbach
Monbach
alte Bahntrasse
Hofgut Held
Rommersheimer Held
Rommersheim
Niederprüm
Weinsfeld
410
Prüm
51
St. Maximin
Nims
L17
L18
L11
L5
Watzerath
Naturpark Hohes Venn - Eifel
Ellwerath
Giesdorf
Meyersruh
Schalkenbach
Pittenbach
Hartkopf 600 m
Jungfrau-Lei
Schloßheck
L16
Oberlauch
Schönecker Schweiz
Altburger Bach
Niederlauch
Pronsfeld
Orlenbach
Schönecken
A60
Winringen
Unserer lieben Frau und St. Leodegar
Lünebach
Dingdorf
K118
Matzerath
Eulsberg 561 m
Humert 475 m
Schweissthal
Lünebach
Heilgert 491 m
K128
Heisdorf
K122
Nimsreuland
Solig 506 m
Merlbach
Eilscheid
Heisdorfer Bach
Merlscheid
Höllig 560 m
Kinzenburg
Dackscheid
Hontheim
L10
Lasel
Heilhausen
Auf der Birk 501 m
3 km
Lascheid
Pintesfeld
L12
Gesotz
alte Bahntrasse
Trielsberg 501 m
A60
Mariensäule
Mander-scheid
U1
Feuerscheid
2 km
Waxweiler
U2
Hargarten
Krummenacker 555 m
Schwarzbach
St. Johannes der Täufer
Lambertsberg
1 km
Dinert 456 m
K137
Plütscheid
K125
K123
Prüm
Nieder-pierscheid
Atzseifen
0 km
STEPMAP © Stepmap. 123map
Daten: OpenStreetMap. ; ODbL

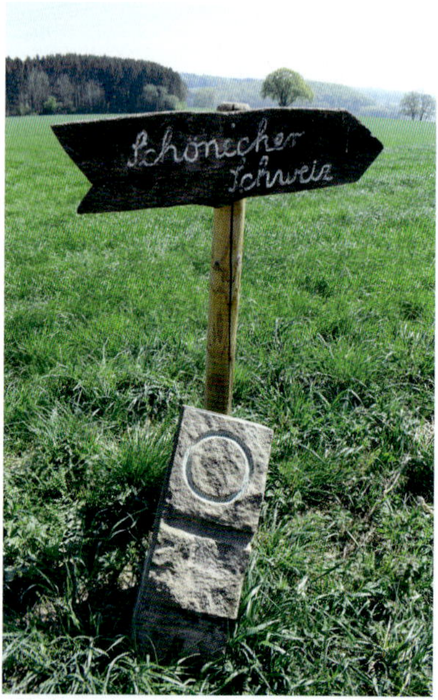

Wegweiser Schönecker Schweiz

Sie sich an dem Schild zur **Schönecker Schweiz** orientieren. Hinter dem Ortsausgang nehmen Sie an der Gabelung den rechten Weg, er führt unter einer Stromleitung hindurch. An der nächsten Gabelung wandern Sie geradeaus in den Wald hinein und nach 50 m weiter geradeaus. Sie passieren einen Wanderparkplatz mit ⌂ Schutzhütte, ⩦ Picknicktisch und Rettungspunkt (Nummer 5804-459).

Im Frühsommer durchzieht der Duft von Bärlauch den Wald, im Herbst blühen an vielen Stellen die Herbstzeitlosen. Daran können Sie fast schon ohne die entsprechenden Schilder erkennen, dass Sie sich in einem Naturschutzgebiet befinden. Die hier wachsenden Orchideen, Farne, Küchenschellen und Lilien sind nicht an vielen Stellen in der Eifel zu finden.

Der Weg führt stetig bergab und über eine Brücke über den Kupferbach zu einer Kreuzung mit Infotafeln zur Imkerei. Dort biegen Sie rechts ab und halten sich an der nächsten Wegkreuzung halb rechts an das Fahrradsymbol. Rechter Hand liegt ein trockenes Bachbett mit Furt und Holzbrücke. Dass hier kein Wasser zu sehen ist, hat aber nichts mit den Niederschlagsmengen der letzten Tage zu tun, sondern einen anderen Grund: Es handelt sich beim Kupferbach nämlich um einen Schwindbach.

Plötzlich ist der Bach verschwunden

Am Beispiel des Kalksteinuntergrunds der Schönecker Schweiz lassen sich Schwindbäche gut erläutern. Durch ein Schluckloch, also eine Öffnung in der Geländeoberfläche, fließt der Bach ab und sucht sich unterirdisch seinen Weg. Diese Bachschwinden führen im Sommer das gesamte Oberflächenwasser des Kupferbachs und seiner Nachbarbäche ab, in der niederschlagsreicheren Jahreszeit führt der Bach auch an der Oberfläche Wasser. Wenn das Wasser wieder auf undurchlässigere Schichten stößt, kommt es wieder ans Tageslicht und fließt oberirdisch weiter. Das muss nicht unbedingt an der Stelle sein, an der das entsprechende Bachbett an der Oberfläche verläuft.

Sie erreichen eine Kreuzung namens **Meyersruh** ❷ mit Kreuz und Rastbank (Rettungspunkt 5804-460). Hier folgen Sie dem nach rechts führenden Weg über den Bach. Er führt im Bachtal des Schalkenbachs, der hier auch nur abschnittsweise Wasser führt, weiter. Es geht vorbei an dem Fels **Jungfrau-Lei** und der gleichnamigen ⌂ Schutzhütte (Rettungspunkt 5804-458).

Am **Wanderparkplatz Schönecker Schweiz** mit seiner beeindruckenden Felswand befinden sich eine ⌂ Schutzhütte und der Rettungspunkt 5804-457. Folgen Sie am Ende des Parkplatzes der Straße bis zur L5 (Lindenstraße, später Unter der Pfordt). Diese bringt Sie nach links Richtung Schönecken, dabei überqueren Sie den **Altburger Bach**. Hinter der Tankstelle nehmen Sie den kleinen Pfad, der rechts bergab von der Straße wegführt. Auf der Wiese führt der markierte Weg links am Bach zu einem Fahrweg.

↳ Wer nicht im Ort übernachten, einkehren oder einkaufen möchte, kann hier auf der Wiese schon den rechten Weg nehmen, der durch den Park führt. Ein Teich und eine ⌂ Schutzhütte bieten sich für eine Rast an, bevor die Nims gequert wird und Sie dahinter links gehen, bis Sie die Straße Vollbach erreichen, wo der markierte Jakobsweg verläuft.

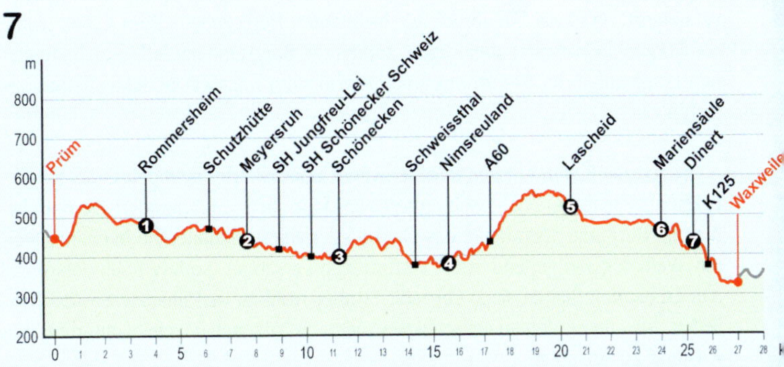

Der Fahrweg bringt Sie geradeaus zu einer kleinen Straße, der Sie nach links folgen. Sie treffen wieder auf die Schönecker Hauptstraße Unter der Pfordt und folgen ihr nach rechts. Hinter der Burgbrennerei gehen Sie geradeaus, wenn Sie im Ort etwas zu erledigen haben, und rechts (Vollbach) ❸, wenn Sie weiter auf dem Jakobsweg bleiben wollen.

Schönecken

Vogtshof von Wetteldorf, Nimstalstraße 1, 54614 Schönecken, ☏ 065 53/96 13 73, www.vogtshof-eifel.de, hotel@vogtshof-eifel.de, 200 m, 19 Betten, Ü EZ ab € 44, DZ ab € 66, DBZ ab € 87, F € 6,50, @ (Koppel am Haus)

♦ **Pension Steevens**, Schlenckerstraße 3, 54614 Schönecken, ☏ 065 53/927 20, 01 72/421 23 90, 700 m, ÜF EZ € 35, DZ € 59, (nur bei Vorausreservierung)

Wegen der traditionellen Eierlage sind die Unterkünfte über Ostern schnell ausgebucht.

⊙ Pilgerstempel in der **Kirche** und im **Pfarramt**, Auf dem Hostert

Die **Schönecker Doppelkirche** ist Unserer Lieben Frau und St. Leodegar geweiht. Die gotische Kirche von 1448 war ursprünglich einschiffig, in den Jahren 1875 und 1882 wurden zwei Seitenschiffe angebaut. St. Leodegar war ein Märtyrer des 7. Jahrhunderts und steht als Schutzheiliger den Müllern zur Seite. Wer ihn anruft, soll außerdem von Augenleiden und Besessenheit geheilt werden.

Vermutlich wurde die **Burg Bella Costa** (= Schönecken) um das Jahr 1230 erbaut. Sie brannte 1802 komplett aus und wurde zwei Jahre später „auf Abbruch versteigert", also als Steinbruch für Neubauten freigegeben. Zum Glück wurde die Burg nicht komplett abgetragen, sodass die Burgruine mit ihren noch erhaltenen Fragmenten der Wehrtürme und Wehrmauern noch ein perfektes Fotomotiv abgibt.

Schon die Kelten nutzten den Bergsporn oberhalb des heutigen Ortes **Schönecken** als Fliehburg. Nicht weit entfernt entstand im 13. Jahrhundert die mittelalterliche Burg, die noch heute das Ortsbild dominiert. Schönecken blieb im Zweiten Weltkrieg weitgehend von Zerstörungen verschont, sodass noch zahlreiche alte Gebäude erhalten sind. Oft fehlt es aber wohl an den finanziellen Möglichkeiten, die meist denkmalgeschützten alten Schätzchen in einen ansehnlichen Zustand zu versetzen.

Sammler und Jäger

Fast genauso heißen die beiden Freunde, die sich von der Junggesellensodalität Schönecken zu den beiden Hauptakteuren der alljährlichen Eierlage wählen lassen, nämlich Raffer und Läufer. Seit 1764 werden Jahr für Jahr kurz vor Ostern rohe Eier bei den Schöneckern eingesammelt. 104 werden im Abstand von einer Elle ausgelegt und schon kann der Wettkampf beginnen: Während der Raffer unter großem Gejohle der Zuschauer jedes Ei einzeln aufraffen (aufheben) und in einen Korb bringen muss, muss der Läufer ins Nachbardorf Seiwerath laufen. Wer seine Aufgabe zuerst erledigt hat, ist Sieger. Gewonnen haben aber alle, denn immerhin wird eine schöne alte Tradition am Leben gehalten und am Ende wird aus den 104 ovalen Wettkampfteilnehmern und den über dieses Soll hinaus gespendeten Eiern ein köstliches Omelett für alle gebacken.

Kurz vor dem Ortszentrum von Schönecken biegen Sie also rechts in die Straße Vollbach ab und überqueren den Bach an einem ⩲ Picknickplatz mit schönem Blick hinauf zur **Burgruine**. An der nun folgenden Gabelung gehen Sie links (Im Brühl) und an der nächsten Gabelung rechts (Forstberg).

Schönecken

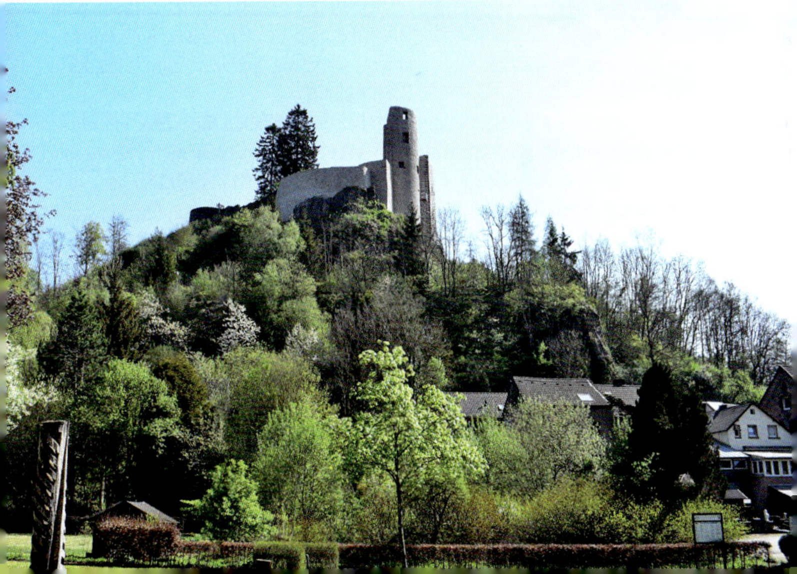

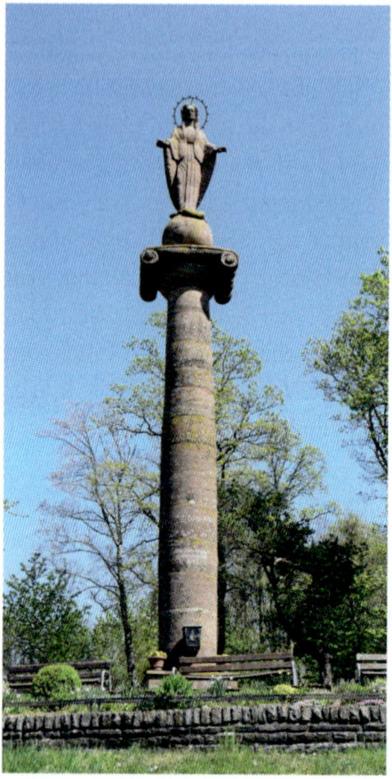

Mariensäule bei Waxweiler

Am Hang des Forstberges führt der markierte Weg bergauf bis zu einer Wegkreuzung mit Sitzbank. Hier wandern Sie weiter bergauf und laufen nach etwa 700 m mit den Markierungen des Willibrordusweges auf dem Teerweg hinab zur K118. Diese wird gequert, es geht geradeaus weiter auf dem bergauf führenden Schotterweg.

Nehmen Sie nun den ersten Weg nach rechts und unter der Stromleitung hindurch. Er führt zunächst bergauf, dann vor dem Waldstück links bergab zu einer Teerstraße. Hier gehen Sie scharf links Richtung Schweißtal und am Rettungspunkt 5804-515 auf der K128 scharf rechts Richtung Nimsreuland. Nach 200 m wandern Sie hinter dem Einzelhaus links auf dem Feldweg in den Nimsauen nach **Nimsreuland ❹**. Noch vor der Hauptstraße nehmen Sie rechts die K122 (Heisdorfer Straße) bergauf. Bald wird der Jakobsweg halb links auf einem Forstweg parallel zum Heisdorfer Bach geführt.

An der Kreuzung mit der frei liegenden Felswand bleiben Sie weiter geradeaus auf dem parallel zum Bach verlaufenden Weg. Sie passieren mehrere Weiher, dahinter wandern Sie links bergauf zum Rettungspunkt 5804-498. Der Weg führt nun geradeaus unter der **A60 (Talbrücke Heisdorf)** hindurch. Laufen Sie weiter bergauf. An der höchsten Stelle entdecken Sie links einen ⛼ Rastplatz mit Aussicht auf die A60.

Der Teerbelag endet. Nun wandern Sie an zwei von rechts und links kommenden Wegen geradeaus und an einer Wegkreuzung nach rechts bergauf. In einem Bogen laufen Sie halb um eine Lichtung herum, dann an der Gabelung links leicht bergauf. Ignorieren Sie die Einmündung von links und gehen Sie geradeaus leicht bergab zu dem Teerweg (Rettungspunkt 5804-531).

Diesem folgen Sie links Richtung Waxweiler/Lascheid, der Höhenweg bietet schöne Aussichten zu den ersten Häusern von Lascheid. Folgen Sie der Straße Auf dem Hügel bergab zur L10 und dieser dann nach rechts, 🚶🚶 Fußpilger etwa 2 km,

🚲 Radpilger bis nach Waxweiler. Noch in **Lascheid** 🚌 ❺ passieren Sie den Dorfbrunnen (kein Trinkwasser) mit einer ⌂ Schutzhütte und einem ⊼ Picknicktisch.

Sie gehen auf der L10 bergab und bergauf, passieren ein Wäldchen und nehmen hinter der Stromleitung an der Rastbank den nach links führenden Pfad Richtung Mariensäule.

🚲 Radler fahren an der Rastbank weiter geradeaus auf der L10. Sie können auf dieser Straße direkt bis nach Waxweiler fahren oder nach 500 m links den kleinen ↳ Abstecher zur Mariensäule machen. Nach der Besichtigung folgen Sie der Zufahrtsstraße halb rechts hinab zurück zur L10, auf der Sie nach links fahren. Sie endet an der L12 (Trierer Straße), dieser folgen Sie rechts nach Waxweiler. An der T-Kreuzung geht es auf der Luxemburger Straße nach links und nach 120 m rechts auf dem Alten Weg zurück zum Jakobsweg.

Von den Seiten kommende Wege und Pfade ignorieren Sie und passieren eine ⌂ Schutzhütte und kurz darauf einen alten Grenzstein von 1610, der die Grenze zwischen der Kur Trier und dem Großherzogtum Luxemburg markierte. Nach wenigen Metern erreichen Sie die **Mariensäule** ❻ ⊼ (Rettungspunkt 5904-830).

Gott sei Dank!

Während der unerträglichen Not der Ardennenoffensive im Kriegswinter 1944/45 gelobten die Bewohner von Waxweiler: „Wenn wir überleben, bauen wir der Mutter Gottes ein Denkmal!" Obwohl auch die Nachkriegsjahre voller Härte und Entbehrungen waren, erinnerten sie sich an ihr Versprechen und spendeten großzügig, allen voran die Damen aus dem örtlichen Marienverein. Schon 1948 wurde auf dem Eichelberg die 18 m hohe Säule fertiggestellt, die im oberen Teil Maria auf einer Weltkugel zeigt.

✋ Hinter der Mariensäule konnten die Fußpilger bis vor ein paar Jahren auf einem schmalen Pfad hinab nach Waxweiler gehen. Dieser Weg ist nun wegen langwieriger Streitigkeiten über ein Wegerecht gesperrt. Die Jakobusbrüder haben zwei Wegalternativen markiert. Sie haben bis zur endgültigen gerichtlichen Klärung nur die Wahl, auf der U2 am Aussichtspunkt den steilen Pfad bis zur L10 hinabzusteigen, dort links abzubiegen und auf der L10/L12 teertretend ins Tal zu gelangen oder den behelfsmäßig markierten Weg U1 über den Dinert zu nehmen. Dieser ist zwar länger, aber deutlich verkehrssicherer, deshalb beschreibe ich ihn und habe ihn als Grundlage für die Länge der Etappe genommen.

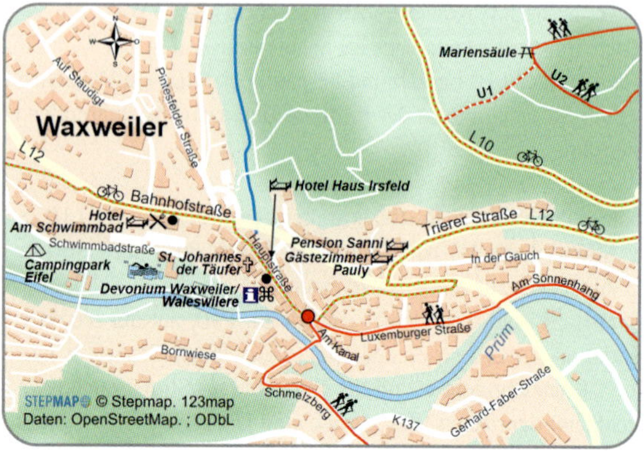

Am Aussichtspunkt folgen Sie links dem Waldweg und ignorieren am Ende des Holzgeländers den steil bergab führenden früheren Jakobsweg. Stattdessen gehen Sie geradeaus in den Wald und bis zur nächsten Gabelung, halten sich dort rechts und achten auf einen Weg, der vor (!) einer Rastbank steil bergab führt. Er bringt sie zu einem Feld. Das dürfen Sie auch dann auf dem Trampelpfad überqueren, wenn dort Mais oder andere Feldfrüchte wachsen.

Hinter dem Feld kommen Sie an einem Pestkreuz von 1634 zu einem Teerweg, auf dem Sie nach rechts bis zu einer Straße gehen. Folgen Sie der Straße für etwa 20 m nach links, dann biegen Sie rechts ab und gehen an der folgenden Gabelung wieder rechts. Auf diese Weise erreichen Sie den P Wanderparkplatz auf dem **Dinert ❼**. Hier oben haben Sie eine schöne Aussicht hinab nach Waxweiler, ein Picknicktisch, eine Schutzhütte und der Rettungspunkt 5904-831 bieten Schutz und Hilfe.

Auf dem Dinert folgen Sie dem Dinertsteig nach rechts, er ist auch als Willibrordusweg markiert. Sie überqueren beim steilen Abstieg die K125, folgen ihr kurz nach rechts und suchen sich auf der gegenüberliegenden Straßenseite zwischen den Leitplanken den Pfad, der Sie weiter ins Prümtal bringt. Im Tal biegen Sie nach rechts ab. Der Uferpfad mündet in die Straße Am Sonnenhang, dieser folgen Sie geradeaus zur Prümbrücke in Waxweiler. Hier gehen Sie geradeaus auf der Luxemburger Straße ins Ortszentrum zu einer Gabelung. Rechts geht es hier zu den Museen, der Touristeninformation und einigen Unterkünften, nach links führt der Jakobsweg weiter.

Waxweiler

Haus des Gastes, Hauptstraße 28, 54649 Waxweiler, 065 54/811, www.waxweiler.com/haus-des-gastes.html, gemeinde.waxweiler@t-online.de, 400 m, Mo, Di und Fr 9:00 bis 12:00, 13:30 bis 16:30, Do 9:00 bis 12:00, Juni bis Aug zusätzlich Sa 10:00 bis 12:00, gegenüber schöner Picknicktisch

Hotel Am Schwimmbad, Bahnhofstraße 8, 54649 Waxweiler, 065 54/389, www.hotelamschwimmbad.de, info@hotelamschwimmbad.de, 350 m, Do Ruhetag (Übernachtung bitte reservieren), 18 Betten, Ü € 32 p. P., Einzelzimmerzuschlag € 7,50, F € 5, € 8,50 (nur auf Anfrage), Gästesteuer € 1, @

Hotel Haus Irsfeld, Hauptstraße 30, 54649 Waxweiler, 065 54/314, 01 57/52 16 08 52 und 01 57/72 38 47 74, www.hotel-haus-irsfeld.com, michael-seibert@web.de, 150 m, Ü EZ € 68, DZ € 74, DBZ € 115, F € 7,50, Gästesteuer € 1, @

♦ **Gästezimmer Pauly**, Scheuerweg 17, 54649 Waxweiler, 065 54/93 40 88, www.gaestezimmer-pauly.de, gaestezimmer-pauly@t-online.de, 200 m, 3 Betten, ÜF € 30 p. P., @

♦ **Pension Sanni**, Susanne Pauls, Trierer Straße 8, 54649 Waxweiler, 065 54/216, 01 71/116 93 28, www.waxweiler.com/haus-sanni-pauls.html, 150 m, 2 Betten, ÜF € 26 p. P.,

Campingpark Eifel, Schwimmbadstraße 7, 54649 Waxweiler, 065 54/920 00, www.campingparkeifel.de, info@ferienpark-waxweiler.de, 500 m, ganzjährig, Ferienpark mit 300 Betten (im Sommer wird nur wochenweise vermietet, im Winter mind. 3 Nächte) und 99 Stellplätzen, Stellplatz inkl. 2 Pers. ab € 29,90 (Nebensaison), Touristensteuer € 1,20, € 3,50, € 5, Reservierungskosten € 14,90 pro Buchung. Die Übernachtung mit Zelt (ohne) ist für Pilger mit Pilgerausweis kostenfrei. Freier Eintritt im benachbarten Freibad für Campinggäste. (Hauptsaison) @

Pilgerstempel: **Haus des Gastes**, **kath. Pfarramt**, **Hotel Am Schwimmbad**

Freibad, Schwimmbadstraße, 065 54/290

Die Kirche **St. Johannes der Täufer** wurde 1770 im Stil des fränkischen Barocks gebaut, sie wird wegen ihrer Ausstrahlung auch Südeifeldom genannt. Vorgängerbauten soll es seit dem frühen 8. Jahrhundert gegeben haben, denn der Sage nach soll schon der heilige Willibrord von Echternach im Jahr 728 hier gepredigt haben.

tagsüber geöffnet

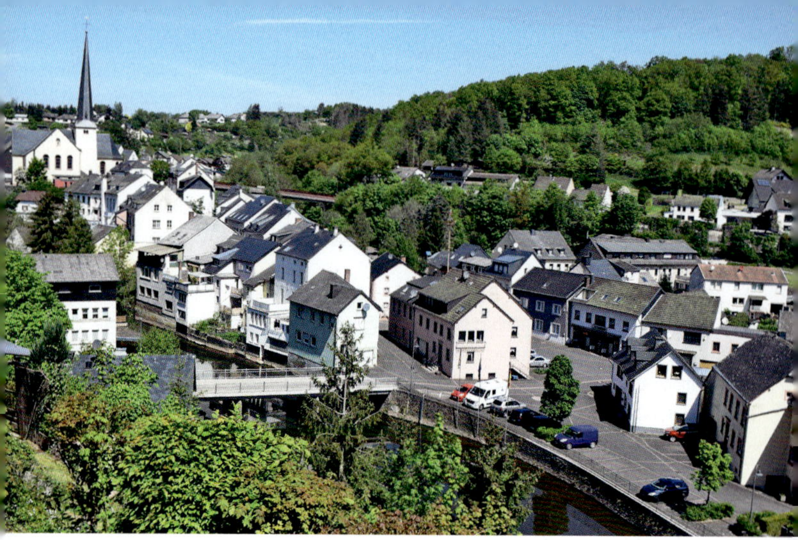

Waxweiler

⌘ **Devonium Waxweiler** (Museum zur Erdgeschichte) und **Waleswilere** (Römermuseum), im Haus des Gastes

💻 www.devonium.de

Schon die alten Römer fühlten sich in diesem Tal der Prüm sehr wohl und legten eine erste Siedlung an. Der Ortsname wurde bis ins 19. Jahrhundert noch Wachsweiler geschrieben und hat seine Ursprünge in dem 943 urkundlich erwähnten Namen Waleswilre. **Waxweiler** war im 19. Jahrhundert Gerichtsort eines Friedensgerichts, das entspricht heute ungefähr dem Aufgabenbereich eines Amtsgerichts.

Tanzen ohne Unterlass

Die Bewohner von Waxweiler behaupten, dass ihre Vorfahren die Echternacher Springprozession begründeten. Ihrer Überlieferung nach predigte 728 der heilige Willibrord in der Kirche St. Johannes der Täufer und störte sich an einigen Menschen, die vor der Kirche heidnische Tänze aufführten. In seinem heiligen Zorn verwünschte er die Tänzer, sodass sie nicht mehr aufhören konnten zu tanzen. Sie flehten um Gnade und gelobten Besserung. Da verzieh der Heilige ihnen, nahm den Fluch von ihnen und gab ihnen einen Bußgang nach Echternach auf.

Bei dieser Prozession wurde als Erinnerung an die Verfehlung getanzt und gesprungen, nun aber in heiliger Andacht und voller Reue.

8. Etappe: Waxweiler – Sinspelt

23,9 km, 8 Std. 30 Min., ↑ 842 m, ↓ 900 m, ⇧ 272-549 m

0,0 km	⇧ 328 m	Waxweiler
2,8 km	⇧ 457 m	Bellscheid
4,9 km	⇧ 533 m	Krautscheid
7,4 km	⇧ 471 m	Bornhof
8,6 km	⇧ 536 m	Windhausen
11,6 km	⇧ 489 m	Ammeldingen
13,3 km	⇧ 500 m	Plascheid
17,5 km	⇧ 342 m	Neuerburg
18,4 km	⇧ 430 m	Kreuzbergkapelle
22,9 km	⇧ 290 m	Niederraden
23,9 km	⇧ 275 m	Sinspelt

Fast 200 Höhenmeter auf 5 km: Die Strecke von Waxweiler nach Krautscheid ist eine der intensivsten Eifelstrecken. So bleibt es auf der gesamten Tagesetappe: In Bellscheid muss man nach dem mühsamen Aufstieg erst hinab ins Tal wandern, bevor der nächste Aufstieg folgt, hinter Krautscheid geht es bergab und bergauf nach Windhausen und Ammeldingen. Hinter Plascheid geht es mit schönen Fernblicken bergab ins Enztal nach Neuerburg. Dort führt der Kreuzweg steil bergauf durch den Wald zur Kreuzbergkapelle, bevor es wieder abwärts nach Sinspelt geht.

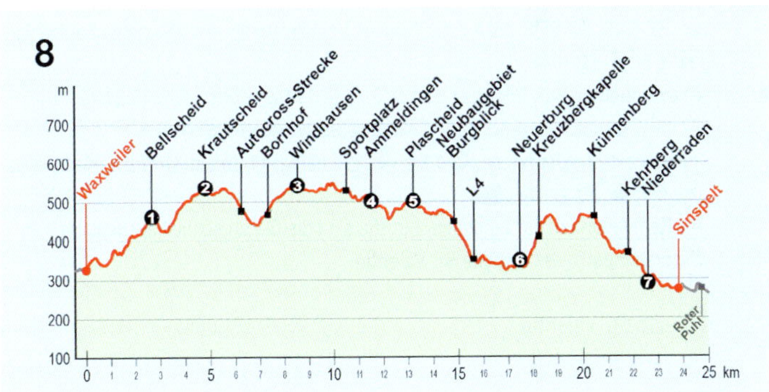

An der Gabelung im Ortszentrum laufen Sie nach links und auf der Brücke über die Prüm. Der Weg führt hier auf dem Schmelzberg durch eine Linkskurve und gegen die Einbahnstraße steil bergauf (🚲 Radfahrer schieben) zur K137. Queren Sie diese und folgen Sie geradeaus dem Heimesbachweg. In der Rechtskurve laufen Sie geradeaus bergab auf einem Waldweg zur L10. Dieser folgen Sie nach rechts und biegen nach 150 m an der Gabelung links in die K123 Richtung Oberpierscheid ab.

🚲 Radfahrer können der L10 weiter bis Krautscheid folgen.

Nach der Linkskurve folgen Sie am Rettungspunkt 5904-841 dem Forstweg scharf rechts bergauf bis zu einer Rastbank. Dort nehmen Sie an der Gabelung den rechten Weg. Er führt zunächst fast eben weiter, zwischen Viehweiden hindurch und im Wald wieder bergauf nach **Bellscheid ❶**.

Dort gehen Sie direkt hinter dem Ortseingang links auf dem Teerweg bergab und hinter der Linkskurve bergauf. An der Rastbank am Rettungspunkt 5904-835 verlassen Sie den Teerweg und nehmen rechts den Schotterweg steil bergauf. Wenn er wieder flacher wird, mündet er in eine Straße, dieser folgen Sie nach rechts zur L9. Auf der L9 gehen Sie links Richtung Krautscheid, passieren den Rettungspunkt 5903-635 und biegen gleich am Ortsanfang hinter einer Baumgruppe rechts in die Dorfstraße ein ❷.

Krautscheid 🛏 ✕ ✞ ⊙

🛏 ✕ **Islekhöhe Gansen**, Bitburger Straße 1, 54673 Krautscheid, ☎ 065 54/431, 💻 www.islekhoehe.de, ✉ info@islekhoehe.de, ➲ 50 m, 🚪 Mi Ruhetag, 20 Betten, ÜF EZ € 49, DZ € 88, DBZ € 120, plus € 1 Gästebeitrag, € 4 Wochenendaufschlag, 🐕 € 5, 🍎 👟 🚲

♦ **Krautscheider Hof**, Bitburger Straße 6, 54673 Krautscheid, ☎ 065 54/469, 💻 www.krautscheider-hof.de, ✉ krautscheider-hof@t-online.de + info@krautscheider-hof.de, ➲ 1 km, 🚪 Di Ruhetag, 14 Betten, ÜF EZ € 44, DZ € 82, 🐕 € 5, 🍎 👟 @ 🚲 💳

✋ An Renntagen auf der Autocross-Strecke sind die Betten schnell ausgebucht.

⊙ Pilgerstempel in der **Kapelle St. Valentin**

✞ Kapelle St. Valentin

🚪 tagsüber meist geöffnet

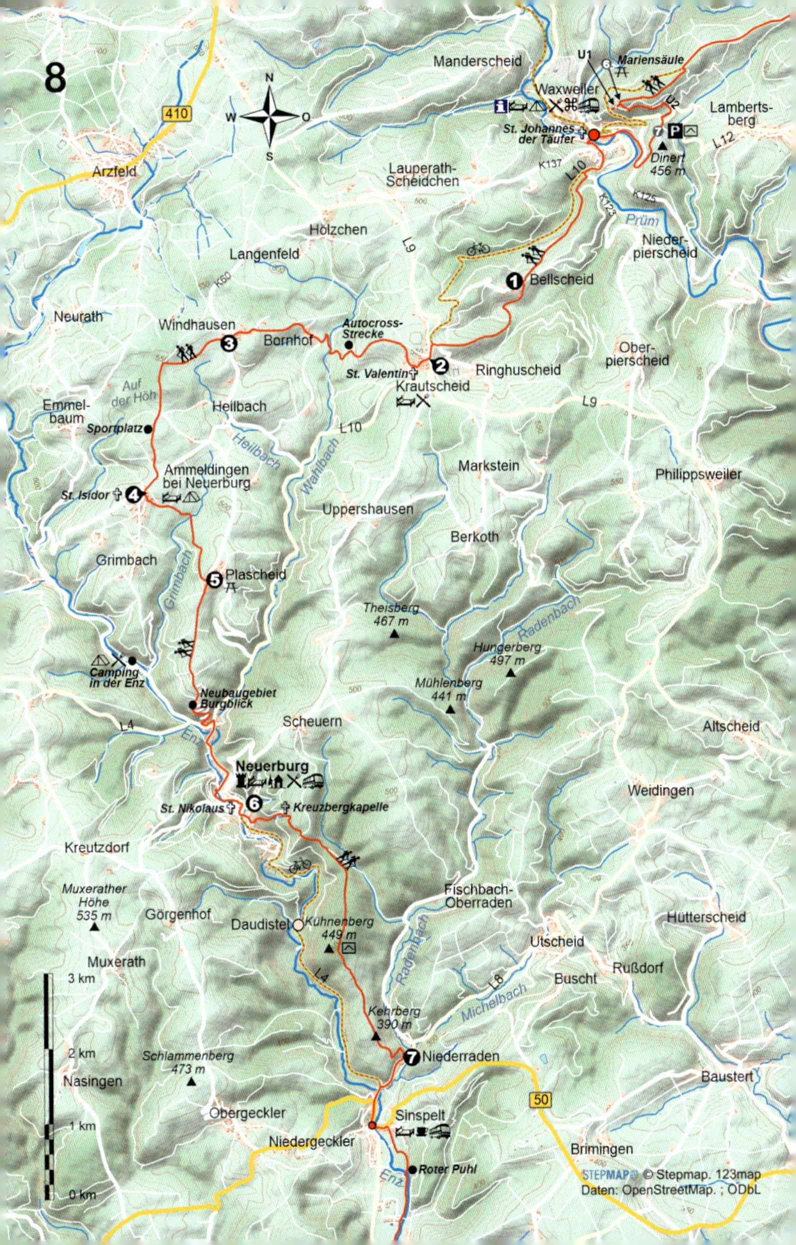
8
410
Arzfeld
Manderscheid
Waxweiler
Mariensäule
U1
U2
St. Johannes der Täufer
Lamberts-berg
Dinert 456 m
L12
K137
L10
K125
K123
Prüm
Lauperath-Scheidchen
Hölzchen
Langenfeld
K60
L9
Nieder-pierscheid
Bellscheid
Neurath
Windhausen
Bornhof
Autocross-Strecke
St. Valentin
Krautscheid
Ringhuscheid
Ober-pierscheid
Emmel-baum
Auf der Höh
Sportplatz
Heilbach
L10
Wahlbach
Markstein
Philippsweiler
Ammeldingen bei Neuerburg
St. Isidor
Uppershausen
Berkoth
Grimbach
Plascheid
Theisberg 467 m
Radenbach
Hungerberg 497 m
Mühlenberg 441 m
Camping in der Enz
Neubaugebiet Burgblick
L4
Enz
Scheuern
Altscheid
Neuerburg
St. Nikolaus
Kreuzbergkapelle
Weidingen
Kreutzdorf
Fischbach-Oberraden
Muxerather Höhe 535 m
Görgenhof
Daudistel
Kühnenberg 449 m
Hütterscheid
Utscheid
Muxerath
Buscht
Rußdorf
L8
Michelbach
Kehrberg 390 m
3 km
2 km
1 km
0 km
Schlammenberg 473 m
Niederraden
Nasingen
Baustert
50
Obergeckler
Sinspelt
Niedergeckler
Briminger
Roter Puhl
STEPMAP © Stepmap. 123map
Daten: OpenStreetMap. ; ODbL

Der schon 1231 erstmals erwähnte Höhenort **Krautscheid** ist heute besonders bei Motorsportfreunden bekannt. Mehrmals jährlich finden Autocross- und Stockcar-Rennen statt.

Über die Dorfstraße wandern Sie hinab zur Kapelle, dort laufen Sie rechts auf der Kapellenstraße weiter bergab und bergauf zu einem Teerweg. Diesem folgen Sie nach halb links und passieren eine **Autocross-Strecke**. Das ist an Renntagen ein sehr lautes und matschiges Unterfangen und man wird versuchen, Ihnen Eintrittsgeld abzuknöpfen, bis Sie sich eindeutig als Jakobspilger zu erkennen geben.

Folgen Sie dem Teerweg bis zur Brücke und überqueren Sie darauf den Wahlbach. Wenn Sie den kleinen Steinbruch sehen, folgen Sie an der T-Kreuzung dem Weg nach links bergauf. Er endet an einem anderen Teerweg. Hier wandern Sie rechts zum **Bornhof**, an dem Sie zwischen Ställen und Wohnhäusern steil bergauf weiterlaufen.

An der folgenden Rastbank bleiben Sie geradeaus auf dem Teerweg, er führt an der Einfahrt eines Hofmuseums vorbei nach **Windhausen** (Rettungspunkt 5903-673). An der Bushaltestelle (nur Schulbus) biegen Sie links ab und queren die K60 ❸. Setzen Sie Ihren Weg geradeaus auf dem geteerten Wirtschaftsweg fort, zunächst bergab, später wieder bergauf. Er endet am Waldrand, hier nehmen Sie den Schotterweg nach links. Es geht leicht bergauf durch ein kleines Waldstück, das in einigen Karten Auf der Höh heißt.

Am Ende des Waldstücks führt der Teerweg geradeaus auf Ammeldingen zu, gehen Sie dafür auf der rechten Seite der Baumgruppe vorbei und passieren Sie Sportplatz und Jugendzeltplatz. Am Ende der Straße laufen Sie rechts Richtung **Ammeldingen**.

Ammeldingen

🛏 ⛺ ✝ ⊙

🛏 ⛺ **Der Erlenhof**, Brunnenstraße 2a, 54673 Ammeldingen bei Neuerburg, ☏ 02 11/710 32 76 (Kontakt über Herrn Watty in Düsseldorf), 📱 01 73/251 29 78, 💻 dererlenhof.jimdofree.com, ✉ dererlenhof@web.de, ➲ 250 m, Herr Watty stellt Pilgern sein privates Ferienhaus zur Verfügung: 1 Doppelbett, voll eingerichtete Küche, ✋ Bettwäsche/Schlafsack mitbringen, Pilgersonderpreis € 13, ⛺ gleicher Preis für Pilger mit Zelt, Barzahlung. 🚲, 🐎 🐴 Tragtiere übernachten auf der großen Weide, 🐕 Hunde in der Eingangshalle

⊙ Pilgerstempel im **Erlenhof** (für Übernachtungsgäste) und bei **Mayer**, Kapellenweg 16

✝ **St. Isidor**: Eine erste Kapelle von 1762 wurde 1810 erweitert. Die 1896-98 gebaute Kirche wurde 1903 geweiht.

tagsüber geöffnet

Der unbekannte Namenspatron

Nur wenige Kirchen haben den heiligen Isidor zum Patron. Der 1070 in Madrid geborene Isidor hatte es schwer, die anderen Knechte missgönnten ihm die täglichen Kirchgänge und schwärzten ihn beim Gutsherrn an. Doch dieser erkannte, dass das ursprünglich ziemlich heruntergekommene Landgut seit Isidors Ankunft florierte und er stets ein Herz, eine helfende Hand und Trost für seine Mitmenschen hatte. Mehr als 40 Jahre nach seinem Tod 1130 fand man bei einer Graböffnung seinen Leichnam völlig unversehrt. Er wurde nach Madrid überführt, 1622 heiliggesprochen und gilt als einer der Schutzheiligen der Bauern.

Ammeldingen bei Neuerburg verwechseln Sie bitte nicht mit Ammeldingen an der Our, das liegt nämlich gut 20 km Luftlinie südlich. Für beide Orte lässt sich die Bedeutung des ungewöhnlichen Namens nicht mehr ermitteln.

Direkt hinter der Kirche St. Isidor ❹ biegen Sie links in den Kirchweg ein. An der Einmündung von rechts bleiben Sie geradeaus auf dem Kirchweg, er heißt nun Kapellenweg. An der folgenden T-Kreuzung biegen Sie links Richtung Plascheid ab und bleiben dabei auf dem Kapellenweg.

Sie passieren ein Haus, in dessen Vorgarten ganze neun Jakobsmuscheln uns Pilger willkommen heißen. Mit dem angenehmen Gefühl, in diesem Dorf willkommen zu sein, verlassen Sie Ammeldingen auf dem Wirtschaftsweg geradeaus.

An der nächsten Gabelung bleiben Sie rechts auf dem Teerweg, er führt steil bergab und wieder bergauf. An einer Rastbank am Waldrand leitet er sie – nun geschottert – in den dichten Buchenhochwald. Dahinter erreichen Sie **Plascheid**.

Biegen Sie an dem Picknicktisch ❺ rechts ab und laufen Sie den Brunnenweg hinab aus dem Ort hinaus. Auf dem Höhenweg zwischen den offenen Feldern haben Sie schöne Ausblicke in alle Richtungen. Der Weg führt hinab nach Neuerburg. Die ersten Häuser des **Neubaugebiets Burgblick** sind bald erreicht, dahinter führt die Straße steiler bergab. Sie heißt später Plascheider Weg und führt in Serpentinen zur Kölner Straße (L4).

Biegen Sie dort rechts ab und nehmen Sie den Gehweg neben der Straße über zwei Bachbrücken und an drei Supermärkten/Discountern vorbei. Auch am Hotel zur Stadt Neuerburg bleiben Sie noch geradeaus auf der Kölner Straße. Sie heißt nun bald Poststraße und führt zu einem **Felsblock** an einer großen Jakobsweginfotafel mit einem schön gelegenen Picknicktisch direkt an der Enz.

Hinter dem Felsblock biegen Sie rechts in die Mühlenstraße ein, sie führt über die Enz, die genau unter der Steinbrücke steil ins Tal fällt. Hinter der Brücke gehen Sie links hinab zur Alten Mühle, passieren diese und biegen dahinter links ab. Sie erreichen den **Stadtpark**, in dem Sie auf gut angelegten Parkwegen eine überdachte Holzbrücke und einen Spielplatz passieren, bevor Sie auf einen Parkplatz stoßen. Am Ende des Parkplatzes unterhalb der Kirche St. Nikolaus biegen Sie rechts in die Graf-Dietrich-Straße ab und gehen nach 20 m links (Op d'r Kehr) zum Marktplatz ❻.

Neuerburg

euvea Freizeit- und Tagungshotel, Bitburger Straße 21, 54673 Neuerburg, ☏ 065 64/960 90, www.euvea.de, info@euvea.de, 150 m, 56 Betten, barrierefreies Hotel für Menschen mit Behinderung, zwei spezielle Pilgerzimmer mit je einem Bett für ÜF € 32 p. P., ansonsten € 48,50, Sauna, @

Mechthild Dhur, Auf Steffelsen 6, 54673 Neuerburg, ☏ 065 64/24 84, 01 75/883 15 76, dhurt@t-online.de, 100 m (von der Poststraße 100 m über die Enzbrücke, beim Farbenladen in die Mühlenstraße), 3 Betten nur für Jakobspilger, Stellplatz für ein Zelt (Preis nach Vereinbarung), ÜF EZ € 33, DZ € 60, @

Jugendburg Neuerburg, Burgstraße 13, 54673 Neuerburg, ☏ 065 64/21 87, www.jugendburg-neuerburg.de, info@jugendburg-neuerburg.de, 400 m (in der Burg), 100 Betten, Ü € 20,50 p. P., ÜF € 28,50, Kapelle auf dem Hof, @

Camping in der Enz, In der Enz 25, 54673 Neuerburg, ☏ 065 64/26 60, www.camping-inderenz.com, info@camping-inderenz.com, 1,4 km, April bis Okt, Ü € 8,10, Stellplatz € 10, kleines Schlafzelt € 3, € 3, € 3, Dusche frei, Brötchenservice, Getränke, Eis, @

⊙ Pilgerstempel in der **Kirche**, im **Pfarrbüro**, in der **Pension Dhur**, im **euvea-Hotel** und in der **Burg**

☺ Der Neuerburger Siegfried Mathieu ist Jakobspilger und hilft gerne mit Infos über Neuerburg, die Region und den Weg: siegfried-mathieu@gmx.de.

Die **Burg Neuerburg** stammt in Teilen aus dem 12. Jahrhundert, in den folgenden Jahrhunderten fanden mehrere Umbauten und Erweiterungen statt. Die Festung wurde 1692 von den französischen Truppen gesprengt, heute befindet

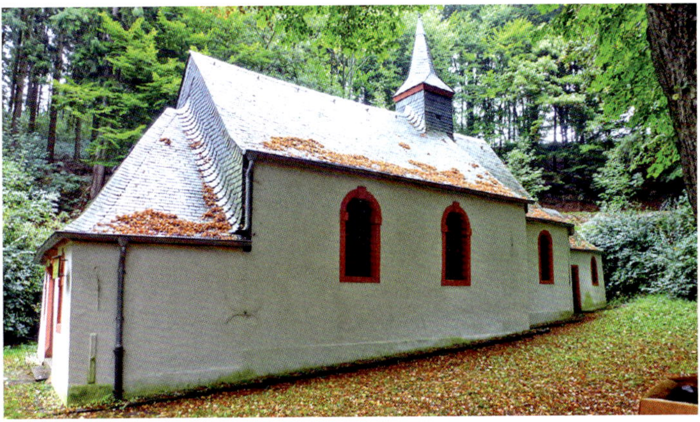

Kreuzkapelle bei Neuerburg

sich in dem noch erhaltenen Gebäudeteil die Jugendburg. Der Innenhof und die Burgkapelle (früherer Rittersaal) können besichtigt werden.

So neu, wie der Ortsname es uns weismachen will, sind weder Burg noch Ort. Letzterer erlangte bereits 1332 die Stadtrechte. Um 1900 gab es hier noch zahlreiche Gerber und Tuchweber. Der Luftkurort **Neuerburg** ist ein idyllisches Städtchen mit alten Gebäuden und verwinkelten Gassen, der Jakobsweg führt hier durch den schönsten Park auf der gesamten Via Coloniensis.

Gehen Sie nach rechts über den Marktplatz, er wird zur Marktstraße. Am Ende der Fußgängerzone biegen Sie links ab (Friedrichplatz), queren die Heidbachstraße und gehen geradeaus in die Herrenstraße.

🚲 Ab der Heidbachstraße folgen Radpilger den Wegweisern des Enztalradweges auf der Weberstraße nach rechts, der Weg zur Kreuzbergkapelle ist nämlich sehr steil.

Die harten Radpilger und alle Fußpilger setzen ihren Weg auf der Herrenstraße am Stadthaus vorbei und geradeaus die Kreuzbergstraße hinauf fort. Der Jakobsweg führt parallel zum Kreuzweg auf einem Teerweg hinauf zur Kreuzbergkapelle.

Der Weg ist bei Nässe und Laub mitunter ziemlich glatt.

Die barocke Kreuzkapelle wurde 1707-27 gebaut. Davor soll es hier eine Eremitage und um das Jahr 1609 ein Bethaus gegeben haben. Die drei geschnitzten Altäre im durch Gitter vor Vandalismus geschützten Kapellchen und die Grablege im Vorraum locken auch viele Wanderer an.

Nach dem kleinen Abstecher zur Kreuzkapelle passieren Sie den Rettungspunkt 5903-651. Der Teerweg führt hinter der Kapelle zunächst noch weiter steil bergauf, dann aber geschottert und flacher mit einigen Aussichtspunkten zu einer Wegkreuzung. Hier wandern Sie mit dem Wanderweg 15 geradeaus Richtung Nieder-/Oberraden.

Der Weg führt stetig bergab aus dem Wald in offeneres Gelände und passiert einen Picknicktisch. Dahinter gehen Sie an der Gabelung rechts Richtung Niederraden/Sinspelt, zunächst bergab, bald aber wieder bergauf zum bewaldeten **Kehrberg**. Wandern Sie zwischen einer Sitzbank und dem Baum mit dem Namen **Kreijschkoos** geradeaus hindurch.

Burg Neuerburg

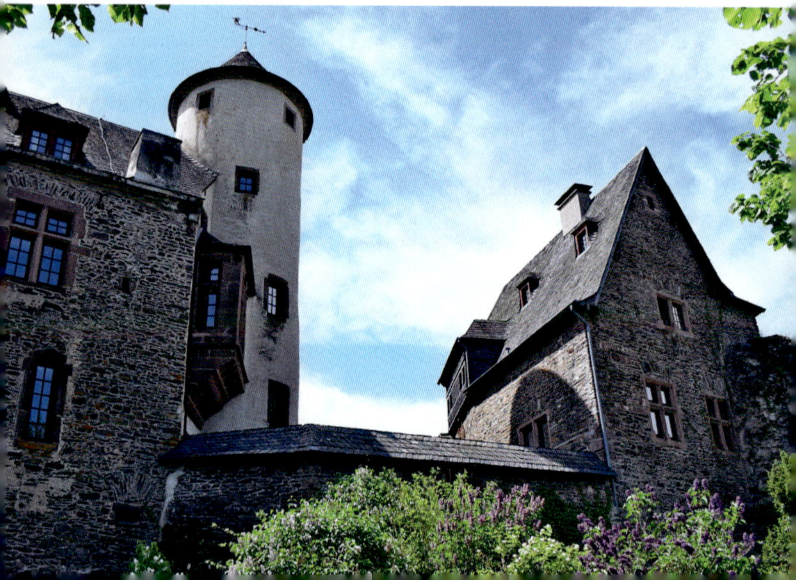

Kreijschkoos

Zwischen all den Buchen fällt die hohe Stieleiche ins Auge. Sie wird auf etwa 300 Jahre geschätzt und trägt ein Kruzifix. Dieses wurde von Müttern angebetet, deren Kinder das Weinen (= Kreischen) nicht lassen konnten. Zum Glück waren meine Töchter keine Schreikinder, sodass ich nicht für Sie recherchieren konnte, ob der Baum die ihm nachgesagte Wirkung auch tatsächlich entfaltet. In jedem Fall wird der Weg zu dem Baum den verzweifelten Müttern etwas Zeit zum Abschalten und damit neue Gelassenheit geschenkt haben.

Auch an der ⌂ Schutzhütte am Rettungspunkt 6003-013 laufen Sie weiter geradeaus. Der Weg führt aus dem Wald heraus und zunächst auf einem Schotterweg, dann auf einem Teerweg zu einer T-Kreuzung. Hier gehen Sie nach links auf dem Teerweg weiter und passieren den Friedhof von **Niederraden** ❼.

☞ Im hohlen Stamm einer 700 Jahre alten Linde in der Ortsmitte (➲ 150 m) wurde ein Marienaltar eingerichtet.

Der Weg endet auf der L8 (Radental), dieser folgen Sie am Straßenrand halb rechts durch das Tal des Radenbachs bis nach Sinspelt. Dort gehen Sie auf der Neuerburger Straße (L4) nach links über die Enzbrücke und folgen der Straße auf dem Gehweg durch das Dorf. Sie heißt nach einer Kreuzung Hauptstraße (B50).

Sinspelt

🛏 **Pension Bei Margret**, Hauptstraße 2, 54675 Sinspelt, ☏ 065 22/344, 💻 www.pension-margret.de, ✉ info@pension-margret.de, ➲ am Weg, 10 Betten in der Pension, außerdem Ferienwohnungen, EZ € 39, DZ € 65, 🐕 auf Anfrage (☝ nach dem Hochwasser 2021 konnte nur die Pension gerettet werden; das Gasthaus bleibt geschlossen)

☕ **Hofcafé**, In der Gracht 4, 54675 Sinspelt, 💻 www.heyenhof.de, 🚪 Do bis So 14:00 bis 18:00. 🛏 Bei Belegungslücken werden die Ferienwohnungen auch für eine Nacht vergeben.

Wo sich heute das kleine Eifeldörfchen **Sinspelt** erstreckt, entstanden zu Zeiten der Römer ein römisches Landhaus namens Villa Simonis und ein Straßenknotenpunkt. Heute führen zwar immer noch eine Bundes- und eine Landstraße durch den Ort, sonst geht es aber in dem staatlich anerkannten Fremdenverkehrsort recht beschaulich zu.

9. Etappe: Sinspelt – Bollendorf

21,3 km, 6 Std. 30 Min., 575 m, 684 m, 168-436 m

0,0 km	275 m	Sinspelt
3,3 km	251 m	Mettendorf
8,5 km	342 m	Nusbaum
9,9 km	320 m	Stockigt
10,5 km	322 m	Nusbaumerhöhe
11,2 km	279 m	Rohrbach
14,1 km	409 m	Wikingerburg
15,9 km	402 m	Schankweiler Klause
17,6 km	425 m	Fraubillenkreuz
21,3 km	178 m	Bollendorf

Nach 6 km entspannten Wanderns auf Feldwegen entlang der Enz führt der Weg schweißtreibend bergauf zum Doppelort Nusbaum/Freilingerhöhe. Dahinter geht es eine Weile durch einige kleinere Siedlungen am Straßenrand bergab. Hinter Rohrbach führt der Weg im Wald bergauf zum Ferschweiler Plateau. Hier im Schatten spendenden Wald warten Zeugen der Vergangenheit und beeindruckende Felsformationen auf den Wanderer und Pilger.

An der Feuerwehr und der Pension Bei Margret geht es nach links zurück auf die andere Seite der Enz. Nach knapp 200 m verlassen Sie die Bitburger Straße in einer Linkskurve und folgen der kleinen Straße nach rechts (Im Rotenweg). Schon nach 30 m nehmen Sie den Teerweg rechts von Hausnummer 4 und wandern nach rechts bergab. Er wird zum Grasweg und führt an einem Zaun entlang zur Enz.

Sie überqueren diese ein weiteres Mal, diesmal auf einer Holzbrücke. Links ist die rote Wand des Buntsandsteinaufschlusses **Roter Puhl** zu sehen. Folgen Sie links dem Teerweg zwischen dem Roten Puhl mit seinem Picknicktisch und dem Sportplatz immer am **Enzufer** entlang. Auch an den Resten einer Brücke bleiben Sie geradeaus auf dem Teerweg und erreichen ohne weitere Höhenmeter Mettendorf.

Im Ort queren Sie eine Straße (L8, Fausenburg) und gehen geradeaus (Im Bungert) bis zu einer T-Kreuzung, dort überqueren Sie nach links die Enz und laufen auf der Hauptstraße (sie heißt später Im Fronhof) bis zur Kirche St. Margareta ❶.

Mettendorf

🛏 ✕ ☕ 🍷 🛒 ⚕ BANK 📯 ✝ ⊙ 🚌

🛏 ✕ **Hotel Kickert**, Enztalstraße 15, 54675 Mettendorf, ☎ 065 22/341, 💻 www.hotel-kickert.de, ✉ hotel-kickert@t-online.de, ➲ am Weg, 55 Betten, ÜF EZ ab € 59, DZ ab € 118, 🐕 🍎 @ 🏊 🚲 🚗

♦ **Eifelhotel Im Fronhof**, Im Fronhof 12, 54675 Mettendorf, ☎ 065 22/933 71 17, 📱 01 70/213 51 69, 💻 eifelhotel-fronhof.de, ✉ info@eifelhotel-fronhof.de, ➲ am Weg, 43 Betten, ÜF ab EZ € 60, DZ ab € 85, DBZ ab € 135, @

⊙ Pilgerstempel in der **Kirche** und im **Eifelhotel Fronhof**

✝ **St. Margareta**: Eine erste Kirche stand hier schon 1477. Nach der Zerstörung im Zweiten Weltkrieg wurde 1949 ein Neubau fertiggestellt und 1969-71 erweitert. Vor der Kirche befindet sich ein Denkmal für Maximilian Kolbe, den Franziskaner-Minoriten, der 1941 in Auschwitz für einen Mithäftling in den Hungerbunker ging und dafür 1982 heiliggesprochen wurde.

🚪 tagsüber geöffnet, ⊙

Im Altniederdeutschen war *Meti* das Wort für Speise. Daraus entwickelte sich z. B. das rheinische Mett (Schweinegehacktes) und es ist möglich, dass auch der Name **Mettendorf** diesen Ursprung hat. Eine andere Erklärung ist eine Ableitung aus „mittleres Dorf". Fest steht, dass man heute in diesem gut 1.000 Einwohner zählenden Dorf genügend Stellen findet, an denen man sich mit Speisen versorgen kann. Erstmals urkundlich erwähnt wurde der Ort 786, in der Feudalzeit (11. und 12. Jahrhundert) war hier einer der Gerichtsorte der Grafschaft Vianden.

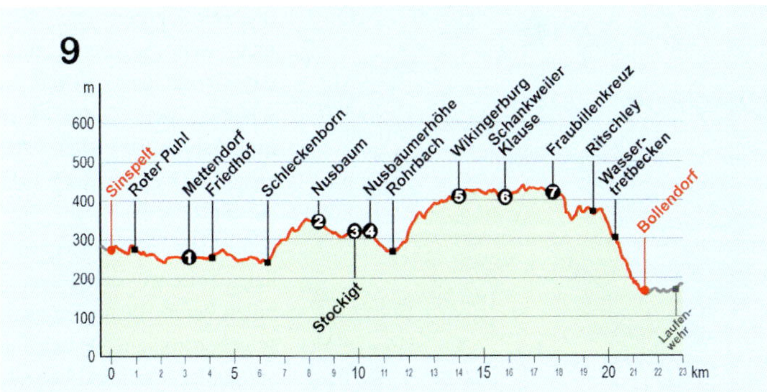

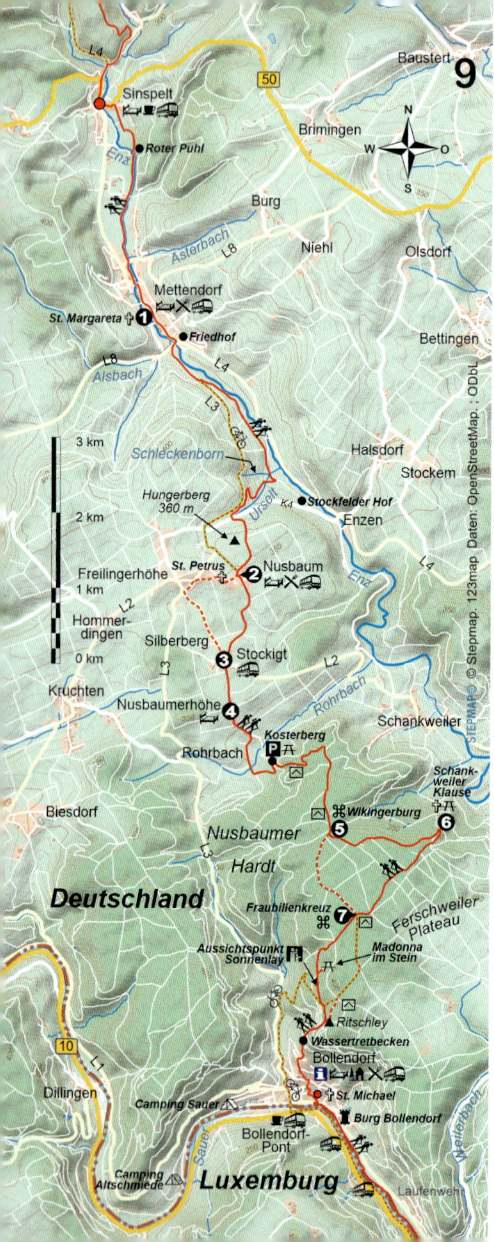

Hinter der Kirche gehen Sie geradeaus auf der Enztalstraße bis zum Friedhof, biegen rechts ab und überqueren auf der Luxemburger Straße ein letztes Mal die **Enz**. Direkt hinter der Brücke folgen Sie an der Gabelung der Straße nach links. Auf Höhe eines einzelnen Hauses biegen Sie links in den Feldweg ein, er führt am Waldrand entlang wieder leicht bergab parallel zur Enz über das Bächlein Schleckenborn auf den Stockfelder Hof zu.

🚲 Radpilger bleiben auf der L3 und folgen ihr stetig bergauf den **Hungerberg** hinauf. An der Kreuzung radeln Sie geradeaus Richtung Nusbaum und können in der folgenden Rechtskurve den Feldweg geradeaus nehmen, wenn Sie bereit sind, das Fahrrad für ca. 400 m zu schieben, denn leider ist er für Fahrzeuge aller Art gesperrt. Der Feldweg trifft auf die Enzener Straße, hier kommt der Fußpilgerweg von links zwischen den Bauernhöfen heran. Wenn Sie nicht schieben wollen, bleiben Sie auf der L3, sie führt ebenfalls in den Ort.

An der Kreuzung 120 m hinter dem Bächlein biegen Sie aber rechts ab und gehen bergauf am Waldrand entlang. Der Jakobsweg führt vom Wald weg und scharf links durch ein anderes Stück des Waldes zur K4. Diese überqueren Sie und folgen dem Feldweg geradeaus nach Nusbaum.

Gehen Sie geradeaus (🚲 schiebende Radpilger rechts) zu der abknickenden Straße ❷. Dort entdecken Sie einen Hinweis, der eine Streckenteilung erläutert.

Der bisherige Jakobsweg führt halb rechts Richtung Freilingerhöhe, am Friedhof und an der Bushaltestelle jeweils links und am Ortsende links Richtung Stockigt. Dabei kommen Sie in die Ortsmitte von Nusbaum.

Nusbaum

Gasthof Burelbach, Hauptstraße 3, 54675 Nusbaum, ☏ 065 22/336 und 339, ➲ am Weg, 4 Zimmer, ÜF ab € 30 p. P. Pilger können auch Abendessen erhalten.

Laaschhof, Familie Spartz-Ledo, Kreuzstraße 4, 54675 Nusbaum, ☏ 065 22/319, www.laaschhof.de, ledo@laaschhof.de, ➲ 100 m, 2 Betten, Ü € 27, ÜF € 37, HP € 47, 🚲

⊙ Einen Stempel bekommen Sie in der **Kirche** und bei **Familie Roderich**, Petrusstraße 6. Einige Bewohner des Ortes haben ausgeschnittene Stempelabdrucke, die sie Pilgern in den Ausweis legen, wenn sie diese auf ihrem Weg durch den Ort sehen.

✞ **St. Petrus**

Okt bis März 9:00 bis 17:00, April bis Sep 9:00 bis 19:00

Nusbaum wurde vermutlich schon im 12. Jahrhundert bewohnt, in einem Echternacher Prozessionsverzeichnis wurde ein Ort namens Nushem bei den Orten aufgezählt, die zur Prozession nach Echternach verpflichtet waren. Es kann davon ausgegangen werden, dass sich aus diesem Nushem das heutige Nusbaum entwickelte.

Die neue Wegführung für Pilger führt links die wenig befahrene Petrusstraße hinab direkt nach **Stockigt**.

In Stockigt ❸ passieren Sie eine ✞ Kapelle und eine Bushaltestelle, bevor Sie geradeaus auf der Rohrbacher Straße (K7) weiterpilgern. Der nächste Ort heißt **Nusbaumerhöhe** ❹, dort zeigt ein kleines Schild an der Hausnummer 3 an, dass es bis Santiago de Compostela noch 2.400 km sind.

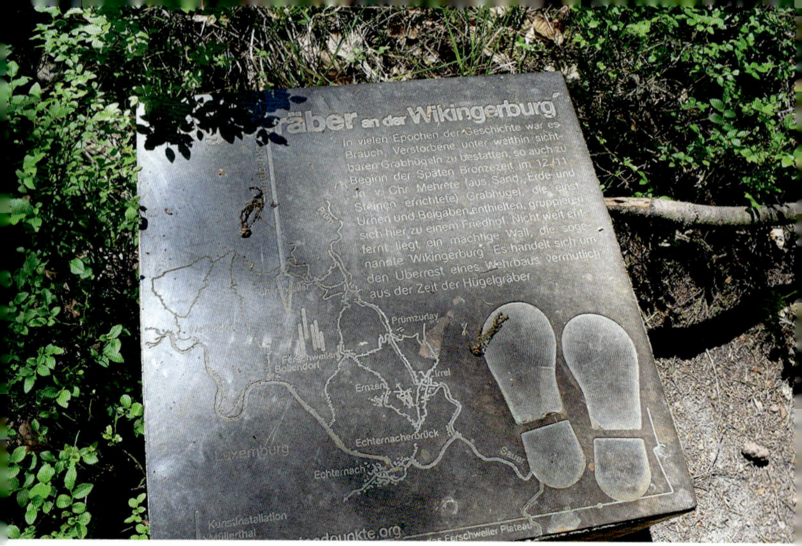

Landmarken-Standpunkt an den Hügelgräbern

Bei diesen netten Pilgersleuten kann man auch übernachten.

🛏 **Annelie** und **Willi Ziwes**, Rohrbacher Straße 3, 54675 Nusbaum, ☏ 065 22/826, bieten eine private Pilgerunterkunft an, Preis bitte bei Anmeldung vereinbaren, ➲ am Weg, ⊙

Folgen Sie der Rohrbacher Straße hinab nach **Rohrbach**. Dort gehen Sie an der Gabelung rechts auf der Rohrbacher Straße bis zum Ortsende und geradeaus auf dem Schotterweg über das Bächlein. Der Weg führt dahinter links hinauf zum **Wanderparkplatz Kosterberg** ⛼ (Rettungspunkt 6104-553). Dort gehen zwei Wege nach rechts ab, nehmen Sie den linken – und leider auch steileren – geschotterten Weg. Richtig steil ist er zum Glück nur am Anfang. Er mündet in einen Forstweg, dem Sie quasi geradeaus folgen. An der ⌂ Schutzhütte wandern Sie geradeaus weiter bergauf bis zum Rettungspunkt 6104-463. Hier ist der schlimmste Aufstieg geschafft.

Der Jakobsweg verläuft hier gemeinsam mit den Wegen 46 und 52 geradeaus und an der nächsten Gabelung links. Wenn der Weg 23 links nach Schankweiler (3 km) führt, gehen Sie nach rechts Richtung Schwarzenbruch (3 km), hier verlaufen auch die Wanderwege 22 und 52. An der nächsten Gabelung laufen Sie links zu einer versetzten Kreuzung mit einem ⛼ Picknicktisch am Rettungspunkt 6104-465.

Dort liegt die ⌘ ⍓ **Wikingerburg ❺**, ein etwa 100 m langer Wehrbau aus der Bronzezeit (11. Jahrhundert v. Chr.), von dem allerdings für das ungeschulte Auge nichts mehr zu sehen ist.

Der Name stammt aus einer Zeit, in der mit dem Begriff „Wikinger" eine lange zurückliegende Zeit bezeichnet wurde. Wandern Sie an der versetzten Kreuzung der Wikingerburg an der ersten Gabelung nach links.

Hier führte bis vor einigen Jahren der Jakobsweg nach rechts direkt zum Fraubillenkreuz ❼. Diese Strecke ist 1,8 km kürzer als der neue Weg.

Um dem aktuellen Jakobsweg zu folgen, gehen Sie auch an der zweiten Gabelung nach links. Gemeinsam mit dem Weg 52 führt der Pilgerweg nun auf einem Forstweg bergauf an drei **Hügelgräbern** aus der jüngeren Bronzezeit (12./11. Jahrhundert v. Chr.) vorbei.

Auf der Höhe gehen Sie geradeaus weiter und folgen nach etwa 100 m links dem Weg Richtung Klause. An den nächsten beiden Gabelungen nehmen Sie jeweils den linken, schmaleren Weg. Ein Hohlweg führt nun links hinab zur **Schankweiler Klause ❻**.

✞ Im Jahr 1648 erhielt der Einsiedler Johann Seelmayer die Erlaubnis, in den Wäldern oberhalb der Dörfer Holsthum und Schankweiler eine Kapelle nebst Klause zu bauen. Schnell wurde die Kapelle der Schankweiler Klause zu einem Anziehungspunkt für Gläubige. Seelmayers kleine Kapelle ist nicht mehr erhalten, auch ein Nachfolgebau von 1734 erwies sich als zu klein. Sie wurden 1760-62 durch die heutige einschiffige Kapelle ersetzt.

schankweiler-klause.de

Dort wandern Sie rechts an der Mauer entlang auf einem Pfad bergauf bis zur Zufahrt zur Klause. Hier folgen Sie halb rechts dem Waldweg bis zu einer Gabelung, an der Sie den linken Weg nehmen. An der nächsten Kreuzung folgen Sie geradeaus dem Wegweiser zum Fraubillenkreuz und laufen auf dem Forstweg zum ⌘ **Fraubillenkreuz ❼**, dies ist gleichzeitig der Rettungspunkt 6104-466.

Kultstätte im Wald

Beim Fraubillenkreuz handelt es sich um einen etwa 5.000 Jahre alten Menhir aus der Jungsteinzeit, welcher der Legende nach durch den heiligen Willibrord (Apostel der Friesen, 657-739) zu einem mächtigen Kreuz umgemeißelt wurde. Der leicht geneigt stehende Stein ist etwa 3,5 m hoch und hat auf beiden Seiten kleine Nischen, in denen früher wohl Figuren standen. Zum Teil wird der Stein auch Frâbillenkreuz, Frau-Billenkreuz oder Sybillen-Creutz genannt. Abgeleitet wird der Name in manchen Quellen von einem Platz der Marienverehrung („Unserer lieben Frau Bild Kreuz"), an anderer Stelle wird über eine weise Frau namens Sybille spekuliert und schließlich gibt es die Sage, dass sich in dem Stein tagsüber die Fee Frau Sybille verborgen hält, die nachts Unheil über die Menschen bringt, die sich noch im Wald aufhalten. Also Obacht bei der Etappeneinteilung!

Der Jakobsweg führte früher an der ⌂ Schutzhütte links weiter (wer auf der Abkürzung hier ankommt, geht nach rechts). ↳ Dieser breite Weg mit wenig Gefälle ist immer noch zu empfehlen, wenn Sie nicht trittsicher und schwindelfrei sind. Der aktuell markierte Jakobsweg führt auf einem Pfad bergab in eine wunderschöne Felslandschaft.

🚲 Radpilger folgen dem alten Jakobsweg auf dem Forstweg durch einen Linksbogen, fahren an der Wegkreuzung rechts Richtung Bollendorf und erreichen eine Kreuzung mit Schranke. Dort bleiben Sie geradeaus auf dem Teerweg, er führt in Serpentinen hinab nach Bollendorf und passiert dabei interessante Felsen und den Rettungspunkt 6104-491. Am Waldende halten Sie sich links und an der Gabelung mit dem Steinrind rechts, fahren zwischen den Hofgebäuden hindurch und erreichen eine Gabelung. Dort fahren Sie rechts auf der Altstraße zur Neuerburger Straße (L3). Sie führt ins Ortszentrum von **Bollendorf**.

Nun darf ich aber nicht versäumen, auch die Fußpilger abzuholen. An der Schutzhütte gehen Sie noch geradeaus am Rettungspunkt vorbei bis zum Fraubillenkreuz und dort nach links. Ein weicher Waldweg führt zunächst eben, dann bergab zu einer Wegkreuzung mit Rastbank. Hier folgen Sie dem Weg geradeaus Richtung Madonna im Stein. Ihnen kommt hier der Bollendorfer Märchenpfad entgegen, also wundern Sie sich nicht, wenn ganze Familien am **Stein der Wahrheit** „todesmutig" mit der Hand in die ausgewaschenen Höhlungen des Felsens greifen. Das ist Teil der Märchenwanderung, genauso wie der kleine ⊼ Rastplatz mit den Holzfiguren des Königs Bollybur und seiner Prinzessin Bollinia. Biegen Sie dort nach links ab und gehen Sie bergauf weiter dem Märchenpfad entgegen.

Die schönsten Felsformationen bauen sich an Ihrer linken Seite auf, immer wieder lädt eine Bank unter einem Felsdach zu einer kleinen Rast ein. Die kugel- und linsenförmigen Gebilde in den Sandsteinfelsen an den Märchenpfadstationen

8 und 7 werden Konkretionen genannt. Das sind ausgesinterte Mineralien, die während der Versinterung mit Ton oder Sand zusammengebacken wurden und deshalb härter sind als ihr Wirtsgestein. Deshalb verwittern sie langsamer als das sie umgebende Wirtsgestein.

Sie kommen nun an eine Wegkreuzung mit Wegweiser zu den Märchenpfadstationen 3 und 4, hier sollten Sie einen Abstecher zur nur 70 m entfernten **Madonna im Stein** unternehmen, sie ist den kleinen Aufstieg unbedingt wert.

Versteckter Andachtsort

Ein Witwer versuchte, die Trauer um seine kürzlich verstorbene Frau mit ausgedehnten Wanderungen zu lindern. Eines Tages kam er im Bollendorfer Wald an einen Fels, der ihn an eine schwangere Frau erinnerte. Das konnte nur die Muttergottes sein! Im November 1977 bat er die Malerin Angela Kohns, ein Marienbild in diese Aussparung zu malen. Anfangs wussten nur die Künstlerin und ihr Auftraggeber von dieser Madonna. Wer zufällig auf diesen Fels traf, war tief bewegt und erzählte von dieser abgeschiedenen, fast magischen Stelle im Wald zwischen Felsen und hohen Bäumen. Viele Einheimische, Wanderer und Pilger kommen an der Madonna im Stein zur Ruhe und finden Zeit für ein stilles Gebet.

Vom Abstecher zurück folgen Sie der Jakobswegmarkierung die Stufen hinauf. Der Weg führt nun in kleinen und großen Bögen durch die Felslandschaft, vorbei an Höhlen und am **Aussichtspunkt Sonnenlay**. Eine Handvoll Stufen bringt Sie zu einem Teerweg, diesen kreuzen Sie und gehen geradeaus weiter Richtung Fahnenstange. Nach etwa 250 m kommen Sie an eine Wegkreuzung.

Fels am Ritschley

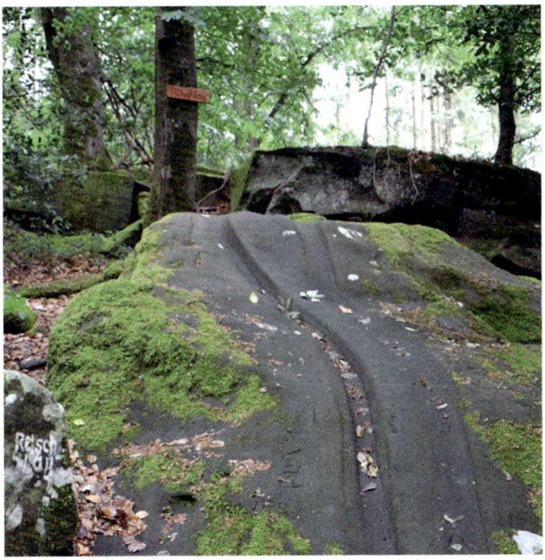

Der Fels heißt **Ritschley** oder Retschley, weil es dort eine Stelle gibt, die wie eine Rutsche aussieht. Um diese Stelle zu sehen, müssen Sie den Jakobsweg für einige Schritte verlassen, achten Sie aber bitte darauf, wieder zurückzugehen und nicht versehentlich dem Pfad direkt an der „Rutsche" zu folgen. Gehen Sie also hinter dem Felsen an der Gabelung nach rechts weiter bergab Richtung Bollendorf.

Nach einem zweiten Felsen wird ein Weg gekreuzt, der Jakobsweg führt weiter bergab. Schon nach 20 m kommen Sie an eine T-Kreuzung. Hier wandern Sie nach links durch einen Hohlweg zu einer versetzten Kreuzung, an der Sie sich zunächst links halten, dann aber den rechten Weg nehmen. Er führt bergab zu einem Forstweg. Dort gehen Sie nach links und kommen an ein Kneipp'sches **Wassertretbecken** mit Sitzbänken.

Nun gehen Sie nach rechts Richtung Bollendorf, hier sind auch die Wege 3, 31 und 57 markiert. Sie verlassen den Wald und kommen zu einer Anwohnerstraße, der Sie bergab folgen. Sie heißt Auf der Ritschley und endet an der Jugendherberge. Dort biegen Sie links ab und gehen nach etwa 50 m rechts auf der Ferschweiler Straße weiter. Wenn diese eine Rechtskurve macht, nehmen Sie den nach links führenden Weg. Er führt über den Friedhof zur Kirche. Nun laufen Sie auf der Kirchstraße ins Tal und erreichen die Uferstraße Sauerstaden. Folgen Sie dieser nach rechts. Wer in Bollendorf übernachtet, ⇘ geht hier weiter geradeaus zum Ortszentrum.

Bollendorf

Touristinformation Bollendorf, Im Abteihof Bollendorf, Neuerburger Straße 6, 54669 Bollendorf, www.felsenland-suedeifel.de, info@felsenland-suedeifel.de und i-bollendorf@felsenland-suedeifel.de, Mitte März bis Ende Okt Mo bis Sa 9:30 bis 12:30, Mo bis Fr auch 13:30 bis 17:00

Hotel Hauer, Sauerstaden 20, 54669 Bollendorf, ☏ 065 26/92 05 00, www.hotel-hauer.de, info@hotel-hauer.de, 50 m, 50 Betten, EZ ab € 78, DZ ab € 84, @ (je nach Arbeitsbelastung)

♦ **Waldhotel Sonnenberg**, Sonnenbergallee 1, 54669 Bollendorf, ☏ 065 26/928 00, www.waldhotel.com, buchung@waldhotel.com, 1 km, 50 Betten, EZ/DZ € 90-140, F € 16, bitte nach Pilgerrabatt fragen, Zelten hinter dem Haus möglich für € 20, @, Sauna, (e-Ladestation), auf den Koppeln des Hotels

Hotel Ritschlay, An der Ritschlay 3, 54669 Bollendorf, ☏ 065 26/929 90, www.ritschlay.de, info@ritschlay.de, am Weg, ÜF EZ € 79, DZ € 129, € 13, @, Sauna, am Wochenende nur 2 Nächte

Südeifel-Jugendherberge Bollendorf, Auf der Ritschlay 1, 54669 Bollendorf, 065 26/200, bollendorf@diejugendherbergen.de, am Weg, 152 Betten, ÜF EZ € 39,20, DZ € 62,40, Bett im MBZ € 25, @, JH-Mitgliedschaft erforderlich

Camping Altschmiede, Altschmiede, 54669 Bollendorf, 065 26/375, www.camping-altschmiede.de, info@camping-altschmiede.de, 3 km (direkt an der Sauer, südwestlich von Bollendorf), 01.04. bis 31.10., Ü ab € 4,50, Zelt € ab 4, ab € 3, € 2,80, Kurtaxe € 0,80, Müll € 0,60,

Camping Sauertal, Sauerstaden, 54669 Bollendorf, 065 26/933 78 83, 01 51/54 69 80 77, camping@bollendorf.de, 1 km (direkt an der Sauer, ganz im Westen des Ortes), 01.04. bis 31.10., 40 Stellplätze, Ü € 4, Zelt € 3, € 2,50, kalte Getränke, € 1, € 2,50, Smartphone-Lademöglichkeit

Pilgerstempel in der **Touristinformation** und in der **Kirche**

Gemeindefreibad, Sauerstaden, www.bollendorf.de/freibad-bollendorf

St. Michael: Die Holzkirche von 1040 wurde 1837-39 durch ein mächtiges Gebäude aus Naturstein ersetzt, der Kirchturm ist 36 m hoch.

tagsüber geöffnet

Burg Bollendorf: Die mittelalterliche Wohnanlage wurde bereits 716 urkundlich erwähnt, ab 1739 dann zum Barockschloss um- und ausgebaut. Die noch erhaltenen Teile werden gastronomisch genutzt.

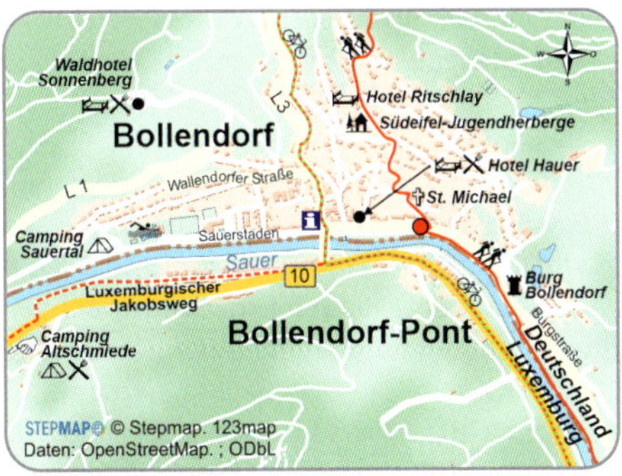

Der ursprüngliche römische Name Villa bollana wird zum Teil als „freundlicher Ort" übersetzt. Dies trifft auch heute noch auf Bollendorf und sein luxemburgisches Gegenüber Bollendorf-Pont (Bollendorferbrück) zu. Der beschauliche Luftkurort hat an der Sauer eine lange Promenade, auf deren Bänken es sich mit Blick aufs Wasser oder auf die Burg Bollendorf prima rasten lässt.

10. Etappe: Bollendorf bis Welschbillig

20,4 km, 6 Std. 30 Min., ↑ 593 m, ↓ 476 m, ⇧ 147-403 m

0,0 km	⇧ 178 m	Bollendorf
1,4 km	⇧ 173 m	Laufenwehr bei Weilerbach (D)
2,5 km	⇧ 171 m	Weilerbaach (Lux)
6,5 km	⇧ 169 m	Echternach (Lux)
7,2 km	⇧ 155 m	Echternacherbrück (D)
11,0 km	⇧ 163 m	Minden
16,0 km	⇧ 371 m	Denkmal
20,4 km	⇧ 283 m	Welschbillig

Dieser Tag beginnt mit einem Spaziergang ohne nennenswerte Steigungen am Ufer der Sauer zur ältesten Stadt Luxemburgs. Hinter Echternacherbrück geht es durch die Weinberge nach Minden und von dort fast 7 km bergauf, bevor Sie Welschbillig erreichen.

Bitte beachten Sie bei der Planung, dass es direkt in Welschbillig keine Übernachtungsmöglichkeit gibt. Zum Gasthaus Zur Windmühle sind es 2,5 km zusätzlich, nach Newel 4,4 km. Alternativ könnten Sie sich Zeit für die Besichtigung von Echternach lassen und die Etappe schon in Minden beenden, bevor Sie dann in einer langen letzten Etappe nach Trier wandern. Oder Sie steigen in Welschbillig in den Bus nach Trier bzw. Newel und fahren am nächsten Morgen wieder zurück nach Welschbillig.

In Luxemburg ist der ÖPNV kostenlos und gut getaktet. Damit könnte zwischen Bollendorf und Trier mit Busfahrten improvisiert werden: Meist liegen sich zwei Orte gegenüber: Bollendorf (D) & Bollendorf-Pont (L), Weilerbach (D) & Weilerbaach (L), Echternacherbrück (D) & Echternach (L), Minden (D) & Steinheim (L), Ralingen (D) & Rosport (L).

Der Jakobsweg führt schon nach etwa 40 m vom Sauerstaden nach links hinab zum Spazierweg an der Sauer. Mit der Fließrichtung der Sauer laufen Sie den Uferweg zwischen Straße und Sauer entlang.

🚲 Für Radfahrer ist es verboten, hier zu fahren, Sie nehmen daher den Radweg auf der luxemburgischen Sauerseite. Fahren Sie im Ortszentrum über die Sauerbrücke geradeaus nach **Bollendorf-Pont** (Lux) und dort links auf dem Saueruferradweg nach Weilerbaach, wo Sie wieder auf die Hauptroute stoßen.

Der Weg verläuft unterhalb der Bollendorfer Burg zum Laufenwehr, so heißen hier sowohl das Flusswehr in der Sauer als auch die Siedlung auf der anderen Seite der L1. Gut 1 km hinter dem Hotel (geschlossen) erreichen Sie eine Weggabelung.

Dort gehen Sie links zur L1, wenn Sie das Schloss besichtigen wollen.

Schloss Weilerbach wurde 1780 als Sommerresidenz für die Äbte von Echternach gebaut. Nach der Säkularisation war es in Privatbesitz und wurde im Zweiten Weltkrieg stark beschädigt. Erst 1987 begann die Restauration. Heute wird es als Café und für Konzerte genutzt. Viele Besucher kommen allein wegen der barocken Gartenanlage.

Sie müssen aber rechts abbiegen, wenn Sie Ihren Jakobsweg fortsetzen wollen. Auf einer überdachten Brücke überqueren Sie die Sauer und sind nun im luxemburgischen **Weilerbaach ❶**.

Zwei Orte mit einem Namen, durch die Sauer getrennt und durch die Alfred-Töpfer-Brücke verbunden: Das deutsche **Weilerbach** gehört zu Bollendorf, das luxemburgische **Weilerbaach** ist Teil der Gemeinde Berdorf.

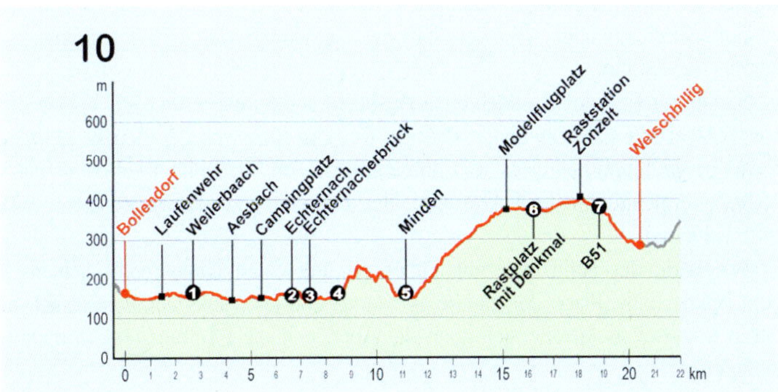

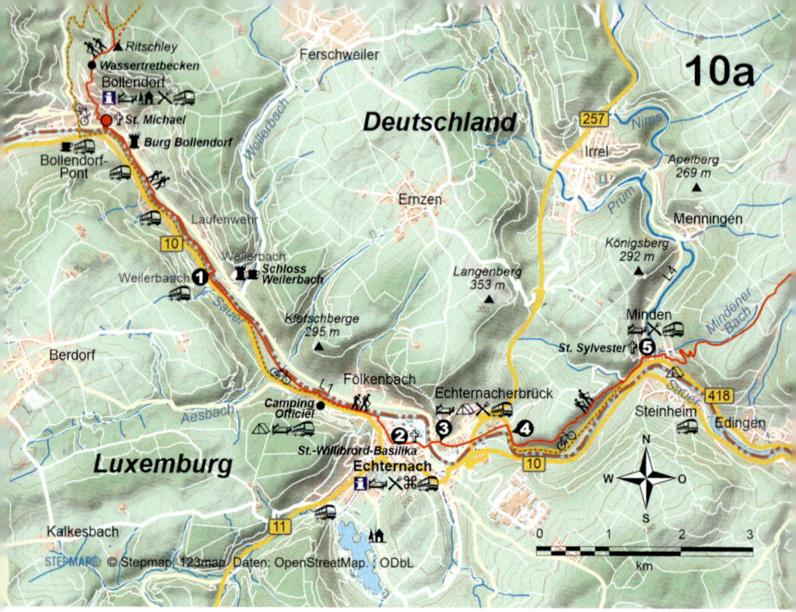

Hier trifft die Via Coloniensis mit dem luxemburgischen Jakobsweg zusammen. Er beginnt am Dreiländerpunkt bei Lieler und verläuft bis Echternach im Our-/Sauertal, dann geht es hinauf zum Echternacher See. Er erreicht in Grevenmacher die Mosel, macht einen Bogen nach Luxemburg Stadt und trifft in Schengen wieder auf den von Trier kommenden Jakobsweg nach Metz.

Nun folgen Sie dem Uferweg nach links. Hier kommt der Radweg von rechts, die beiden Wege trennen sich aber nach wenigen Metern wieder. Der Fußweg verläuft näher am Ufer, der Radweg – geschützt durch eine Leitplanke – parallel zur Straße.

Sie überqueren den Aesbach (lux.: Aesbech) und unterqueren nach 1,2 km die von **Fölkenbach** (D) kommende Brücke. (Kurz vor der Brücke geht es rechts bergauf zum Echternacher Campingplatz.) Am Busbahnhof gehen Sie nach rechts und gleich dahinter links auf der Rue de la Gare zur Fußgängerzone. Bitte schieben!

Am Ende der Fußgängerzone gehen Sie mit einem Links-rechts-Schlenker zum **Moart** (bzw. Place du Marché = Markt) und dort links zur Basilika ❷, in deren unmittelbarer Nähe sich auch die Abtei und die Touristeninformation befinden.

Echternach

Syndicat d'Initiative et de Tourisme, 9-10, Parvis de la Basilique, L-6401 Echternach, ☏ +352/72 02 30, www.visitechternach.lu/de, touristinfo@visitechternach.lu, Mo bis Sa 10:00 bis 18:00, So 10:00 bis 12:00

Hôtel Le Petit Poète, 13, Place du Marché, L-6460 Echternach, ☏ +352/720 07 21, lepetitpoete.lu, contact@lepetitpoete.lu und reservations.lepetitpoete@gmail.com, am Weg, 12 Zimmer, ÜF DZ ab € 90, DBZ ab € 118, € 10, @

Jugendherberge Echternach, 100, Rue Grégoire Schouppe, L-6479 Echternach, ☏ +352/262 76 64 00, www.youthhostels.lu/echternach, echternach@youthhostels.lu, 2 km (direkt am Echternacher See, den Markierungen des luxemburgischen Jakobsweges folgen), 118 Betten, ÜF für JH-Mitglieder € 29, sonst € 33, DZ plus € 7, EZ plus € 20, (nur als Begleithund für Menschen mit Behinderung) @ , Gepäcktransport über www.movewecarry.lu

Camping Officiel Wollefsschlucht Echternach, 17, Route de Diekirch, L6430 Echternach, ☏ +352/72 02 72, www.visitechternach.lu, camping@visitechternach.lu, 50 m, April bis Okt, Stellplatz € 8,80, Ü € 6,70-9,90, € 4,40-6,20, € 4, Blockhütte für 2 Pers. € 55-75, Mobilheim bis 4 Pers. € 66-132,

Pilgerstempel in der **Touristeninformation** und in der **Basilika**

Taxi Bonjour, ☏ +352/26 72 10 27, **Taxis de la Petite Suisse**, ☏ +352/26 72 17 37

Im Jahr 698 erbaute der englische Missionar **Willibrord** eine kleine **Kirche**, den Vorgängerbau der Basilika. Wegen seiner Beliebtheit wurde sein Grab schnell zum Anziehungspunkt für Wallfahrten und Pilgerreisen. Bald war die Kirche für die vielen Pilger zu klein und wurde um 800 durch eine größere ersetzt. 1016 wurde die Kirche bei einem Brand zerstört und 1031 in romanischem Stil neu gebaut. Während der französischen Besetzung wurde die Kirche

Willibrordusgrab in der Echternacher Basilika

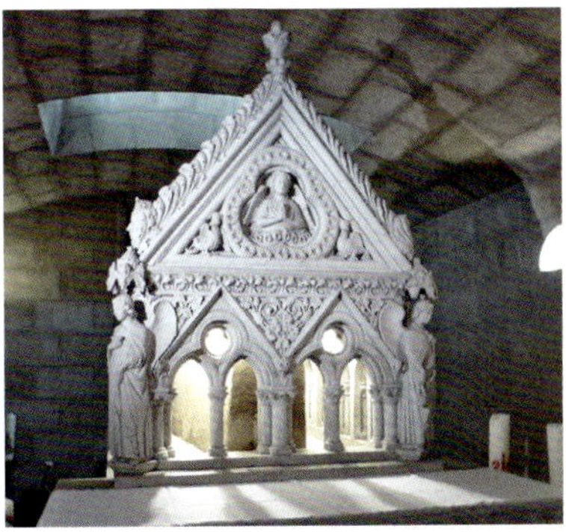

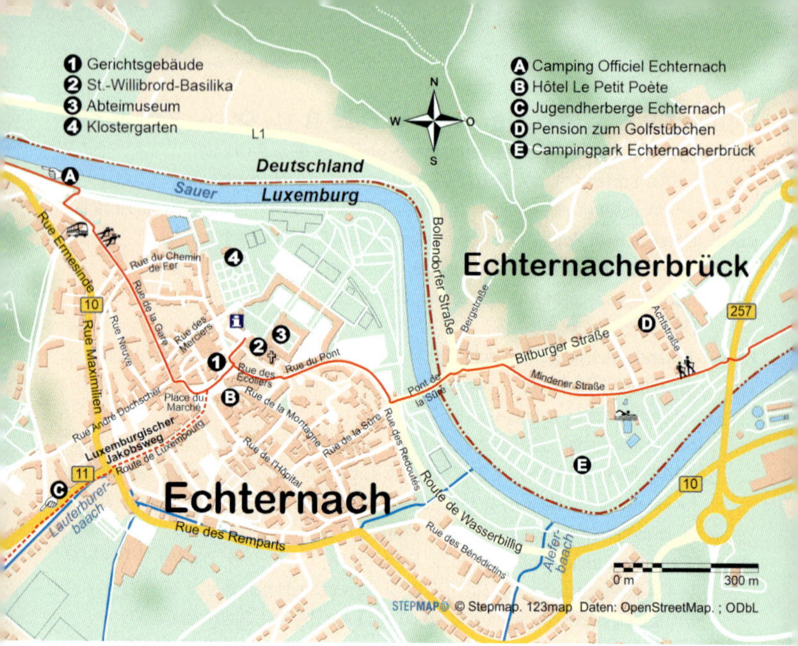

geschändet und geplündert, dann als Exerzierplatz und Fabrik genutzt. Die heutige Kirche stammt aus dem Jahr 1868, sie ist in dem schlichten Stil romanischer Kirchen gehalten. Die Fenster rechts und links des Chores zeigen die sieben Schmerzen und die sieben Freuden der Gottesmutter Maria. Die gotischen Fenster der Seitenschiffe berichten aus dem Leben und Wirken von St. Willibrord.

⌘ Das **Abteimuseum** im Kellergewölbe der Abtei ist im Wesentlichen dem Skriptorium der Abtei gewidmet, zeigt also zahlreiche wertvolle Evangeliare und seltene andere Schriften.

💻 http://museedelabbaye.lu/de

⌘ Das **Gerichtsgebäude** (Dingstuhl, Place du Marché) von 1236 gilt neben der Basilika als eines der Wahrzeichen der Stadt.

☺ Immer am Dienstag nach Pfingsten findet die **Echternacher Springprozession** statt. Sie wurde 2010 in die Liste des immateriellen Kulturerbes der Menschheit aufgenommen. Zahlreiche Springergruppen melden sich jedes Jahr an, aber auch Einzelpilger werden gerne in die Prozession aufgenommen. Alle haben weiße

Oberteile an und halten sich gegenseitig an weißen Tüchern fest. Anfangs (um das Jahr 1000) muss es wohl eine herkömmliche Prozession gewesen sein. Wie es zum Springen bei der Prozession kam, ist umstritten. Plausibel klingt die Überlegung, dass auch Menschen mit Nervenkrankheiten wie Epilepsie, Veitstanz oder anderen Krämpfen an der Prozession teilnahmen, weil sie sich von Willibrord als einem der Schutzheiligen der Nervenkranken Hilfe versprachen. Die Menschen aus Waxweiler erklären ihre Vorfahren voller Stolz zu den Begründern der Prozession (☞ Seite 144). Fakt ist jedenfalls, dass es keinen „Echternacher Pilgerschritt" (zwei Schritte vor, einen zurück) gibt, das ist ein Mythos. Es gibt keinen festgelegten Schritt, die meisten Prozessionsteilnehmer springen oder gehen einfach nur rhythmisch von links nach rechts.

Das luxemburgische **Eechternoach**, zu Deutsch: **Echternach**, ist die älteste Stadt Luxemburgs und wurde nicht umsonst in die Route des Jakobsweges aufgenommen, obwohl es für die Pilger aller Jahrhunderte sicherlich zahlreiche kürzere Wege zwischen Köln und Trier gegeben hätte. Echternach war schon vor langer Zeit ein Ziel von Pilgern und Wallfahrern. An der Stelle einer römischen Villa Rustica gründete der heilige Willibrord 698 eine Abtei. Die Reichsabtei Echternach zog christliche und weltliche Neusiedler gleichermaßen an und war 1236 so groß, dass sie die Stadtrechte zugesprochen bekam. Im Skriptorium der Abtei arbeiteten besonders begabte Buchmaler, deren Fähigkeiten und Werke noch heute in aller Munde sind. Die im 10. Jahrhundert begonnene und im 13. Jahrhundert fertiggestellte Stadtmauer mit ihren vier Stadttoren und 20 Türmen wurde im 19. Jahrhundert weitgehend zerstört und als Steinbruch für Privathäuser verwendet.

Die englischen Missionare

Kaum jemand weiß, dass zwei Engländer den christlichen Glauben in unsere Region brachten. 658 wurde **Willibrord** in Northumbria im Nordosten Englands geboren. Er wuchs bei frommen Eltern und im Kloster auf. Mit 20 Jahren zog er nach Irland, auf die Insel der Heiligen, weshalb er oft auch als irischer Heiliger angesehen wird. 688 wurde er zum Priester geweiht und erkannte, dass er zum Missionar bestimmt war. Er fuhr 690 nach Friesland und betrieb dort sehr planvoll die Evangelisierung der Einheimischen. Dies brachte ihm den Beinamen „Apostel der Friesen" ein. Er wurde 81 Jahre alt, ein ungewöhnlich hohes Alter in der damaligen Zeit, und wurde seinem Wunsch entsprechend in seiner Lieblingsabtei Echternach beigesetzt.

Im Jahr 719 kam sein Landsmann **Winfrid** für drei Jahre zu Willibrord, um Kraft und Argumente für die Evangelisierung der Germanen zu erhalten. Winfrid war bei der Missionierung sehr erfolgreich und wurde unter dem Namen Bonifatius als „Apostel der Deutschen" bekannt. Auf seinen Spuren können Sie auf der Bonifatius-Route von Mainz nach Fulda pilgern.

Bonifatius-Route – von Mainz nach Fulda, Ingrid Retterath, OutdoorHandbuch Band 258, Conrad Stein Verlag, ISBN 978-3-86686-309-5, € 12,90

Gehen Sie zurück zum Moart und dort links von der Hostellerie de la Basilique links die Straße (Shullersgaas bzw. Rue des Écoliers) hinab.

Radler müssen hier ein paar Meter schieben, weil es eine Einbahnstraße ist.

Am Ende der Straße biegen Sie links in die Rue du Pont ein. Nun ist die **Sauerbrücke** schon zu sehen, auf ihr überqueren Sie den Fluss und erreichen Echternacherbrück. In Echternach besteht das Risiko, versehentlich den Muschelzeichen des luxemburgischen Jakobsweges zu folgen. Wer auf der Via Coloniensis weiter nach Trier laufen will, muss in Echternach die Sauerbrücke überqueren.

Echternacherbrück

Pension zum Golfstübchen, Bitburger Straße 1, 54668 Echternacherbrück, 065 25/210 (wenn Ihr Mobiltelefon entlang der Sauer im luxemburgischen Netz eingewählt sein sollte, bitte für Deutschland die Vorwahl +49 wählen), www.zum-golfstuebchen.de, golfstuebchen@t-online.de, 100 m, 18 Betten, ÜF EZ € 66-107, DZ € 132-144, € 12 (ruhig, maximal mittelgroß),

Campingpark Echternacherbrück, Mindener Straße 18, 54668 Echternacherbrück, 065 25/340, www.echternacherbrueck.de, info@echternacherbrueck.de, am Weg, Mitte März bis Mitte Okt, 400 Stellplätze, Ü € 6,70-9,90, Zelt € 3,45-5, € 4,40-6,20, € 4, Aufpreis für Stellplatz am Wasser € 8,80-18, Mobilheime, Holzhütten, Mietzelte/-wohnwagen für 2 Pers. ab € 50, für 4 Pers. ab € 66 plus € 25 Endreinigung, @ , gratis,

Gleich neben Echternach, nur kurz über die Sauerbrücke, liegt **Echternacherbrück**, wie auch der Ortsname sehr plastisch erläutert. Hier siedelten ab etwa 1800 vorwiegend Echternacher. Die Landesgrenze spielte nie eine große Rolle für die Bewohner beider Orte, die Bewohner links der Sauer gingen lange zur Schule, zum Einkaufen und zur Kirche nach Echternach, bevor solche Einrichtungen im eigenen Dorf entstanden. Bis 1936 stellten sich die Teilnehmer der Echternacher Springprozession auf der linken Sauerseite auf und zogen über die Brücke nach Echternach. Heute ist Echternacherbrück ein beliebter Erholungsort.

Gehen Sie quasi geradeaus durch den Kreisverkehr Echternacherbrück (Bitburger Straße). An der Gabelung ❸ halten Sie sich rechts auf der Mindener Straße Richtung Camping/Freibad. Sie passieren den ⛺ **Campingplatz** und gehen unter der Straßenbrücke der B257 hindurch im Gewerbegebiet zur B418. Hier biegen Sie rechts ab.

Jakobus in St. Sylvester, Minden

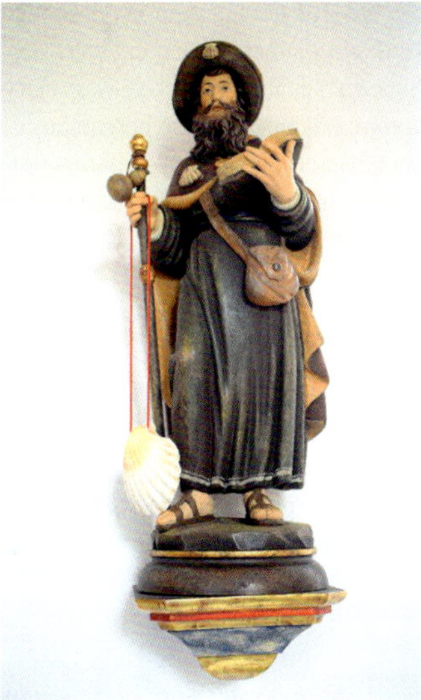

🚲 Radpilger bleiben auf der rechten Straßenseite und folgen dem Fuß-/-Radweg bis nach Minden. Dabei passieren Sie einen Picknicktisch und fahren kurz vor dem Ort links zu einem Sträßchen, das Sie nach Minden hineinführt. Der Weg ist auch für Fußpilger gut, die sich den Pfad durch die ehemaligen Weinberge an regnerischen Tagen ersparen wollen.

Fußpilger biegen zwar an der B418 auch rechts ab, allerdings auf der gegenüberliegenden Straßenseite, denn nach 100 m führt ein Pfad bergauf in die Weinberge ❹.

Ein Weinberg in der Südeifel

Der ursprünglich vom Kloster Echternach angelegte Weinberg zwischen Echternacherbrück und Minden war lange nicht genutzt worden und völlig verbuscht. Nur noch die an manchen Tagen zahlreich auftauchenden Weinbergschnecken erinnerten daran, dass hier Weinbau betrieben wurde. Nun haben Hobbywinzer die ideale Südsüdwestlage wiederentdeckt und bauen seit 2010 im Wingert Wein mit der Lagebezeichnung „In den Mündener Leien – Klosterlay" an. Bei der Rodung fanden sich die alten Mauern und Terrassen wieder, sodass es bald wieder so aussehen wird wie in der ersten Blüte des Weinbaus an der Sauer.

Der Pfad ist gleichzeitig als Deutsch-Luxemburgischer Felsenweg gekennzeichnet. Er ist zum Teil ziemlich steil und erfordert eine gewisse Trittsicherheit. Weiter oben führt er fast eben auf der Höhe entlang. Nach einer Linkskurve laufen Sie gut 1,2 km auf dem Weg, zunächst am Feldrand, dann wieder durch Buschland. An einigen Stellen ergeben sich schöne Ausblicke nach Luxemburg und ins Sauertal hinab. Der Jakobsweg macht kurz vor Minden eine Rechtskurve und kommt auf einer Treppe bergab aus dem Wald heraus zu einer Brücke in Minden. Hier biegen Sie links ab, überqueren den Bach und gehen auf der Echternacher Straße in den Ort hinein. An der Gabelung laufen Sie rechts zur Kirche ❺.

Minden

Gasthaus Ferring, Hauptstraße 7, 54310 Minden, ☏ 065 25/260, 0171/380 86 68, www.gasthaus-ferring.de, ferring.minden@t-online.de, am Weg, 12 Betten, ÜF EZ € 53, DZ € 90, für Jakobspilger kein EZ-Zuschlag (€ 45), @

Camping Minden, Edinger Straße 2, 54310 Minden, ☏ +352/621 13 48 14, philippeweidert@gmail.com (oder über Facebook Messenger: Minden Beach), ganzjährig, 550 m (direkt an der Sauer), Ü € 10 p. P., Zelt € 10, @, nur Barzahlung

Pilgerstempel und Schlüssel zur Kirche im **Gasthaus Ferring**

St. Sylvester von 1220 wurde im 18. Jahrhundert gründlich saniert und bezaubert noch heute mit seinen roten Eckquadern.

tagsüber geöffnet

Munda, das heutige **Minden**, war schon von Urmenschen, Römern und Franken bewohnt worden, bevor man dort eine Abtei und eine Mühle baute, die bereits im 12. Jahrhundert urkundlich erwähnt wurden.

Rechts von der Kirche wandern Sie nun die Hauptstraße hinab, queren die Menninger Straße (L4) und gehen auf der Brücke über die **Prüm**, die nur wenige Meter weiter rechts in die Sauer mündet. Links hinter der Brücke steht eine große Tafel mit Informationen über den Jakobsweg.

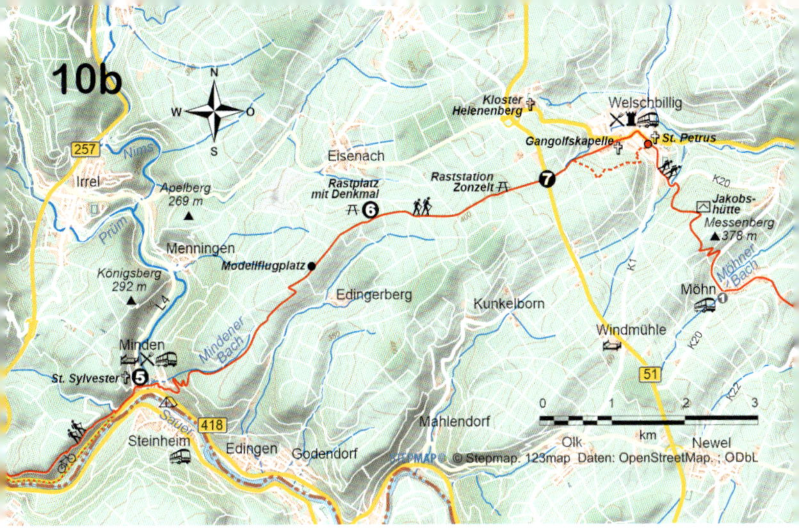

Der Weg führt geradeaus die Bergstraße hinauf, sie trägt ihren Namen leider zu Recht! Vor dem Spielplatz biegen Sie nach rechts ab und gehen direkt dahinter nach links und an der T-Kreuzung rechts, bleiben also letztendlich auf der **Bergstraße**. Sie wird Sie gleich aus dem Ort hinausführen.

Am Ortsende von Minden passieren Sie zunächst ein Kreuz und bleiben auf dem Teerweg, der in Serpentinen stetig bergauf durch den herrlich schattigen Wald führt. Er verlässt dann den Wald und wird parallel zum Mindener Bach am Feldrand entlanggeführt. Ignorieren Sie den Feldweg von rechts und gehen Sie an der Feldwegkreuzung geradeaus weiter bergauf. Der Birnbaum bleibt links des Weges. Bei der weiteren Bergaufstrecke haben Sie an klaren Tagen einen hinreißenden Rundumblick. Nach 700 m macht der Weg einen Linksbogen, dem Sie weiter bergauf gehend für etwa 120 m folgen. Auf der Höhe biegen Sie rechts ab und laufen parallel zu einer Baumreihe weiter. Dabei passieren Sie einen **Modellflugplatz** und laufen geradewegs auf eines der Windräder zu.

Nach links öffnet sich ein perfekter Blick auf **Eisenach**. Hier haben die Mitglieder der Rentnergruppe „Eisenach aktiv" im Sommer 2020 einen ⛼ Rastplatz mit einem Denkmal für die Toten der Coronapandemie 2020 ❻ aufgestellt. Sogar an Pilger wurde gedacht: in einem kleinen Kasten finden Sie einen ⊙ Pilgerstempel und ein Gästebuch.

Der Weg wird endlich eben und führt geradeaus weiter. Den Feldweg von rechts übersehen Sie einfach. An der Feldwegkreuzung wandern Sie weiter geradeaus und passieren ein weiteres Windrad. An der T-Kreuzung biegen Sie

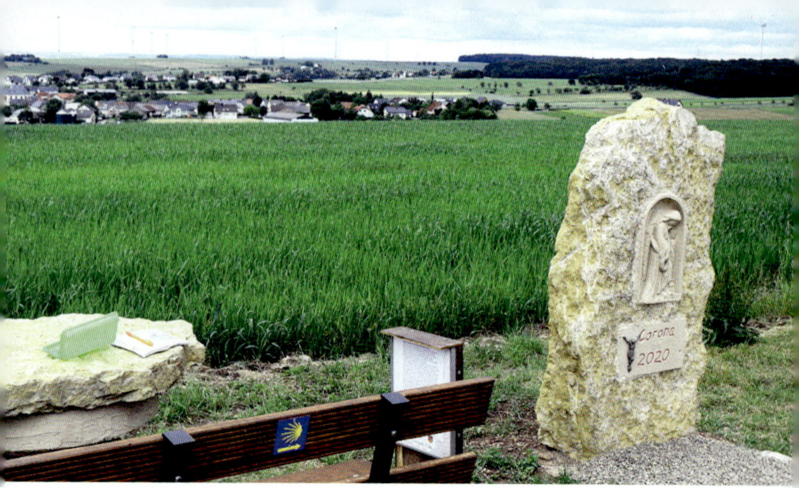

Denkmal für die Toten der Coronapandemie 2020

rechts ab, nach 150 m gehen Sie an der Gabelung links (Rastbank) und passieren zwei weitere Windräder. Der Weg wird wieder hügeliger. Lassen Sie nun das Wäldchen links liegen, ebenso die Obstwiese mit den alten Apfel- und Birnensorten hinter der ⩚ **Raststation Zonzelt**. Nun unterqueren Sie die Stromleitung. Links ist das **Kloster Helenenberg** (➲ 1 km) zu sehen, ↬ zu dem Sie nach links abbiegen können, nachdem Sie die B51 unterquert haben.

✞ Das Kloster Helenenberg wurde erstmals 1240 als Hospiz erwähnt, die dem heiligen Valentin geweihte spätgotische Kirche war ab dem 15. Jahrhundert Wallfahrtsziel. Nach dem Einmarsch der Franzosen war das Kloster in Privatbesitz und wurde 1897 zum Waisenhaus. Heute befinden sich dort eine Jugendhilfeeinrichtung und eine Fördergrundschule.

Der Jakobsweg führt hinter der B51 ❼ geradeaus weiter. Etwa nach 460 m kommen Sie an eine Wegtrennung. Der traditionelle Pilgerweg führt in Windungen leicht bergab nach **Welschbillig**.

↬ Eine Wegalternative führt an der Wegtrennung rechts einen Grasweg hinauf. Der Weg ist etwa 400 m länger, führt aber weniger über Teer. Sie halten sich dafür an die Markierungen des örtlichen Wanderweges 13, kommen zu einem ⩚ Rastplatz mit weitem Fernblick und steigen dahinter hinab nach Welschbillig.

Im Ort führt die Kapellenstraße – Sie ahnen es schon bei dem Namen – ziemlich steil bergab zu einem Kapellchen: Es ist die **Gangolfskapelle**.

Vom Ritter zum Heiligen

Der Ritter Gangolf kam aus dem Burgund und kaufte einen wunderschönen Garten, um sich niederzulassen. Nachdem ihn seine Freunde wegen des zu hohen Kaufpreises verlacht hatten, den er aus Mitleid mit dem armen Voreigentümer gezahlt hatte, vollbrachte Gangolf ein Quellwunder: Er stieß einen Stock in den Boden und als er ihn wieder herauszog, sprudelte heilkräftiges Wasser hervor.

Leider hatte er kein glückliches Händchen bei der Wahl seiner Ehefrau, denn sie betrog ihn ausgerechnet mit einem Priester. Da sie dies bestritt, fällte Gangolf ein Gottesurteil: Sie musste die Hand in seine Quelle legen, als sie wieder herausgezogen wurde, war sie verbrannt. Doch Gangolf verzieh seiner Frau den Fehltritt und verbannte den Priester.

Aber die Fremdgänger konnten nicht voneinander lassen und ermordeten kurzerhand den Ehemann Gangolf. Am Grab verspottete die Witwe ihn sogar noch, doch es legte sich ein Fluch auf sie: Immer freitags, an Gangolfs Todestag, konnte sie mit keinem Menschen sprechen, denn jedes Wort wurde von lauten Darmwinden übertönt, die ihrem Hinterteil entwichen. Gangolf hingegen wurde wegen seines Quellwunders, seiner Treue und des „Furzwunders" heiliggesprochen.

Gehen Sie an der Kapelle vorbei und rechts die B422 (Hauptstraße) hinunter. Sie führt in einem Rechtsbogen zum Petersplatz, an den die Überreste der Burg und die Kirche St. Petrus angrenzen.

Welschbillig

✕ BANK ✝ ⊙ ♜

- keine Unterkunft direkt im Ort
- ⊙ Pilgerstempel im **Kirchenvorraum**
- Die **Buslinien 400 und 420** bringen Sie nach Newel und Trier (und wieder zurück), wo Sie alternativ übernachten könnten.

✝ **St. Petrus** wurde 1889-95 auf dem Burggelände gebaut. Die neugotische Kirche hat drei Schiffe und ist nur selten tagsüber geöffnet.

♜ Die **Burg Welschbillig** wurde im 12. Jhd. gebaut und im darauffolgenden Jahrhundert ausgebaut und verstärkt. 1711 wurde sie zerstört. Erhalten ist noch das Burgtor, das zusammen mit der Peterskirche ein schönes Fotomotiv abgibt.

Wo heute die Pfarrkirche und die Burgruine zu finden sind, stand schon im 2. Jahrhundert eine Villa Rustica. Auch nach dem Ende der Römerzeit wurde das spätere **Welschbillig** weiter bewohnt, vermutlich von romanisierten Kelten. Der Wortbestandteil Welsch bezeichnete nämlich früher ein romanisches oder romanisiertes keltisches Volk. Billig ist ein alter Rechtsbegriff: Etwas ist „recht und billig", wenn das geltende Recht im Einzelfall gerecht und angemessen angewendet wurde. Manche Gesetze schreiben dem anwendenden Beamten immer noch ein „billiges Ermessen" vor, mit dem umgangssprachlichen „billig" für „preiswert" hat das nichts zu tun.

☺ Folgende Unterkünfte finden Sie in der Nähe:

Zenners Landhotel, Echternacher Hof 2, 54309 Newel, ☏ 065 85/457, www.zenners-landhotel.de, info@zenners-landhotel.de, 4,4 km ab Welschbillig, 2,8 km ab Möhn, 3,8 km ab Kimmlingen und 4,1 km ab Butzweiler, ÜF EZ ab € 69, DZ ab € 95, So Ruhetag für das Restaurant, @ (auf Anfrage, wenn es der Betrieb zulässt)

Klara Dahm, Gasthaus Zur Windmühle, Windmühle 16, 54298 Welschbillig, ☏ 065 06/84 04, dieda@1x2.de, 2,5 km (bei Anmeldung Wegbeschreibung), 5 Betten, ÜF EZ € 35, DZ € 70, Abendbrot und auf Vorbestellung, @ (schwierig, aber eventuell machbar auf Wiese ohne Zaun), Rauchercafé

Aussichtsbank bei Welschbillig

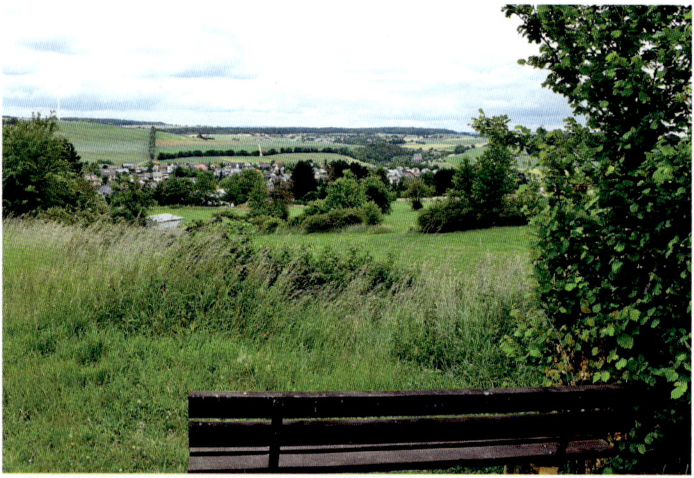

11. Etappe: Welschbillig – Trier

21,4 km, 7 Std., ↑ 649 m, ↓ 787 m, ⇧ 121-392 m

0,0 km	⇧ 283 m	Welschbillig
3,2 km	⇧ 312 m	Möhn
5,6 km	⇧ 240 m	Kimmlingen
8,8 km	⇧ 230 m	Butzweiler
12,1 km	⇧ 317 m	Lorich
13,6 km	⇧ 171 m	Schneidersmühle
16,2 km	⇧ 143 m	Trier-Biewer
19,6 km	⇧ 128 m	Kaiser-Wilhelm-Brücke
21,4 km	⇧ 142 m	Trier, Dom

Auf und ab geht es auf dieser Etappe. Über den Messenberg hinweg erreichen Sie Möhn, dahinter führt der Weg nur kurz bergauf, dann hinab ins Tal des Kimmlinger Bachs. Hinter Kimmlingen erreichen Sie auf bergauf führenden Feldwegen die Höhen des Trierer Staatsforstes, bevor es hinab nach Butzweiler und wieder hinauf nach Lorich geht. Durch den Trierer Stadtwald führt der Weg steil bergab nach Biewer und von dort am Moselufer entlang zum Ziel in Trier.

Von der Kirche wandern Sie geradeaus die Trierer Straße entlang 350 m bergauf bis zur Straße Jägerfeld (K20). Dieser folgen Sie nach links Richtung Träg. Der Weg führt weiter bergauf. Biegen Sie hinter dem Möhner Graben (nicht immer mit

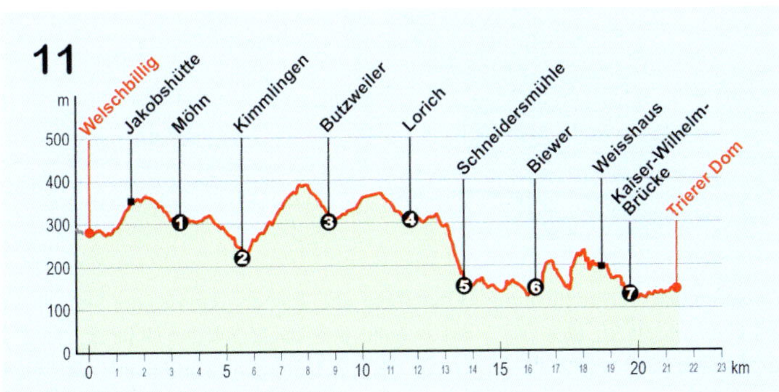

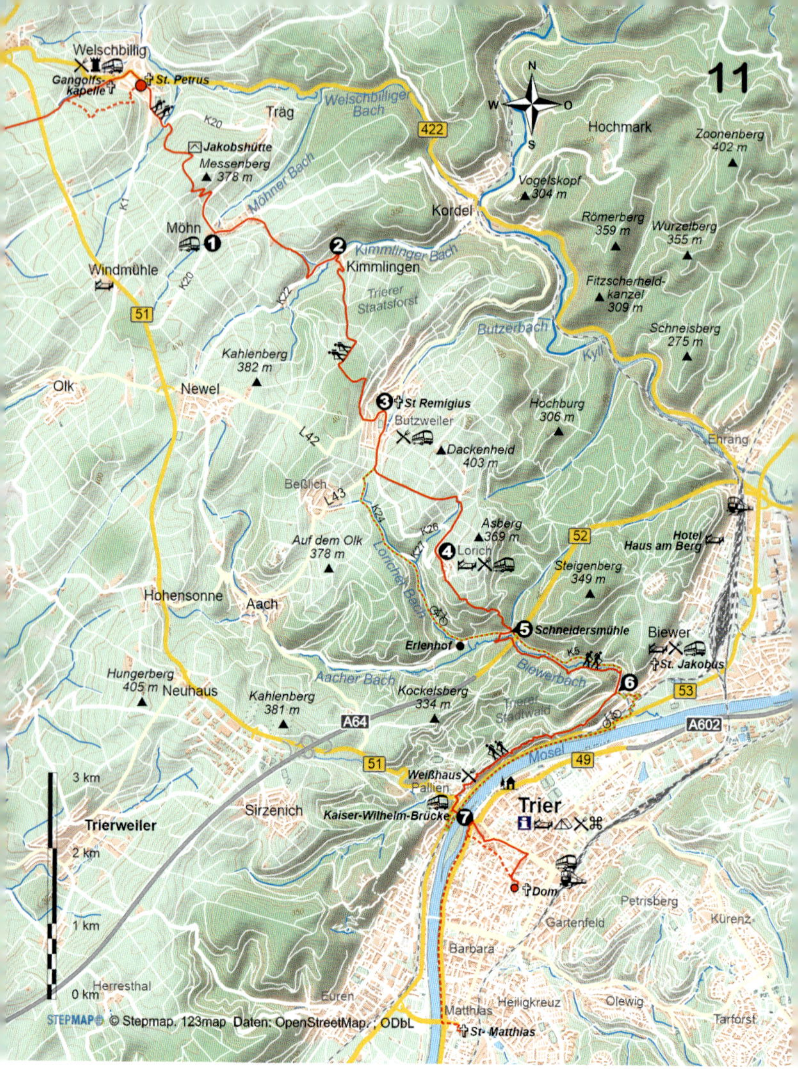

Wasser gefüllt) rechts Richtung Möhnerberg und Träg ab, dann halten Sie sich an der Gabelung links. Der Weg führt bergauf und knickt auf der Höhe an der **Jakobshütte** nach rechts ab. Folgen Sie nach 200 m dem Schotterweg nach links und an der linken Seite der Fotovoltaikanlage vorbei, der Weg ist bald wieder geteert. Links sehen Sie den Ort Möhn. Biegen Sie nun scharf links ab. An der allein stehenden Eiche weist eine Markierung auf einem Stein darauf hin, dass der Jakobsweg nach rechts bergab weitergeht. Links ginge es auf dem Wirtschaftsweg nach Träg.

Der Feldweg wird in Serpentinen geführt (eine Abkürzung führt steil hinab) und endet an der K20. Halten Sie sich dort rechts. Ein Pilgerstübchen auf der rechten Straßenseite lädt zu einer Probe seines Pilgerlikörs ein. An der Bushaltestelle am Ortseingang von **Möhn** ❶ überqueren Sie den Möhner Bach und gehen nach links in den Ort hinein. Sie laufen nun auf der Straße mit dem gleichermaßen zutreffenden und originellen Namen In Möhn bis zum Spielplatz an der Schulbushaltestelle. Hier folgen Sie der Muschelmarkierung auf dem Stein nach rechts bergauf aus dem Ort hinaus. An einem Bauernhof wandern Sie weiter geradeaus, dann bergab ins Tal. Der Weg endet an der K22. Dort laufen Sie links bis **Kimmlingen** und gut 300 m durch den Ort ❷.

Geradeaus geht es weiter nach Kordel.

Kordel

Gasthaus Pension Reichert, Hauptstraße 19-20, 54306 Kordel, 065 05/17 57, pension-gasthaus.reichert@t-online.de, 2,5 km, 11 Betten, ÜF EZ € 49, DZ € 95-105, auf Anfrage, @ (von Kimmlingen, wenn es der Betrieb zulässt)

An der Schulbushaltestelle gehen Sie nach rechts bergauf auf einem Fahrweg durch den Wald und an den einzelnen Häusern links in Serpentinen auf die Höhe. Dort oben halten Sie sich an der Feldwegkreuzung noch geradeaus an den Teerweg. Ein Zeichen an einem Stein führt Sie nach rechts am Waldrand entlang, ein weiteres Zeichen zeigt an der nächsten Wegkreuzung links in den Wald hinein.

Biegen Sie dann an der T-Kreuzung rechts ab und laufen Sie auf dem Feldweg zum nächsten Waldstück. Dort erreichen Sie eine weitere T-Kreuzung, hier gehen Sie erneut rechts (Stein mit Muschel) und kommen nach **Butzweiler**. Hier gehen Sie am Ortseingang an dem weißen Kreuz nach links und folgen der Schulstraße bis zum Friedhofsparkplatz an der Kirche St. Remigius ❸.

Butzweiler

⦿ Pilgerstempel in der Kirche

Bus 26 nach Newel

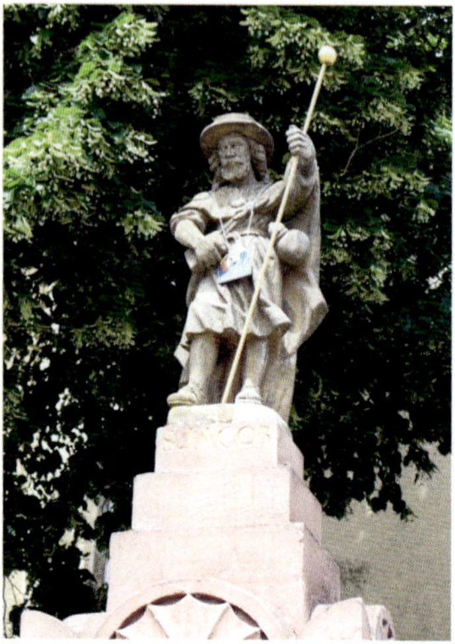

Jakobusstatue in Biewer

✝ **St. Remigius**: romanische Kirche von 1759, frisch renoviert 2023

🚪 tagsüber geöffnet

Auf der Trierer Straße wandern Sie nun nach rechts bergauf bis zum Ortsende und dort auf der Höhe am Kreuz links Richtung Lorich.

🚲 Radpilger fahren geradeaus auf der L43 bis zum nächsten Abzweig. Hier geht es nach links durch das Tal des Loricher Bachs bis zur Schneidersmühle, dahinter unter der Biewertalbrücke hindurch im Biewertal bis zum Ort Biewer und dort gegenüber vom Gasthaus Crames auf dem Moselradweg bis zur Kaiser-Wilhelm-Brücke.

Nach 50 m laufen Sie links bergauf auf dem Wirtschaftsweg unter der Stromleitung hindurch, zunächst weiter bergauf und dann bergab. An dem Waldstück folgen Sie dem Weg durch den Rechtsbogen und gehen links über ein Bächlein zu einer T-Kreuzung am Ende des Wäldchens. Hier wenden Sie sich nach rechts und folgen dem Weg an einem Hochstand vorbei bis zur K26, sie bringt Sie geradeaus nach **Lorich ❹**.

Lorich

🛏 **Petra Schuster**, Lorich 4, 54309 Newel, 📱 01 60/385 53 47, 📧 petra.lorich@gmail.com, ➲ am Weg, 4 Betten, ⛺ Zelten im Garten möglich, ÜF € 30, Abendbrot möglich, 🐕 @

⊙ Pilgerstempel bei **Frau Schuster**

Gehen Sie geradeaus durch den Ort und an der Gabelung mit dem Ortsplan rechts. An der Gaststätte wandern Sie geradeaus auf einem Feldweg zwischen Häusern bergauf aus dem Örtchen hinaus und treffen auf einen Teerweg. Gehen Sie auf ihm auf der rechten Seite der einzelnen Eiche bis zum nächsten Waldstück. Neben dem Pferdeunterstand wandern Sie geradeaus in den Wald, es geht bergab bis zum Ende des Waldes und dort rechts auf einem mit Gras bewachsenen Pfad weiter. Der Pfad wird zum Waldweg und führt zu einer Gabelung. Hier nehmen Sie den Pfad nach rechts. Er führt steil bergab zu einer weiteren Gabelung, hier geht es nach links. ☝ Besonders an Regentagen besteht auf der Strecke bis ins Biewertal Sturzgefahr!

Sie kreuzen einen Forstweg und wandern weiter auf einem schmalen und steilen Pfad an einigen Sandsteinfelsen entlang hinab zum Rettungspunkt 6205-018 im Biewertal. Auf dem Schotterweg gehen Sie rechts zur Straße. Folgen Sie ihr für 150 m nach rechts an der **Schneidersmühle** ❺ vorbei und wandern Sie dann auf dem Wirtschaftsweg links in den Wald hinein. Schon nach 100 m geht es scharf links auf einem mit Gras bewachsenen Waldweg weiter, der Sie unter der **Biewertalbrücke** und damit unter der B52/A64 hindurchbringt.

Hinter der Autobahnbrücke führt der Weg auf einen Wirtschaftsweg. Diesem folgen Sie nach links am Biewerbach entlang. Kurz vor der K5 (Aacher Weg) verlassen Sie den Wirtschaftsweg und nehmen den schmaleren Weg nach rechts, bleiben also im Wald und laufen parallel zu dieser Straße und zum Biewerbach bis nach Biewer. Dort heißt der bisherige Weg dann Taubensteinstraße und führt auf den Aacher Weg, der nach rechts im weiteren Verlauf zur Johannes-Kerscht-Straße wird und einer Kreuzung in **Biewer** ❻ führt.

Biewer

🛏 ✕ **Gasthaus Crames**, Biewerer Straße 70, 54293 Trier-Biewer, ☏ 06 51/ 995 20 48, ✉ info@gasthaus-crames.de, ➲ 150 m, 2 Ferienwohnungen für 2 Pers, € 65 (ab 2 Nächte), auf Wunsch Frühstück @

⦿ Pilgerstempel im **Gasthaus Crames**

✞ **St. Jakobus** ist dem Schutzheiligen des Dorfes geweiht, schon 1017 wurde die erste Kapelle nach dem Heiligen benannt. Die jetzige Kirche stammt aus dem Jahr 1911/12.

🚪 geschlossen, Schlüssel bei Frau Loskill, ☏ 06 51/674 59

Biewerer Schärensprung

Am Karnevalsdienstag beginnt der Fastnachtsumzug in Biewer mit einem Tanzreigen, einer Kette von Menschen, die sich an den Händen halten. Wie es zu dieser Tradition kam, ist nicht klar, wahrscheinlich ist es ein keltischer Brauch, mit dem der Winter vertrieben werden sollte. Den springenden Narren folgt ein Karnevalszug mit Motivwagen und Fußgruppen.

Links die Biewerer Straße hinauf und dann links in den Drosselweg erreichen Sie eine Unterkunft.

Hotel Haus am Berg, Drosselweg 25, 54293 Trier-Pfalzel, ☏ 06 51/698 43, www.haus-am-berg.com, hotel@haus-am-berg.com, 2,6 km, 25 Betten, ÜF EZ ab € 74, DZ ab € 88, Wegstreckenberatung, (auf Anfrage), @

☺ Wer keine weiteren Höhenmeter mehr auf sich nehmen möchte, folgt dem alten (zum Teil immer noch markierten) Jakobsweg an der Pfarrkirche St. Jakobus entlang zum Moselradweg und trifft an der Kaiser-Wilhelm-Brücke wieder auf den offiziellen Jakobsweg.

Gehen Sie geradeaus zwischen den Hausnummern 28 und 30 hindurch und folgen Sie dahinter den Markierungen des Jakobsweges, des Mosel-Caminos, des Moselsteigs und des Eifelsteigs nach links bergauf zum Felsenpfad. Diesem folgen Sie auf dem Bergrücken nach rechts. Sie haben nun nach links einen guten Blick ins Moseltal, zunächst ist nur das Gewerbegebiet Triers zu sehen, hinter dem ersten Aussichtspunkt können Sie das ganze Stadtgebiet sehen.

Sie folgen nun dem Weg hoch über der Mosel über die roten Sandsteinfelsen. Hinter der gesperrten Treppe geht es weiter bergauf, zum Teil über Stufen. Am nächsten Aussichtspunkt kommt die Kaiser-Wilhelm-Brücke in Sicht, die Trier mit Pallien verbindet. Hinter dem Aussichtspunkt folgen Sie dem steileren Weg nach links bergauf. Hinter der nächsten Pfadkreuzung erreichen Sie das ✕ Weißhaus.

Halten Sie sich rechts und gehen Sie auf der Rückseite des Restaurants entlang. Steigen Sie die Treppe hinab und folgen Sie am Treppenfuß dem Weg nach links bis zu einer T-Kreuzung. Nun gehen Sie nach links, zunächst auf einem Teerweg, dann eine Treppe hinab zur Bitburger Straße. Auf dem Gehweg neben der Straße laufen Sie nach links bis zur **Kaiser-Wilhelm-Brücke ❼** und überqueren darauf die Mosel. Nun haben Sie Trier erreicht und sind am Ziel dieses Weges angekommen. Wer in der Jugendherberge übernachtet, biegt nach der Brücke links ab.

Alle anderen Pilger haben an der großen Ampelkreuzung die Wahl:

1) Sie setzen Ihren Pilgerweg ohne einen Besuch des Trierer Doms und der sehenswerten Altstadt auf dem markierten Jakobsweg fort. Dafür gehen Sie am Ende der Brücke nach rechts und folgen dem Uferweg bis zum Grab des Apostels Matthias und gehen von dort weiter auf dem Jakobsweg bis nach Santiago de Compostela.

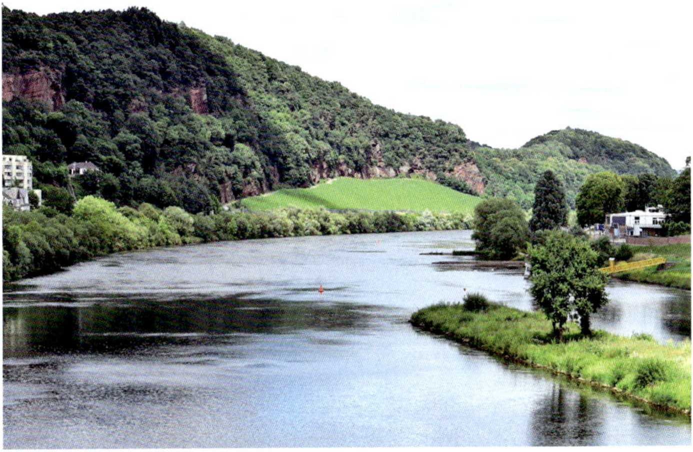

Blick von der Kaiser-Wilhelm-Brücke

2) Sie folgen den Markierungen des Moselsteigs geradeaus durch die Merianstraße und laufen nach links auf den Grünstreifen der Friedrich-Ebert-Allee und der Nordallee bis zur Porta Nigra und dort rechts bis zum Hauptmarkt. Das ist der offizielle Jakobsweg.

3) Oder Sie laufen auf dem Martinsufer nach rechts bis zur nächsten Ampel. Dort überqueren Sie die B49 (Martinsufer) und folgen der Ausoniusstraße stadteinwärts. Sie heißt hinter der nächsten großen Kreuzung Deutschherrenstraße und führt zum Pferdemarkt. Dort, an der sternförmigen Kreuzung, gehen Sie halb rechts auf der Jakobstraße bis zum **Hauptmarkt**.

Der Hauptmarkt ist für die meisten Bewohner und Besucher der Stadt das Zentrum Triers, an Markttagen (Mo bis Fr 7:00 bis 18:30, Sa 7:00 bis 13:00) scheint hier die Bevölkerung aus dem ganzen Umland zusammenzukommen. Gehen Sie diagonal über den Hauptmarkt und durch die Sternstraße zum Domfreihof. Sie stehen nun vor der **Liebfrauenkirche** und haben die Pilgerreise auf der Via Coloniensis erfolgreich beendet. Gratulation!

Trier

Touristeninformation, An der Porta Nigra, 54290 Trier, ☏ 06 51/97 80 80, www.trier-info.de, info@trier-info.de. März bis Dez Mo bis Sa 9:30 bis 18:00, So, Fei 10:00 bis 17:00, Jan/Feb Mo bis Sa 10:00 bis 17:00, Weihnachten, Neujahr und Rosenmontag geschlossen

♦ **Dominformation Trier**, Liebfrauenstraße 1/Ecke Domfreihof, 54290 Trier, ☏ 06 51/97 90 79-0, www.trierer-dom.de, info@dominformation.de, Mo vor Palmsonntag bis Ende Okt + Mo vor 1. Advent bis Ende Dez Mo bis Sa 9:30 bis 17:15, So 12:00 bis 16:00, Nov + Jan bis Palmwoche Mo bis Fr 9:30 bis 17:15, Sa 9:30 bis 15:00, Betriebsferien: Weiberfastnacht bis Veilchendienstag. Hier gibt es Halsketten mit der Pilgermuschel, Literatur für den weiterführenden Weg und seit 2020 sogar eine Pilgerurkunde, wenn die letzten 100 km vor Trier mit Pilgerstempeln nachgewiesen wurden.

Tagungs- und Gästehaus der Barmherzigen Brüder Trier, Nordallee 1, 54292 Trier, ☏ 06 51/208 10 26, gaestehaus@bb-trier.de, ➲ 250 m (nahe der Porta Nigra), 70 Betten, Ü € 45-55, Pilgerpreis € 35 (nur 1. Nacht), F € 9,50, plus Beherbergungssteuer. Gäste sind herzlich zur Teilnahme an den Gottesdiensten eingeladen. @

♦ **Hotel Deutschherrenhof**, Deutschherrenstraße 32, 54290 Trier, ☏ 06 51/605 50 01, www.hotel-deutschherrenhof-trier.de, hdhhotel@t-online.de, ➲ am Weg, ÜF EZ € 63-70, DZ € 88-105, DBZ € 135-155, @

Kolping Hostel Trier, Dietrichstraße 42, 54290 Trier, ☏ 06 51/97 52 50, www.kolping-hostel.de, info@kolping-hostel.de, ➲ 150 m, Jugendgästehaus/Hostel in der Trierer Altstadt, 20 Min. zum Hbf, 150 Betten, Ü EZ ab € 36,50, DZ ab € 62, im MBZ € 24,50, F € 9, Lunchpaket € 7,50, Beherbergungsabgabe der Stadt Trier: 3,5 % des Zimmerpreises. Gästeküche (Mikrowelle, Wasserkocher), Automaten für Getränke/Snacks, @, Stadtpläne

Römerstadt-JH Jugendgästehaus Trier, An der Jugendherberge 4, 54292 Trier, ☏ 06 51/14 66 20, www.diejugendherbergen.de, trier@diejugendherbergen.de, ➲ 1,1 km (nördlich des alten Stadtkerns an der Mosel), 370 Betten, ÜF im EZ ab € 40,30, im DZ ab € 32,30, im MBZ ab € 26, @, JH-Mitgliedschaft erforderlich

St. Josefsstift, Klostergästehaus, Franz-Ludwig-Straße 7, 54290 Trier, ☏ 06 51/976 90 (Mo bis Fr 8:00 bis 13:00), www.josefsschwestern-trier.de, reservierung@js-trier.de, ➲ 150 m, 46 Betten, für Pilger mit Ausweis: Zimmer (EZ/DZ) mit Etagendusche + WC € 31 p. P., Ü EZ mit Dusche/WC € 49,90, DZ mit Dusche/WC € 82,50, F € 8,50, @

⊙ Pilgerstempel in der **Dominformation**, bei den **Barmherzigen Brüdern**, im **St. Josefsstift** und der **Benediktinerabtei St. Matthias**

Linienschiff Princesse Marie-Astrid von Trier nach Schengen, www.marie-astrid.lu, April bis Sep

♦ **Personenschifffahrt Gebr. Kolb oHG**, Linienfahrten von Trier nach Saarburg (Mai bis Okt) und Bernkastel-Kues (Mitte Juli bis Okt), ☏ 06 51/266 66, www.moselrundfahrten.de

Taxi-Zentrale Trier, ☏ 06 51/120 12

✝ ⌘ Trierer Dom: Die **Hohe Domkirche St. Peter**, wie der Trierer Dom korrekt heißt, ist die älteste Bischofskirche Deutschlands. Mit dem Bau des ersten kirchlichen Gebäudes an dieser Stelle, einer Doppelkirchenanlage, wurde unter Kaiser Konstantin (um 280-337) begonnen. Die südliche Kirche wurde im 10. Jahrhundert abgebrochen. An ihrer Stelle wurde im 13. Jahrhundert die **Liebfrauenkirche** errichtet. Sie ist heute einer der ältesten rein gotischen Bauten in Deutschland. Einige Teile der nördlichen Kirche haben sich seit der römischen Zeit erhalten, sie

Trierer Dom und Liebfrauenkirche

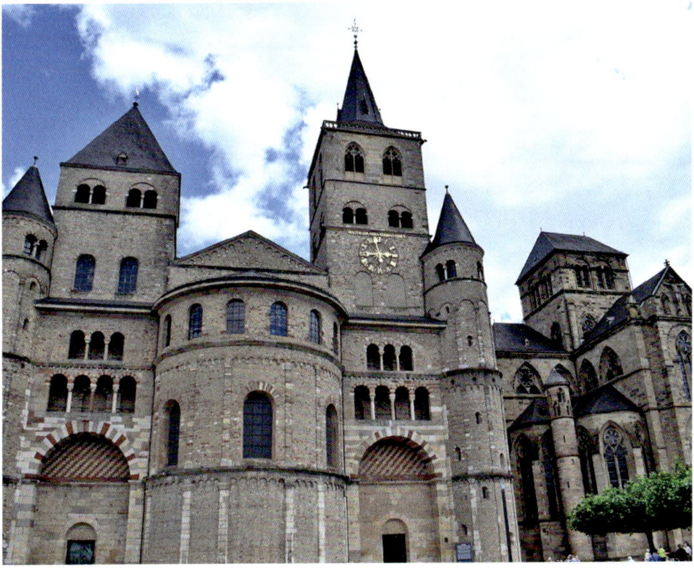

sind heute im Dom integriert. Allerdings hat der Dom im Laufe der Zeit sehr gelitten. Zu Beginn der Völkerwanderung wurde er erheblich beschädigt und erst nach fast hundert Jahren wurde die Ruine wieder aufgebaut. Bei der Eroberung Triers durch die Normannen im Jahr 882 wurde der Dom erneut schwer beschädigt und die Renovierung dauerte bis 1037. Im Laufe der folgenden Jahrhunderte führte man etliche Umbauten und Erweiterungen durch. Ein Bischof mit Imageproblemen und dem hübschen Namen Richard von Greiffenklau zu Vollrads (1467-1531) stockte z. B. nach 1512 den Nordwestturm auf, weil der Turm der Pfarrkirche St. Gangolf die Domtürme überragte. Anfang des 18. Jahrhunderts wurde die Heiltumskapelle (kein Tippfehler) angebaut und nach einem Brand erhielten die Osttürme barocke Hauben, die dann 1883 doch wieder durch neugotische ersetzt wurden. Die letzte grundlegende Renovierung fand zwischen 1960 und 1974 statt. 1986 wurde der Dom in die UNESCO-Liste des Weltkulturerbes aufgenommen.

Die kostbarste Reliquie im Trierer Dom, der Heilige Rock, ist für Normalsterbliche leider nicht zu besichtigen. Der Leibrock Jesu wird nur zu besonderen Anlässen in kleinem und erlauchtem Kreis gezeigt. Die Mutter Kaiser Konstantins, Helena, soll ihn nach Trier gebracht haben. Erstmals erwähnt wird er im 11. Jahrhundert und sicher vorhanden ist er seit 1196. Sie können sich in der Dominformation einen Film über den Leibrock ansehen. Über der Kirchturmuhr steht in großen Lettern NESCITIS QUA HORA DOMINUS VENIET. Das bezieht sich auf die Rede Jesu auf dem Ölberg in Matthäus 24, 42: „So wacht nun, da ihr nicht wisst, in welcher Stunde euer Herr kommt!“

Dom: Nov bis März 6:30 bis 17:30, April bis Okt 6:30 bis 18:00, Besichtigungen nur außerhalb der Gottesdienste, **Domschatzkammer**: Nov bis März Di bis Sa 11:15 bis 16:00, So 12:30 bis 16:00, April bis Okt Mo bis Sa 10:15 bis 17:00, So 12:30 bis 17:00

✞ **St. Matthias** ist die Pfarrkirche der Pfarrei St. Matthias und die Kirche des Benediktinerklosters. Seit dem 12. Jahrhundert wird hier das Grab des Apostels Matthias verehrt. Seine Gebeine sollen im Auftrag von Konstantins Mutter Helena (um 250 bis nach 329) hierher transportiert worden sein. St. Matthias ist nicht nur das eigenständige Pilgerziel aller Matthiaspilger, sondern auch der Startpunkt der Pilgerreise vieler Jakobspilger. Eine Inschrift im Sockel der Brunnensäule gibt die Entfernung per Luftlinie nach Santiago de Compostela mit 1.395 km an. Der Fußweg ist natürlich länger, nämlich gut 2.200 km.

♦ Matthiasstraße 85, www.st-matthias-trier.de, Mo bis Sa 8:00 bis 17:30, So 9:45 bis 17:30, So vormittags wegen der Gottesdienste keine Besichtigungen möglich

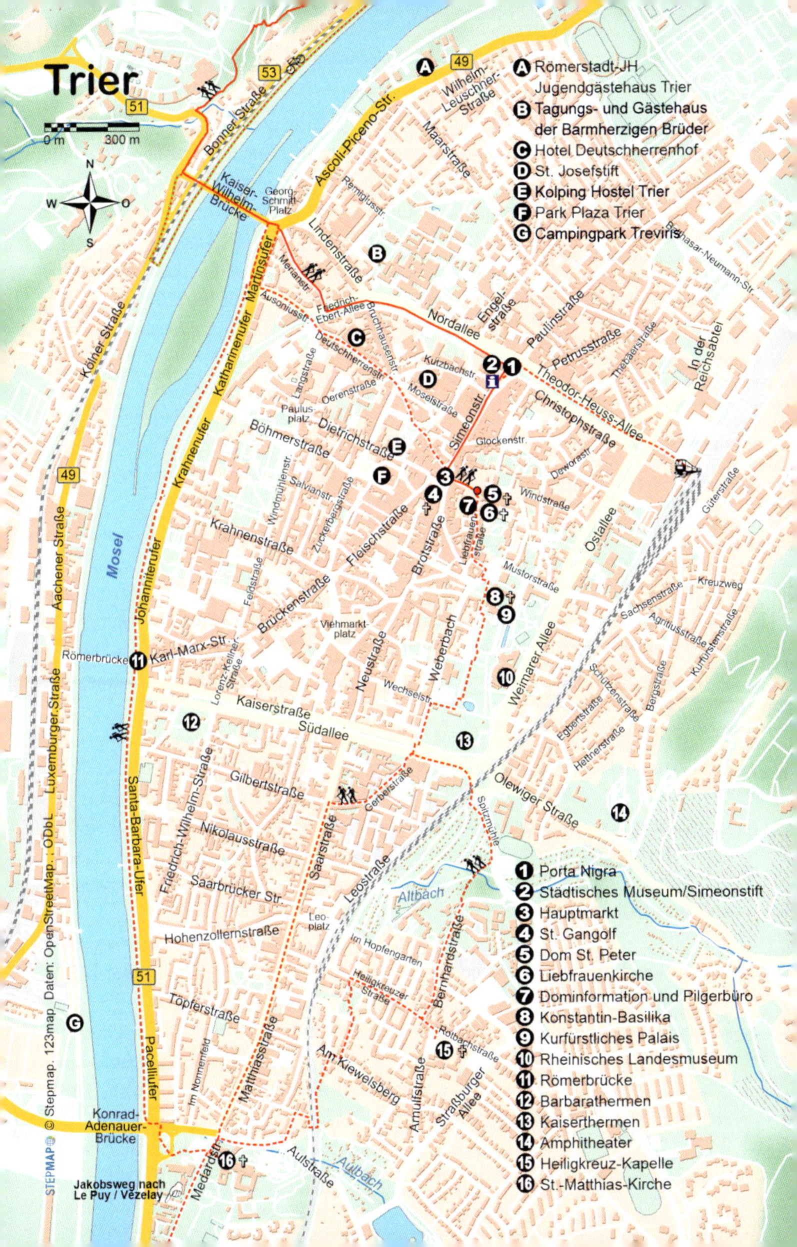
Trier
0 m
300 m
N
O
S
W
A Römerstadt-JH Jugendgästehaus Trier
B Tagungs- und Gästehaus der Barmherzigen Brüder
C Hotel Deutschherrenhof
D St. Josefstift
E Kolping Hostel Trier
F Park Plaza Trier
G Campingpark Treviris
1 Porta Nigra
2 Städtisches Museum/Simeonstift
3 Hauptmarkt
4 St. Gangolf
5 Dom St. Peter
6 Liebfrauenkirche
7 Dominformation und Pilgerbüro
8 Konstantin-Basilika
9 Kurfürstliches Palais
10 Rheinisches Landesmuseum
11 Römerbrücke
12 Barbarathermen
13 Kaiserthermen
14 Amphitheater
15 Heiligkreuz-Kapelle
16 St.-Matthias-Kirche
Mosel
Altbach
Aulbach
Bonner Straße
Kaiser-Wilhelm-Brücke
Georg-Schmitt-Platz
Ascoli-Piceno-Str.
Wilhelm-Leuschner-Straße
Maarstraße
Remigiusstr.
Lindenstraße
Nordallee
Engelstraße
Paulinstraße
Petrusstraße
Theodor-Heuss-Allee
Christophstraße
In der Reichsabtei
Balthasar-Neumann-Str.
Friedrich-Ebert-Allee
Ausoniusstr.
Deutschherrenstr.
Kutzbachstr.
Moselstraße
Simeonstr.
Glockenstr.
Dietrichstraße
Böhmerstraße
Paulusplatz
Oerenstraße
Krahnenstraße
Fleischstraße
Brotstraße
Liebfrauenstraße
Windstraße
Deworastr.
Mustorstraße
Ostallee
Brückenstraße
Viehmarktplatz
Neustraße
Weberbach
Wechselstr.
Weimarer Allee
Karl-Marx-Str.
Römerbrücke
Kaiserstraße
Südallee
Gilbertstraße
Gerberstraße
Olewiger Straße
Nikolausstraße
Saarstraße
Saarbrücker Str.
Leostraße
Leoplatz
Hohenzollernstraße
Im Hopfengarten
Heiligkreuzer Straße
Bernhardstraße
Rotbachstraße
Töpferstraße
Matthiasstraße
Am Kiewelsberg
Arnulfstraße
Straßburger Allee
Aulstraße
Medardstr.
Friedrich-Wilhelm-Straße
Santa-Barbara-Ufer
Johanniterufer
Krahnenufer
Katharinenufer
Martinsufer
Pacelliufer
Konrad-Adenauer-Brücke
Kölner Straße
Aachener Straße
Luxemburger Straße
Kreuzweg
Sachsenstraße
Agritiusstraße
Kurfürstenstraße
Schützenstraße
Egbertstraße
Hettnerstraße
Bergstraße
Güterstraße
Spitzmühle
Jakobsweg nach Le Puy / Vézelay
51
53
49
© Stepmap. 123map Daten: OpenStreetMap : ODbL
STEPMAP

✝ **Konstantinbasilika**: Im Jahr 310 n. Chr. wurde diese große Halle als Thronsaal für Kaiser Konstantin gebaut, sie wird daher auch Römische Palastaula genannt und gilt als der größte säulenlose Saal der Antike nördlich der Alpen. Inzwischen ist sie eine evangelische Kirche.

♦ Konstantinsplatz, ☏ 06 51/425 70, 💻 www.konstantin-basilika.de, 🚪 April bis Okt 10:00 bis 18:00, Nov, Dez Di bis Sa 11:00 bis 12:00 und 14:00 bis 16:00, So, Fei 12:00 bis 13:00, Jan bis März Di bis Sa 11:00 bis 12:00 und 15:00 bis 16:00, So, Fei 12:00 bis 13:00, keine Besichtigungen bei Gottesdiensten und Veranstaltungen, Eintritt außer bei Konzerten frei

Pilgersegen: jeden Werktag nach der Messe um 9:00 und am Sonntag nach dem Hochamt um 10:00 in der Sakristei

⌘ **Museum am Dom**

♦ Windstraße 6-8, 54290 Trier, ☏ 06 51/710 52 55, 💻 www.museum-am-dom-trier.de, museum@bistum-trier.de

⌘ **Porta Nigra**: Das Stadttor aus dem 2. Jahrhundert ist das Wahrzeichen von Trier. Im Laufe der Geschichte war es Verteidigungsanlage, Einsiedelei und Kirche. Seit 1986 steht die Porta Nigra auf der UNESCO-Liste des Weltkulturerbes.

⌘ Auf der rechten Seite des Marktplatzes liegt die **Steipe**, ein Empfangs- und Repräsentationsbau der Bürgerschaft aus dem ausgehenden Mittelalter. Der Name ist von den vier Rundsäulen (= Steipen) der Spitzbogenarkaden abgeleitet. Das Gebäude wurde im Zweiten Weltkrieg total zerstört und 1968-1970 neu aufgebaut. Die Figuren an den Arkaden stellen die Stadtpatrone Petrus, Paulus, Helena und Jakobus dar. Den rauschebärtigen Jakobus können Sie leicht an der Muschel und dem Stab erkennen.

Fast jeder kennt Kaiser Augustus, den ersten römischen Kaiser, denn er befahl, „dass alle Welt sich schätzen ließe, ein jeder in seiner Stadt" (Lukas 2, 1-14). Ohne ihn gäbe es keine Weihnachtsgeschichte – und kein Trier! Denn schon etliche Jahre vor diesem legendären Befehl – im Jahr 16 v. Chr. – hatte eben dieser Augustus eine römische Siedlung gegründet, die seinen Namen tragen durfte, Augusta Treverorum, die „Stadt des Augustus im Land der Treverer".

Die Stadt des Augustus ist heute eine hübsche und lebendige Universitäts- und Kreisstadt mit fast 111.000 Einwohnern. Wegen ihrer engen Beziehung zur

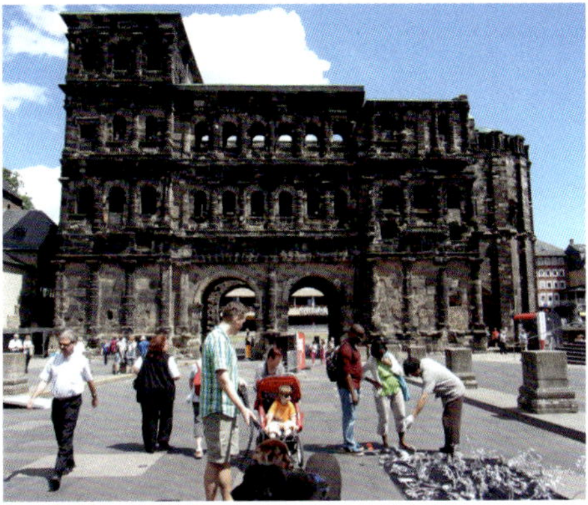

Porta Nigra

frühchristlichen Geschichte ist sie wie keine zweite Stadt als Startpunkt für eine Pilgerreise geeignet.

So hübsch ruhig und beschaulich wie heute war es hier allerdings nicht immer. Trier wurde als römische Stadt im keltischen Gebiet gegründet, von den Alemannen zerstört, von Römern wieder aufgebaut, von den Franken eingenommen, von den Hunnen überrannt, fiel an die Franken, wurde Lothringen zugeschlagen, kam ins Ostfrankenreich, wurde von Spaniern und Franzosen erobert, gehörte zu Frankreich, dann zu Preußen, wurde erneut von den Franzosen besetzt und gehört nun zur Bundesrepublik Deutschland. Die offiziellen Stellen in Trier verweisen gern und mit Stolz auf die lange Geschichte der Stadt, aber durch die vielen Zerstörungen und Niederlagen muss es phasenweise außerordentlich gefährlich gewesen sein, in dieser Stadt zu leben. Man muss der Bevölkerung eine gewisse Zähigkeit attestieren: Unermüdlich haben sie den Ort wieder aufgebaut und meist haben sie es geschafft, ihrer Stadt eine überregionale Bedeutung zu verschaffen, ganz gleich, unter welcher Herrschaft sie sich gerade befanden.

☺ War dies gar nicht das Ziel Ihrer Pilgerschaft? Dann können Sie sich rechts in der **i** Dominformation nicht nur den Pilgerausweis stempeln, sondern gleichzeitig kompetent beraten lassen. Ich würde mich freuen, wenn wir auch Ihren weiteren Weg zum Trierer Matthiasgrab in der Matthiaskirche und auf dem Jakobsweg ab Trier mit einem der Pilgerführer des Conrad Stein Verlags weiter begleiten dürfen.

📖 **Jakobsweg Trier – Le Puy-en-Velay**, Martin Simon und Ingrid Retterath, Outdoor-Handbuch Band 211, Conrad Stein Verlag, ISBN 978-3-86686-662-1, € 16,90

♦ **Jakobsweg Trier – Vézelay**, Martin Simon und Ingrid Retterath, OutdoorHandbuch Band 194, Conrad Stein Verlag, ISBN 978-3-86686-688-1, € 16,90

Index

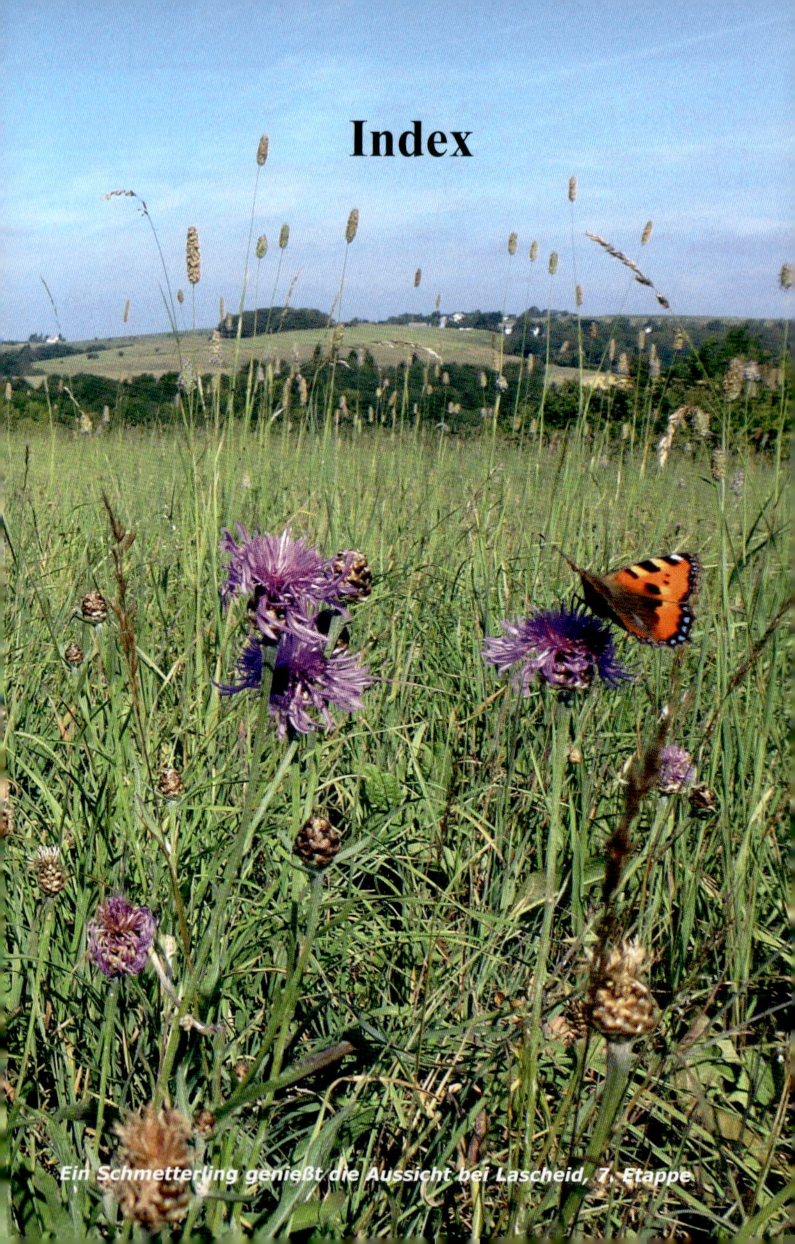

Ein Schmetterling genießt die Aussicht bei Lascheid, 7. Etappe